古代歷史文化 研究輯刊

二一編

王明蓀 主編

第21冊

明代南京守備研究（下）

周 忠 著

國家圖書館出版品預行編目資料

明代南京守備研究（下）／周忠 著 -- 初版 -- 新北市：花木
蘭文化事業有限公司，2019〔民 108〕
目 2+174 面：19×26 公分
（古代歷史文化研究輯刊 二一編：第 21 冊）
ISBN 978-986-485-739-5（精裝）
1. 軍制 2. 明代
618   108001506

ISBN-978-986-485-739-5

9 789864 857395

古代歷史文化研究輯刊
二一編 第二一冊   ISBN：978-986-485-739-5

明代南京守備研究（下）

作 者 周忠
主 編 王明蓀
總 編 輯 杜潔祥
副總編輯 楊嘉樂
編 輯 許郁翎、王筑 美術編輯 陳逸婷
出 版 花木蘭文化事業有限公司
發 行 人 高小娟
聯絡地址 235 新北市中和區中安街七二號十三樓
       電話：02-2923-1455／傳真：02-2923-1452
網 址 http://www.huamulan.tw 信箱 hml810518@gmail.com
印 刷 普羅文化出版廣告事業
初 版 2019 年 3 月
全書字數 276837 字
定 價 二一編 49 冊（精裝）台幣 122,000 元   版權所有·請勿翻印

明代南京守備研究（下）

周忠　著

目次

第四章　參贊機務

　　參贊機務的全稱爲參贊南京守備機務，亦即參贊由勳臣擔任的南京外守備機務，此職設立於內外守備之後。明廷以南京爲根本重地，設立此官有分權牽制之意，其地位、權力均次於南京外守備，剛設立此職位時亦確實如此。

　　機務指與國家政權相關的重要軍國大事，如內閣大學士即稱參與機務。北京亦曾臨時設參贊機務，在皇帝離開京城後設立，由兵部尚書擔任，協助勳臣留守北京。嘉靖十八年（1539）世宗欲駕幸承天，正月「簡命武職重臣二員留守北京，兵部尚書一員參贊機務，各請敕行事。」〔註1〕二月「命皇太子監國，以宣城伯衛錞、遂安伯陳鏸爲留守使，大學士顧鼎臣爲同留守使，兵部尚書張瓚參贊機務。」〔註2〕《大明會典》卷五十三《巡狩》載此項制度。

　　明代史學家鄭曉嘉靖二十六年至三十二年任職南京，擔任南京太常寺卿等多職，他認爲應稱參贊留務，即參贊留守事務，「蓋長陵崩後，仍稱北京爲行在，則南都爲京師，故稱機務。正統六年，定都北京，去行在，則當改爲參贊留務矣。」〔註3〕仁宗即位後又改南京爲京師，北京爲行在，宣宗朝亦如此，英宗即位初設置參贊機務時南京仍爲京師，故稱機務。正統六年（1441）南京復爲留都，官名應改爲參贊留務，卻仍循舊例稱參贊機務，直至明末。明代史籍中也有稱參贊留務的，或稱參贊軍務。

〔註1〕《世宗實錄》卷二百二十，《明實錄》43 冊，4555 頁。
〔註2〕《世宗實錄》卷二百二十一，《明實錄》43 冊，4595 頁。
〔註3〕〔明〕鄭曉《今言》卷二，56 頁。

一、參贊機務的設立及任職情況

參贊機務始設於宣德十年（1435）正月英宗剛即位時，南京戶部尚書黃福首任參贊機務，此任出於大學士楊士奇的推薦。宣德十年正月庚子，作為顧命大臣的楊士奇進言：「南京國家根本之地，宜敕內外守備官員謹慎關防，切見南京戶部尚書黃福老成忠直，宜敕令就彼參贊機務，庶無疏失。」次日辛丑，「命戶部尚書黃福參贊南京機務，賜之敕曰：朕嗣承大位，深惟南京根本重地，守備必須嚴固。卿歷事祖宗四十餘年，老成忠直，厥績茂著。今特命卿參贊襄城伯李隆機務，撫綏兵民，訓練軍馬。凡百庶物同隆及太監王景弘等計議而行。」〔註4〕此時的南京外守備為襄城伯李隆，黃福為南京戶部尚書兼管南京兵部事，在南京尚書一級官員中資歷業績最突出，故有此命。

起初參贊機務的職責很明確，即參贊南京外守備機務，南京外守備由公侯伯勳臣擔任，始設於仁宗剛即位的永樂二十二年（1424），負責節制南京衛所，護衛留都安全等事務。黃福任參贊機務，輔佐南京守備襄城伯李隆「撫綏兵民，訓練軍馬」，有關事宜還需同南京守備太監王景弘等商議而行。南京參贊機務的職責即參與和留都南京相關的所有重要的軍事民政事務。明初此職初設時確實如此，如黃福與李隆。明代中後期，參贊機務在守備南京等重要事務上所發揮的作用超過守備。

參贊機務為文官，擔任參贊機務的官員主要為南京兵部尚書，而在參贊機務設置初期，有幾位非南京兵部尚書，第一任參贊機務黃福為南京戶部尚書，從宣德十年任至正統五年（1440）卒。第二任徐琦為南京兵部右侍郎，自正統五年任至正統十四年，十四年升南京兵部尚書又任至景泰元年（1450）。第三任王驥本職為兵部尚書，景泰元年任命為總督機務。景泰三年王驥解任，徐琦復以南京兵部尚書參贊機務，至景泰四年卒。此後又有參贊機務崔恭為南京吏部尚書，自成化十一年（1475）任至十三年。參贊機務王恕為南京都察院右都御史，自成化十三年任至十四年改南京兵部尚書，又任至十五年。

萬曆《大明會典》卷一百五十八《南京兵部》，「本部尚書，成化二十三年始奉敕諭參贊機務。」〔註5〕查考《明實錄》，自成化十三年（1477）南京都察院右都御史王恕之後，再無南京兵部尚書以外的官員任參贊機務。萬曆

〔註4〕《英宗實錄》卷一，《明實錄》13冊，33、34頁。
〔註5〕《〔萬曆〕大明會典》，《續修四庫全書》791冊，655頁。

《大明會典》卷二百二十七《南京五軍都督府》所言更恰當:「參贊以文臣兼之,初無定職,後多委南京兵部尚書」。〔註6〕鄭曉《吾學編》言:「(成化)十五年南京兵部尚書薛遠代(王)恕,參贊機務之必兵部尚書也,自遠始也。」〔註7〕《南樞志》卷三十五承此說。《明史》陳俊傳:「先是,參贊之任,不專屬兵部,自薛遠後,繼以俊,遂爲定制。」〔註8〕薛遠、陳俊成化十五年(1479)先後擔任南京兵部尚書參贊機務。南京兵部尚書任參贊機務爲定例,應當自成化十五年始。

上述南京兵部右侍郎徐琦是僅有的一位侍郎任參贊機務者,自正統五年任至正統十四年,十四年升南京兵部尚書又任至景泰元年。景泰元年至景泰三年,徐琦爲南京兵部尚書,不任參贊機務,只理本部事務。此間兵部尚書王驥任命爲總督機務。至景泰三年王驥解任,徐琦復以南京兵部尚書參贊機務,任至四年卒,徐琦兩任參贊機務共十一年,是參贊機務中任職最長的一位。

景泰元年至景泰三年,靖遠伯、兵部尚書王驥任南京總督機務,不稱參贊機務,其爲文臣,又受封爵位,其地位在外守備豐城侯李賢之上,也是參贊機務中僅有的一位。

參贊機務南京兵部尚書中,還有兼任其他官職的,如成化六年(1470)至十一年,程信爲南京兵部尚書兼大理寺卿,大理寺卿爲兼銜,不管其處事務。

參贊機務南京兵部尚書中還有管轄地域超出南京的,嘉靖間爲備倭,任命參贊機務南京兵部尚書張經爲南京兵部尚書兼都察院右副都御史,總督南直隸、浙江、山東、兩廣、福建等處軍務,即仍然參贊機務,又主管上述南直隸及各省備倭事務。其兼總督任期自嘉靖三十三年(1554)五月至十月,後免參贊機務南京兵部尚書,改右都御史兼兵部右侍郎專一總督軍務。張經也爲南京參贊機務中權力最大的一位。

南京兵部尚書不參贊機務和管理本部事務的有世宗朝王守仁,正德十六年(1521)七月升提督南贛汀漳軍務右副都御史王守仁爲南京兵部尚書參贊機務。八月王守仁請省親歸。此後王守仁丁憂守制,後又復起,官銜仍爲南

〔註6〕　《〔萬曆〕大明會典》,《續修四庫全書》792冊,672頁。
〔註7〕　〔明〕鄭曉《吾學編》卷六十六《皇明百官述下卷》,《續修四庫全書》425冊,138頁。
〔註8〕　〔清〕張廷玉《明史》卷一百五十七,4303頁。

京兵部尚書，其實際職務則為總制兩廣及江西、湖廣鄰近地方軍務等，又加左都御史，其爵位則為新建伯。王守仁始終未在南京兵部任職。

此外還有三人以南京兵部尚書官銜管理其他事務，不任參贊機務之職。萬曆二十三年（1595）起致仕南京兵部尚書楊成為南京兵部尚書掌南京都察院事，〔註9〕即不管南京兵部事務和參贊機務，專掌南京都察院，楊成並未到任。此時參贊機務南京兵部尚書為周世選。

天啓三年（1623）命甘肅巡撫徐養量升南京兵部尚書，管左侍郎事。〔註10〕此時參贊機務南京兵部尚書為陳道亨，徐養量以南京兵部尚書官銜，管南京兵部左侍郎事。

崇禎十五年（1642）起服闕南京兵部尚書李邦華，為南京兵部尚書掌南京都察院事。〔註11〕同萬曆間楊成事例。

1. 參贊機務的人數及任期等

自宣德十年（1435）設立參贊機務，至崇禎十七年（1644）明亡，明朝廷共任命 104 位參贊機務，英宗、景帝朝6位：黃福、徐琦（兩任）、王驥、張鳳、張純、蕭維禎。憲宗朝8位：李賓、程信、崔恭、原傑、王恕（兩任）、薛遠、陳俊、馬文升。孝宗朝 9 位：耿裕、張鎣、侯瓚、張悅、倪岳、秦民悅、王繼、韓文、王軾。武宗朝 6 位：林瀚、何鑒、柴昇、劉機、張溉、喬宇。世宗朝 29 位：王守仁、廖紀、陶琰、秦金（兩任）、李充嗣、王憲、胡世寧、王廷相、劉龍、王軏、湛若水、熊浹、王堯封、張邦奇、宋景、胡訓、韓邦奇、王學夔、韓士英、屠楷、潘潢、張經、周延、張時徹、張鏊、江東、李遂、胡松、郭乾。穆宗朝 6 位：趙大祐、郭宗皋、劉采、吳岳、劉自強、王之誥。神宗、光宗朝24位：劉體乾、戴才、劉光濟、翁大立、楊兆、凌雲翼、潘季馴、王遴、劉堯誨、郭應聘、傅希摯、李世達、陰武卿、吳文華、楊成、舒應龍、孫鑨、衷貞吉、周世選（兩任）、郝傑、邢玠（兩任）、孫鑛、黃克纘、衛一鳳。熹宗朝6位：魏養蒙、王在晉、陳道亨、王永光、許弘綱、劉廷元。思宗朝 10 位：商周祚、胡應臺、傅振商、呂維祺、范景文、李邦華、仇維禎、余珹、熊明遇、史可法。

〔註9〕 《神宗實錄》卷二百九十一，《明實錄》57 冊，5391 頁。
〔註10〕 《熹宗實錄》卷四十二，《明實錄》68 冊，2189 頁。
〔註11〕 〔明〕李邦華《文水李忠肅先生集》卷六《聞警請纓疏》、附錄《神道碑》，《四庫禁燬書叢刊》集部 81 冊，256 頁、327 頁。

參贊機務中有 5 位兩任此職：英宗朝徐琦，憲宗朝王恕，世宗朝秦金，神宗朝周世選、邢玠。

參贊機務中有 9 位任命後未到任：原傑（道卒）、王守仁（省親歸）、胡世寧（請致仕）、王堯封（罷免）、趙大祐（請終養）、吳岳（請致仕）、邢玠（首任省親歸，二任請致仕）、魏養蒙（以疾請辭）、王在晉（請告歸）。

在任參贊機務時間較長的有：黃福 5 年，徐琦 11 年，李賓 5 年，程信 5 年，王恕 4 年（兩任），陳俊 5 年，張鎣 5 年，何鑒 4 年，喬宇 6 年，李充嗣 5 年，張鏊 5 年，李遂 4 年，孫鑛 4 年，黃克纘 4 年。

參贊機務中除首任黃福外，俱爲進士出身。

嘉靖間出任參贊機務的張時徹、張邦奇爲族父子。萬曆間出任參贊機務的孫鑨、孫鑛爲兄弟。

2. 參贊機務的來歷

參贊機務大多爲南京兵部尚書，其來源最多來自南京部院，其次爲北京部院和地方督撫，也有來自起用致仕、服闋、罷職等官員。

南京部院尚書都御史：

南京吏部尚書：崔恭，張悅，倪岳，秦民悅，林瀚，張漼，廖紀，劉龍，湛若水，張邦奇，宋景，王學夔，屠楷，潘潢，周延，劉采，吳岳，劉光濟，李世達，楊成，孫鑨。

南京戶部尚書：黃福，張鳳，陳俊，王軾，王軏，韓士英，張經，劉自強，劉堯誨，傅希摯，舒應龍，周世選（首任），衛一鳳，魏養蒙，王永光，仇維楨。

南京禮部尚書：耿裕，柴昇，喬宇，秦金（首任），熊浹，翁大立。

南京兵部尚書：徐琦（再任）。

南京刑部尚書：蕭維禎，王繼，戴才，楊兆。

南京工部尚書：侯瓚，胡訓，凌雲翼，王遴，陰武卿，吳文華，袁貞吉，郝傑，商周祚。

南京都察院右都御史：張純，韓邦奇，郭宗皋，郭應聘，孫鑛，范景文。

南京各部侍郎：

南京兵部右侍郎徐琦（首任），南京兵部右侍郎傅振商，總督糧儲南京戶部右侍郎兼都察院右僉都御史呂維祺。

北京部院尚書都御史：

戶部尚書江東，兵部尚書靖遠伯王驥，兵部尚書兼大理寺卿程信，兵部尚書馬文升，協理戎政兵部尚書許弘綱，工部尚書陶琰，工部尚書秦金（再任），都察院右都御史李賓，都察院右都御史劉廷元。

北京各部侍郎：

吏部左侍郎韓文，吏部左侍郎胡松，兵部左侍郎王廷相，兵部左侍郎李遂，協理京營戎政兵部左侍郎余珹，刑部左侍郎何鑒，刑部左侍郎張鏊，工部左侍郎陳道亨。

地方督撫：

撫治荊襄等處右都御史原傑，巡撫雲南右都御史王恕（首任），巡撫南直隸兵部尚書兼左副都御史王恕（再任），提督南贛汀漳軍務右副都御史王守仁，巡撫應天工部尚書兼左副都御史李充嗣，提督三邊兵部尚書王憲，總督三邊右都御史郭乾，總督陝西三邊軍務右都御史兼兵部左侍郎王之誥，總理河漕工部尚書兼左副都御史潘季馴，總督薊遼保定等處兵部尚書邢玠（首任），巡撫山東兵部尚書兼右副都御史黃克纘，經略遼東兵部尚書兼右副都御史王在晉，總督漕運戶部右侍郎兼右僉都御史史可法。

起用：

致仕：戶部尚書薛遠，吏部尚書劉機，兵部尚書胡世寧，總督倉場戶部尚書王堯封，兵部尚書熊明遇。

服闋：刑部尚書張鏊，兵部左侍郎張時徹，南京兵部尚書邢玠（再任）。

養病：南京刑部尚書趙大祐，南京兵部尚書周世選（再任）。

閒住：戶部尚書劉體乾。

罷職：南京刑部尚書胡應臺，兵部協理京營戎政尚書李邦華。

3. 參贊機務的去向

參贊機務除卒於任上外，去向中最多的為致仕和調北京部院，其次為致仕再起、調地方督撫、免職等。

在任卒：

黃福、徐琦、張鏊、王縉、張邦奇、陰武卿、郝傑。

致仕：

蕭維禎，程信，崔恭，薛遠，張悅，王軾，劉機，張溱，陶琰，李充嗣，胡世寧，劉龍，秦金（再任），湛若水，胡訓，韓邦奇，王學夔，屠楷，李遂，趙大祐，郭宗皋，劉采，吳岳，劉體乾，戴才，劉光濟，翁大立，劉堯

誨，郭應聘，周世選（再任），邢玠（再任），孫鑛，衛一鳳，魏養蒙，陳道亨，許弘綱，傅振商，呂維祺，仇維楨，余珹。

調北京部院：

吏部尚書倪岳、喬宇、胡松、孫鑛。戶部尚書張鳳、韓文、秦金（首任）、韓士英、王遴。禮部尚書耿裕。兵部尚書熊浹、郭乾、王永光、劉廷元。協理京營戎政兵部尚書楊兆、傅希摯、黃克纘。刑部尚書何鑒、劉自強、王之誥、潘季馴、李世達、胡應臺。工部尚書衷貞吉。都察院左都御史李賓、馬文升、王憲、王廷相、宋景、周延。

改南京部院：

南京吏部尚書陳俊，南京工部尚書侯瓚。

不參機務，專理南京兵部事：

南京兵部尚書徐琦（首任）。

改地方督撫：

兵部尚書兼左副都御史巡撫蘇松王恕（首任），右都御史兼兵部右侍郎總督南直隸軍務張經，兵部尚書兼左副都御史總督漕河凌雲翼，工部尚書總督河道管理軍務舒應龍。

致仕後再起：

吏部尚書王恕（再任），吏部尚書廖紀，南京工部尚書吳文華（未到任），南京兵部尚書掌南京都察院事楊成（未到任），南京吏部尚書王在晉，都察院左都御史商周祚。

丁憂後再起：

南京工部尚書柴昇、南京兵部尚書掌南京都察院右都御史事李邦華。

免職後再起：

兵部尚書王驥，兵部尚書協理京營戎政江東，刑部尚書范景文。

養病歸：

周世選（首任）。

省親歸：

王守仁、邢玠（首任）。

令致仕：

張純，湛若水，潘潢，張時徹，張鏊，劉光濟。

降級致仕：

林瀚。

免職：

王堯封、熊明遇。

罷爲民：

王軏。

二、參贊機務辦事機構、主管事務

參贊機務多爲南京兵部尙書，南京兵部即爲參贊機務辦事機構。永樂十八年（1420）遷都北京，設於南京的兵部稱南京兵部，設於北京的行在兵部稱兵部。仁宗即位後欲還都南京，洪熙元年又改南京兵部稱兵部，北京兵部稱行在兵部。宣宗時期亦如此，英宗即位後於正統六年（1441）又改北京的行在兵部稱兵部，南京的兵部稱南京兵部，遂爲定制。

南京兵部衙門地址，據《洪武京城圖志》、《明一統志》、《南畿志》等書記載，明代南京中央政府文武衙門在皇城承天門外，分別位於長安左門、長安右門以南，即今南京城東五龍橋以南的御道街兩側，街東自北向南依次爲宗人府、吏部、戶部、禮部、兵部、工部等文職機構，兵部的位置大致在今南航附中附近。據《謇齋瑣綴錄》記載，南京文武各衙門俱有牌匾直書衙門之名，惟翰林院三字橫列，而兵部獨無牌匾。相傳洪武中夜間掣去，以示去兵之意，此後一直延續。〔註12〕

南京兵部官員：南京兵部尙書一員（正二品），右侍郎一員（正三品），司務一員（從九品）。

武選清吏司郎中一員（正五品），主事一員（正六品）。

職方清吏司郎中一員，員外郎一員（從五品），主事一員。

車駕清吏司郎中一員，員外郎一員，主事二員。

武庫清吏司郎中一員，主事一員。

所屬衙門，典牧所提領一員（正八品），會同館大使一員（正九品），大勝關大使一員（從九品）。

南京兵部吏員：都吏四名，令史五名，典吏五十四名。所屬衙門：典牧所，司吏三名。京衛武學、會同館、大勝關司吏各一名。午門等十七門門吏

〔註12〕〔明〕尹直《謇齋瑣綴錄》卷四，《四庫全書存目叢書》子部239冊，387頁。

各一名。〔註13〕

崇禎間所修《南樞志》記南京兵部下屬各機構：

司務廳，設承發科。

武選司：襲替科，升調科，優給科，貼黃科，誥敕科，軍務科。

職方司：五府科，中府科，左府科，右府科，前府科，後府科，關津科，重役科，架閣庫。

車駕司：驛傳科，馬政科，遞發科，力士科。

武庫司：五府科，中府科，左府科，右府科，前府科，後府科，雜科，俸糧科，皁隸科，勘合科，查冊科，架閣庫。〔註14〕

南京兵部衙門規制：列宮闕之南，其制東座西向，在禮工二部間。大門三間，左右角門各一間，後爲左右直房，左右廂房。儀門三間，左右角門各一間，後爲左右直房，甬道十四丈，中道門樓一座。正堂五楹，西向，堂前爲甬道，道中有屛門，門之東西墀各甃一井，左右翼以廊廡。堂上尚書公座西向，左侍郎公座北向，右侍郎公座南向。堂之後爲穿堂，有東西廂房。後堂之後有四友齋、籌機亭、錫懷樓等。正堂左爲選官廳三楹，正堂右爲司務廳三楹。正堂左廡入武選司、職方司，正堂右廡入車駕司、武庫司。〔註15〕

萬曆《大明會典》卷一百五十八《南京兵部》：「本部尚書，成化二十三年始奉敕諭參贊機務，同內外守備官操練軍馬、撫恤人民、禁戢盜賊、振舉庶務。故其職視五部爲特重云。」〔註16〕上述「操練軍馬、撫恤人民、禁戢盜賊、振舉庶務」，實際包含了軍政、民政、司法以及其他各類事務，表明包括參贊機務在內的南京守備官員職責涵蓋了各個領域。除與內外守備官員共同負責的南京軍國大事，其主管事務則爲掌管南京兵部，萬曆《大明會典》卷一百五十八《南京兵部》記載萬曆間南京兵部所轄四清吏司所管各類事宜，〔註17〕簡述如下：

1. 武選清吏司：

主管人事，即軍官的考選襲替撫恤等。

〔註13〕《〔萬曆〕大明會典》卷三《南京官》、卷七《吏員》，《續修四庫全書》789冊，78～79頁，137～138頁。

〔註14〕〔明〕范景文《南樞志》卷三十六，613～616頁。

〔註15〕〔明〕范景文《南樞志》卷三十八，649～656頁。

〔註16〕《〔萬曆〕大明會典》，《續修四庫全書》791冊，655頁。

〔註17〕《〔萬曆〕大明會典》，《續修四庫全書》791冊，655～678頁。

軍政考選，南京各衛所軍政官五年一次，該司會同五府錦衣衛堂上官考選會奏。

官軍亡故、老疾襲替及減革者，每歲春秋二季，具本起送，咨兵部定奪。

軍官亡故、老疾、子孫幼小應得優給及戶無承襲應優養者，行勘明白，類咨兵部定奪。

軍官具告比試，勘取供結，咨送兵部聽比。

清理貼黃文冊，三年一次，前一年通行五府並錦衣等衛所取具各官供狀，送南京兵部，委官查對明白，發衛謄造清冊，咨解兵部。

軍官應請誥命，行勘明白，移咨兵部請給。

2. 職方清吏司：

主管作戰訓練等。

南京裏城正陽等一十三門、外城江東等一十八門關，於各衛揀選精壯官軍守把，南京兵部委官同科道官查點。每年春秋二季內外守備會同南京兵部及工部將裏外城垣遍閱一次。

孝陵衛軍，添委將官於附近營內設法訓練。

各營及江操官軍，俱屬奉敕管操武臣統領操練。內外守備及本部參贊官閱視。仍委主事等官一員同科道查點。

較閱武藝，春秋二季將掌印、僉書、管屯指揮較閱射箭，分別賞罰。至五年考選軍政並遇有把總、掌印、僉書員缺，即以射藝優長者處補。

軍役，內外守備衙門每遇該造戶冊之年，將各旗軍餘丁應當差役者逐名開注填寫送部，以憑差撥。

逃絕屯田，每逃絕一分即召募衛所空丁一名，頂補屯軍名伍領種。於農隙就屯所附近空閒處所操練。巡屯御史不時巡歷較閱。操練器械聽令自備。補過軍人名數，造冊送本部存照。

夜巡，營軍分為兩班更番於城內分定信地，同各城弓兵及各衛巡捕餘丁互相接濟，每歲一換。添設把衛總等官分班督率，以神機營坐營都督兼管提督夜巡，其把衛總並五城兵馬等官悉聽節制。

南京地方有警，事須懸賞給捕者，許將車駕、武庫二司見貯應天府庫及該司收貯草場租銀等量支給賞。

江淮南北附近南京地方軍國機務與南京兵部相關者，及時申報。

3. 車駕清吏司：

主管守衛皇城各門，南京黃馬快船上供，南京各衛軍馬及牧馬草場，供應牛隻等，在四司中最爲繁重。

守衛皇城各門，於南京旗手等十三衛揀選精壯官軍、輪班守衛。從本司委官及科道官不時點閱。

南京會同館從本司提督。會同館、江淮濟川等衛、應天等府、滁和二州修造船隻歇役、地租、工食、馬驢、鋪陳等項價銀，俱本司收受。

南京公差駐紮官員，遇有差人公幹，照例赴巡撫掛號，行館應付，不得違例，令其常川聽侯。其科道部屬等官，雖有公差，非百里外者亦不得擅乘驛馬。各衙門外行公文悉送急遞鋪發行。

黃船管理，安排裝運南京太常寺等進貢品物合用船隻。

南京江淮等衛馬船修造差撥，各船民夫逃故者依清軍例勾補。

錦衣衛等四十衛風快船，每十年一次，編審夫甲及修造差撥之事。

撥船裝運對象，行御史、給事中各一員監視。不許多占夫船。其每年撥過船數仍咨兵部，以備查考。

南京差人奏事乘坐官船私載貨物者，聽巡河御史、郎中及管洪閘主事盤問治罪。

南京一應進貢該用黃馬快船，先期半月，行文南京兵部撥船。裝運之後限五日內起程。如停船招商攬貨，許驗裝及巡城御史等官拿送法司，連小甲客商俱照例問罪，貨物入官。

馬快船應撥通州聽侯者，江淮濟川二衛輪流委官，給精微批文管送。

南京各營騎操馬匹有缺，行令照例支租銀及朋合樁頭銀兩買補。完日行南京太僕寺委官印烙給操。

每年春多二季本部委官一員，前往浦子口、池河二營照驗操馬並應天衛種馬。

應天等府地方並各該軍衛牧馬草場，每畝徵租銀七分，以備買馬支用。

南京每季大小營操練賞賜軍士及各都督下家丁每歲犒賞銀兩，俱本司草場銀內支給。

典牧所牧養孝陵神宮監牛隻地土並大小教場蘆地水塘，收租購買馬匹支用。

每年神宮監、光祿寺酒醋面局所用牛隻呈部行寺，解典牧所，轉送應用。

4. 武庫清吏司：

主管勾補逃軍，甄別南京五城兵馬司官，差撥皂隸，管理南京京衛武學、火器等。

南京各衛所逃故軍匠，發冊該府州縣清勾。

南京五城兵馬司官三六九年考滿，甄別賢否，填注考語，起送給由。

南京各衙門皂隸、照例差撥。

南京京衛武學從本司提調。每月本部堂上官照例下學考驗。

六年會舉，本部會同外守備下學照武舉考試取中官生職名，具本題奏。其取中幼官就於各衛所把總掌印軍政員缺銓補。

火器管理，南京大小等營將本部庫貯邊銃、連珠二種分發各營坐營官，分散各軍，操畢照數交收貯庫。合用鉛子火藥等項俱動支本部車駕、職方二司草場地租等銀，督同委官製造，陸續支發各營。

屯種軍伍文冊，每三年一次通行在京有屯各衛所清造，收貯本司，以備勾取查對。

三、參贊機務的作用

明代文獻中未見有專門對參贊機務的作用或貢獻加以詳細記載或考述的，只見於簡單的評價，主要在其聲譽名望、道德品行等方面。《國朝獻徵錄》有部分參贊機務的墓誌資料，《國朝列卿記》所載參贊機務的傳記較多，但較簡略。清人所修《明史》，有 42 位參贊機務無傳記：張純、蕭維禎、李賓、薛遠、侯瓚、秦民悅、王繼、柴昇、張瀠、劉龍、王堯封、胡訓、韓士英、屠楷、潘潢、張鏊、江東、郭乾、趙大祐、劉采、劉自強、戴才、劉光濟、楊兆、劉堯誨、陰武卿、楊成、舒應龍、衷貞吉、周世選、邢玠、孫鑛、衛一鳳、魏養蒙、王永光、許弘綱、劉廷元、商周祚、胡應臺、傅振商、仇維楨、余珹。

參贊機務中影響較大的有黃福、王恕、喬宇等。顧起元萬曆天啓間歷任南京多職，官至南京吏部右侍郎，所撰《南大司寇桐陽衛公奉簡命改大司馬參贊機務序》對參贊機務的描述為「其人必廷簡，名德元臣，威望猷略為天下繫安危者，始受推轂當此寄。自黃忠宣（福）、喬莊簡（宇）、王端毅（恕）而後項背相望二百五十餘年，九鼎晏然。」衛一鳳任命為南京兵部尚書參贊機務在泰昌元年（萬曆四十八年八月，1620），此序當作於此後，顧起元對

衛一鳳的頌揚有點誇張，亦可見明人對這幾位參贊機務的公論：「公之忠誠為上所倚信似忠宣，其清正而直方、士大夫以為師表似端毅，其鎮靜可當大事，而擘畫可揆大幾又彷彿類莊簡而過之。」〔註18〕

萬曆十六年（1588）至十七年王世貞任南京兵部右侍郎，其作《增校南京兵部題名續記》中提到的南京兵部尚書有九人，又有非南京兵部尚書而任參贊機務兩人：「若王端毅（恕）之弼違鋤奸、喬莊簡（宇）之鎮重伐謀、王肅敏（廷相）之裁橫攝下、李襄敏（遂）之戡叛弭變，烺烺人目毋論。其他則馬端肅（文升）、倪文毅（岳）、韓忠定（文）、林文安（瀚）、熊恭肅（浹）諸公雖以未久輒移，或尋遂初服，然而其風猷節概亦有不可泯者。」「削者尚書六人，當其削以不與部政，則雖以黃忠宣公福、王忠毅伯驥之勳猷而削，非敢削也，於法不得收故也。」〔註19〕王世貞言有六位參贊機務功績卓著：王恕、喬宇、王廷相、李遂以及黃福、王驥。除黃福、王恕、喬宇外，王驥、王廷相、李遂也是明代史籍記載較多的參贊機務。任職時間較短卻以風節著稱的五位參贊機務為馬文升、倪岳、韓文、林瀚、熊浹，其中只有韓文在任作為有文獻可尋。

雷禮《國朝列卿紀》卷四十九《南京兵部尚書總論》所言「聞望素著於朝野，勳實益懋於留務」的有程信、王恕、陳俊、馬文升、耿裕、張悅、倪岳、韓文、林瀚、王守仁。〔註20〕雷禮所言此十人為當時朝野名望所歸的當朝重臣，實際亦只有王恕、韓文在任作用較大。

早期參贊機務值得記載的還有徐琦，為在任時間最長的一位。明末參贊機務中對南京守備作出較多貢獻又見於記載的有神宗朝潘季馴和黃克纘，思宗朝的呂維祺、范景文和李邦華。

在明代史籍中，歷任參贊機務南京兵部尚書名聲最顯赫的為王守仁，而其被任命後就以養親回籍，並未至南京上任，從未履任參贊機務一職，南京兵部尚書則始終為其官職，直至其卒，此後其實際職務為提督兩廣軍務等。明人在提及參贊機務時也往往提及王守仁，則是將其畢生功績連帶而言，如明末蔣臣《南京兵部志序》：「留都自靖難來父老長子孫者十世不見兵革，六師元戎徒養尊優，雖復靖遠（王驥）、文成（王守仁）諸賢先後輝映，要以

〔註18〕〔明〕顧起元《遯園漫稿》辛酉，《四庫禁燬書叢刊》集部 104 冊，217 頁。
〔註19〕〔明〕王世貞《弇州續稿》卷六十三，《景印文淵閣四庫全書》1282 冊，824〜825 頁。
〔註20〕〔明〕雷禮《國朝列卿紀》卷四十九，《續修四庫全書》523 冊，29 頁。

舊貫可仍，無動爲大耳。」〔註21〕錢謙益《大司馬吉安茂明李公參贊留務序》：
「自參贊設官以來，以道德勳名著聞者多矣，而端毅（王恕）、文成兩王公
爲最。」〔註22〕儘管王守仁在政治、軍事、文化諸方面有巨大成就，對南京
守備卻了無貢獻，與王驥、王恕無法相提並論。

1. 英宗、景帝朝

自宣德十年（1435）元月，英宗即位，參贊機務當月設立，黃福首任。正
統十四年（1449）八月土木之變，英宗被俘，九月景帝即位，景泰元年（1450）
九月命兵部尙書靖遠伯王驥爲總督機務，權位高於參贊機務。天順元年
（1457）正月英宗復辟，二月令原任南京六部尙書致仕，參贊機務職位革置，
直至天順五年，均無參贊機務，南京兵部尙書也缺任。天順六年，復置參贊
機務，蕭維禎以南京兵部尙書參贊機務，任至成化元年（1465）。英宗、景
帝朝可視爲參贊機務初期。

這一時期共有六位參贊機務，黃福、徐琦（兩任）、王驥、張鳳、張純、
蕭維禎。黃福在南京戶部尙書任上被命參贊機務，此前曾任掌交阯布政司按
察司事工部尙書。徐琦在南京兵部右侍郎任上被初命參贊機務，後升南京兵
部尙書。王驥免職後又以南京兵部尙書再任參贊機務，王驥以兵部尙書、靖
遠伯被命參贊機務，此前曾任總督雲南軍務兵部尙書。張鳳在南京戶部尙書
任上被命參贊機務南京兵部尙書。張純在南京都察院右都御史任上被命參贊
機務南京兵部尙書。蕭維禎在南京刑部尙書任上被命參贊機務南京兵部尙
書。上述六人，黃福曾有撫治交阯軍民的經驗，王驥則有長期提督軍務的經
歷。其他四人則爲京官出身。

參贊機務制度創設階段，有兩位參贊機務爲朝廷重臣，一爲深孚眾望的
老臣黃福，爲明代史籍記載中名望最高的參贊機務，其在參贊機務任上加少
保銜，也是參贊機務中文職官銜最高的一位。一爲戰功卓著的王驥，其以新
建伯、兵部尙書出任總督機務，位在南京守備豐城侯李賢之上，是參贊機務
中地位最高的一位。徐琦則兩任參贊機務共十一年，是任職時間最長的參贊
機務，也是唯一的一位以侍郎擔任參贊機務。黃福、徐琦出任參贊機務一職
是參贊南京守備機務，而王驥則爲總督機務，位在南京守備之上。黃福、徐
琦都是卒於任上，王驥則解任後又再起兵部尙書，張鳳改任戶部尙書，張純

〔註21〕〔明〕蔣臣《無他技堂遺稿》卷五，《四庫禁燬書叢刊》集部72冊，519頁。
〔註22〕〔清〕錢謙益《牧齋初學集》卷三十四，《續修四庫全書》1389冊，576頁。

令致仕，蕭維禎請致仕。

　　此一時期，參贊機務制度尚未固定，又值景帝即位，英宗復辟等，明廷政局變動頻繁劇烈，南京守備制度以及參贊機務的設置亦有變化。正統十三年（1448）五月又命南京右副都御史張純與太監劉寧、豐城侯李賢等計議處置武備事務，〔註23〕此時參贊機務南京兵部右侍郎徐琦仍在任上，張純為南京都察院最高官員，明廷又欲以風憲重臣參理軍務。景泰元年七月，景帝即位不久，主持軍務的兵部尚書于謙等建議委派靖遠伯王驥赴南京總督，同李賢等訓練軍馬，撫安人民等。朝廷令王驥到京再作安排。〔註24〕當月監察御史張諫言南京管操官員太多，既有總兵又有參贊，有監軍內臣及都御史，而又差御史不時點視，宜止用總兵一員及有智略文臣一員參贊，庶號令出一人知所守。兵部議將御史等革置，被朝廷採納，〔註25〕此後明廷未再命南京都察院官員參理軍務。

　　景泰元年九月命兵部尚書靖遠伯王驥為總督機務。〔註26〕天順元年（1457）正月英宗復辟，二月命參贊機務南京兵部尚書張純在內的南京六部尚書全部致仕，〔註27〕七月英宗在給南京文武大小衙門的敕諭中只言命太監周禮、馬琳、保安及魏國公徐承宗等專守備。〔註28〕亦未提及參贊機務。此後至五年參贊機務革置，南京兵部尚書亦缺任。天順六年十二月，內閣建言「南京原有文職大臣一員參贊機務，近年革出不用，宜仍設一員為便。」英宗從之。當月改南京刑部尚書蕭維禎為南京兵部尚書參贊機務。〔註29〕蕭維禎任至成化元年致仕。

　　六位參贊機務中，聲望較高，貢獻較大的為黃福、徐琦和王驥，其他三位較少作為，如蕭維禎，明實錄只稱其「參贊留務，鎮靜知大體，為時所稱。」

　　黃福，其文集《黃忠宣公別集》卷二載其傳、行狀、墓誌銘、神道碑銘多篇，生平記載較詳。〔註30〕《英宗實錄》卷六十三有小傳，稱其「歷事五

〔註23〕《英宗實錄》卷一百六十六，《明實錄》17 冊，3211～3212 頁。
〔註24〕《英宗實錄》卷一百九十四，《明實錄》18 冊，4078 頁。
〔註25〕《英宗實錄》卷一百九十四，《明實錄》18 冊，4085 頁。亦見於《南樞志》卷九十六，2653 頁。
〔註26〕《英宗實錄》卷一百九十六，《明實錄》18 冊，4158 頁。
〔註27〕《英宗實錄》卷二百七十五，《明實錄》20 冊，5838 頁。
〔註28〕《英宗實錄》卷二百八十，《明實錄》20 冊，6016 頁。
〔註29〕《英宗實錄》卷三百四十七，《明實錄》21 冊，6992～6993 頁、6997 頁。
〔註30〕〔明〕黃福《黃忠宣公別集》，《四庫全書存目叢書》集部 27 冊，391～402 頁。

朝，多所建白，公正廉恕，素孚於人，憂國之心，始終不渝。」《明史》卷一五四有傳，與張輔等征伐、撫治安南諸人同一卷，也可見其主要政績與安南有關。

　　黃福（1363～1440），字如錫，別號後樂翁，青州府昌邑縣人。洪武領鄉薦如太學，歷金吾前衛知事，龍江左衛經歷，升戶部右侍郎。永樂初升戶部尚書，永樂三年（1405）改北京行部，永樂四年討安南，督辦軍需，掌其布政、按察二司。仁宗即位，入爲工部尚書兼詹事府詹事。宣德元年（1426），宣宗即位帥師平定漢王反叛，黃福留守北京，尋返安南掌布政、按察二司。二年命其與交阯布政使阮勳參贊交阯總兵官成山侯王通機務。安南反，爲叛軍執，禮遇送還。四年命其與平江伯陳瑄掌管漕運。五年調戶部尚書，七年調南京戶部尚書。宣德十年元月英宗即位，命其參贊機務，次月進少保，爲參贊機務中官銜最高者（王驥、王守仁封爵除外）。任至正統五年（1440）卒於位，年七十八。成化間追贈太保，諡忠宣。

　　黃福一生功業主要在撫治安南，出任南京參贊機務時年已七十三。雖然其責任爲協助南京外守備襄城伯李隆處理軍民事務，權位次於李隆，但李隆及其他南京官員對其非常尊重，「公時雖老，事無鉅細，必周於慮而裁處適當，襄城惟公言之聽，文武諸司凡有疑務咸就正焉。於時南京政肅民安，蓋倚公爲重，朝廷下璽書，事關機密者，公必預焉。」〔註31〕

　　黃福在任期間，除協助南京外守備李隆處理軍國大事以外，多關心民政事務。如宣德十年（1435），應天府六合縣，揚州府高郵等州，興化、寶應、泰興等縣蝗災，黃福差官督捕。〔註32〕

　　正統元年（1436）三月，黃福上言清理鈔法、鹽課、北京軍官月俸、田地權豪佔地四事。〔註33〕

　　正統元年五月，從黃福建言，各省添設按察司官一員、南北直隸添設御史各一員提調學校。〔註34〕

　　正統元年秋七月，黃福奏龍江鹽倉檢校批驗所秤子、庫子等職，自國初迨今子孫世役，爲弊百端，宜令應天府歲一更替。從之。〔註35〕

〔註31〕〔明〕楊士奇《東里續集》卷二十七《光祿大夫少保戶部尚書黃公神道碑銘》，《景印文淵閣四庫全書》1239 冊，15～16 頁。
〔註32〕《英宗實錄》卷六，《明實錄》13 冊，126 頁。
〔註33〕《英宗實錄》卷十五，《明實錄》13 冊，293～294 頁。
〔註34〕《英宗實錄》卷十七，《明實錄》13 冊，343 頁。
〔註35〕《英宗實錄》卷二十，《明實錄》13 冊，388 頁。

正統二年（1437），以黃福言，南京操守旗軍力士校尉月糧，有室家者增至八斗，無室家者六斗。〔註36〕

正統四年（1439），黃福奏請罷龍江大勝關等處收鈔官。〔註37〕

徐琦，史籍多記載其在安南不辱使命等事，參贊機務記載不多，在任期間，先後參贊襄城伯李隆、豐城侯李賢和寧遠伯任禮機務，兩任參贊機務共十一年，是在任時間最長的參贊機務。魏驥《南齋先生魏文靖公摘稿》卷七有其墓誌銘。〔註38〕《英宗實錄》卷二百二十七有傳，稱其「爲人明敏有斷，務持大體，時論頗重之。」《明史》卷一五八有傳，與出使安南諸臣並列。

徐琦（1386～1453），字良玉，浙江錢塘縣人。登永樂十三年（1415）進士，授行人司行人，秩滿升刑部員外郎，改北京行部兵曹，又改行在兵部職方司。宣德六年（1431）以安南黎利不庭，升徐琦行在通政司右通政往問罪，還升南京兵部右侍郎。八年又召徐琦復往安南問罪。正統元年（1436）命考察南京畿內郡縣官員，五年命以南京兵部右侍郎參贊南京守備機務。正統十四年進南京兵部尚書。景泰元年（1450）九月解任參贊機務，專管南京兵部事。三年四月覆命參贊如初。四年三月卒，年六十八，諡貞襄。

正統七年（1442），徐琦奏請江南府縣馬少戶多，宜分官遍歷印俵，江北府縣馬多戶少，宜令管馬官吏領赴南京太僕寺印俵爲便。從之。〔註39〕

正統十二年（1447），徐琦奏本部郎中宋勉巡風不謹，以致火毀廳房，宜究治之，自己不嚴督亦有罪。朝廷宥琦，命南京刑部逮問宋勉。〔註40〕

景泰元年（1450），徐琦奏南京近年以來儲蓄甚少，上請增加存量，以備應用。朝廷從之。〔註41〕

永樂間南京軍人分調北京，其家屬留在南京的有數萬人，在任期間，有官員建議將這些人悉送北京，朝廷欲行其策。徐琦會南京六部議，認爲其中安土重遷者多，人心一搖，恐事有不測，與六部建議免調。此事遂不行。〔註42〕

〔註36〕《英宗實錄》卷二十九，《明實錄》13冊，587頁。
〔註37〕《英宗實錄》卷六十，《明實錄》14冊，1154頁。
〔註38〕〔明〕魏驥《南齋先生魏文靖公摘稿》，《四庫全書存目叢書》集部30冊，411～412頁。
〔註39〕《英宗實錄》卷八十八，《明實錄》15冊，1766頁。
〔註40〕《英宗實錄》卷一百五十，《明實錄》16冊，2952頁。
〔註41〕《英宗實錄》卷一百八十九，《明實錄》17冊，3884頁。
〔註42〕〔明〕魏驥《南齋先生魏文靖公摘稿》卷七《資政大夫南京兵部尚書徐公墓誌銘》，《四庫全書存目叢書》集部30冊，412頁。

明代軍衛本無學校，宣德十年徐琦請建立衛學，被朝廷採納，其後衛所與府州縣同治一城者，官軍子弟皆附其學，食廩歲貢與民生同。軍衛獨治一城無學可附者，皆立衛學。〔註43〕

王驥，彭時《彭文憲公集》卷四有其墓誌銘，〔註44〕李賢《古穰集》卷十一有其神道碑銘。〔註45〕《英宗實錄》卷三百十五有傳，《明史》卷一七一有傳。

王驥（1378～1460），字尚德，北直隸束鹿人。永樂四年（1406）進士，授兵科給事中，尋命署應天府丞事，繼又掌行在都察院事，升山西按察司副使。洪熙改元召爲順天府尹。宣德二年（1427）升兵部右侍郎，九年進升本部尚書。正統二年（1437）特遣往巡邊。正統六年雲南麓川宣慰使思任發作亂，命王驥爲總督軍務兵部尚書往征之，正統七年以雲南軍功封靖遠伯。正統十四年命其佩平蠻將軍印充總兵官，剿殺貴州等處叛亂。景泰元年（1450）任總督南京機務，三年解任。天順元年（1457）又命其任兵部尚書，尋以年邁請解部事，常奉朝請。天順四年卒於家，享年八十三。追封靖遠侯，諡忠毅。

王驥爲英宗景帝朝戰功最顯赫的官員，其名望官爵來自平定西南、西北叛亂之功，出任南京總督機務時年已七十三，在任一年多。王驥帶文武雙重官銜，朝廷又明命總督機務，其地位居南京守備李賢之上，在位任事，頗有作爲。

景泰二年（1451）春正月，王驥等奏提督操練都督僉事房顯等不嚴鈐束，致官軍偷閒者千餘人，宜治其罪。朝廷命南京都察院執鞫之。王驥又奏將原選操備女戶放回寧家，軍匠赴監上工，操備舍人、餘丁每人月給米五斗。朝廷從之。〔註46〕

景泰二年八月，王驥按和陽衛百戶周忠枉法受財罪，因言其嘗欲獨擅寶船廠事而誣退同事百戶，又構詞陷內官王普於死，是以愈爲暴橫，廠內外官民俱呼爲周老虎，役占軍匠無慮數百，親管指揮莫敢登門。法司具獄以聞，命發充口外軍。〔註47〕

〔註43〕 〔明〕陸容《菽園雜記》卷六，《明代筆記小說大觀》428頁。
〔註44〕 〔明〕彭時《彭文憲公集》，《四庫全書存目叢書》集部35冊，688～690頁。
〔註45〕 〔明〕李賢《古穰集》，《景印文淵閣四庫全書》1244冊，591～594頁。
〔註46〕 《英宗實錄》卷二百，《明實錄》18冊，4250～4251頁、4258頁。
〔註47〕 《英宗實錄》卷二百七，《明實錄》18冊，4458頁。

景泰二年冬十月，王驥等奏，永樂十九年分調北京官軍，其戶丁寄住南京者幾四萬人，緣其不服屯種操練，又不聽原衛管束，往往游手閒曠恣肆爲非，況俱在營生長習知軍旅之事，若令發遣赴北京操守，實爲有益。乞將一丁至五丁者全家起發，十丁以上有置成產業者五丁起發，五丁存留屯，操二十丁至三十丁者如例中半起留，丁多不願留者聽從起遣，庶幾兩京官軍各得其用，屯糧有增而人無閒曠矣。事下兵部議如所擬，從之。〔註48〕

2. 憲宗朝

憲宗朝任命的參贊機務有八位，李賓、程信、崔恭、原傑、王恕、薛遠、陳俊、馬文升。其中程信官銜爲南京兵部尚書兼大理寺卿，崔恭爲南京吏部尚書。原傑道卒，未到任。王恕兩任參贊機務，首任時爲南京都察院右都御史，後改南京兵部尚書。薛遠成化十五年（1479）正月起用爲參贊機務南京兵部尚書，即被科道攻劾，十二月朝廷傳旨令致仕，在任未及一年。自薛遠後，擔任參贊機務者俱爲南京兵部尚書。

八位參贊機務中，李賓原任都察院右都御史，程信原任兵部尚書兼大理寺卿，崔恭以南京吏部尚書被命參贊機務，原傑原任撫治荊襄右都御史，王恕首任參贊機務前爲巡撫雲南右都御史，再任參贊機務前爲巡撫南直隸兵部尚書兼左副都御史，薛遠戶部尚書致仕再起，陳俊原任南京戶部尚書，馬文升原任兵部尚書。

參贊機務中有五位有提督軍務的經驗，李賓曾任爲巡撫永平右副都御史，程信曾任提督四川軍務兵部尚書，原傑爲撫治荊襄右都御史，王恕爲巡撫雲南右都御史，馬文升爲總督漕運巡撫鳳陽右都御史。崔恭、薛遠、陳俊雖無提督軍務的履歷，卻也歷任多部，嫻於政務。八人中王恕、馬文升明代史籍記載最多，評價最高，堪稱一代名臣。比較而言，在參贊機務任上較多作爲的爲王恕。

王恕，王鏊《震澤集》卷二十九有其墓誌銘，〔註49〕李東陽《懷麓堂集》卷八十有其神道碑銘。〔註50〕《武宗實錄》卷三十七有傳，對其評價很高：「方嚴偉特，揚歷中外四十年，以身負天下之重，屢疏時政，多所匡救，大臣完名終始如恕者蓋不易得云。」《明史》卷一八二有傳。

〔註48〕　《英宗實錄》卷二百九，《明實錄》18 冊，4485 頁。
〔註49〕　〔明〕王鏊《震澤集》，《景印文淵閣四庫全書》1256 冊，432～434 頁。
〔註50〕　〔明〕李東陽《懷麓堂集》，《景印文淵閣四庫全書》1250 冊，841～843 頁。

　　王恕（1416～1508），字宗貫，山西三原人。正統十三年（1448）進士，改翰林庶吉士，授大理評事，歷左寺副，出知揚州府。天順四年（1460）擢江西右布政使，八年轉河南左布政使。成化元年（1465）升都察院右副都御史撫治南陽，轉左副都御史巡撫河南。四年遷南京刑部左侍郎，七年改刑部左侍郎奉敕總理河道，九年改南京戶部，十二年改左副都御史巡撫雲南。十三年進右都御史，尋改參贊機務南京都察院右都御史。十四年改南京兵部尚書參贊機務。十五年改兵部尚書兼左副都御史巡撫南直隸。二十年復任南京兵部尚書參贊機務，二十二年令其致仕。孝宗即位首遣使召爲吏部尚書，弘治六年（1493）請致仕，命馳驛還鄉。年九十三卒於家。贈太師，諡端毅。

　　王恕首任參贊機務成化十三年（1477）八月至十五年正月，再任二十年四月至二十二年九月，王恕任官治事得名於雲南巡撫，功成於吏部尚書，而兩任參贊機務史籍記載不多。王恕所撰《王端毅奏議》卷四《前參贊機務》，卷六《復參贊機務》，記載其兩任參贊機務時所上奏議多篇，較爲集中的代表其參贊南京時的作爲。

　　首任參贊機務期間，南京內府各衙門軍民匠役等俱由東安等門出入，爲保安全，朝廷命內外守備參贊等置立精微出入門簿各一扇，內府各衙門上工人姓名填寫，分送各門守衛官軍收掌，照名平明點入未晚點出。後工人連名上告如此做法浪費工作時間，影響正常作息，內府官員也反映此做法延誤工程。王恕會同內守備安寧請「照舊懸帶牌面，各門照驗出入，不必早晚唱名點驗，庶免稽誤工作。」〔註51〕

　　時有官員建言南京應天等五衛設於江北浦子口，部分軍人需分撥南京新江口大小教場差操，渡江常遭淹溺，請將五衛原撥官軍，放回浦子口守城操備。王恕會同南京守備太監安寧等議，「若令軍士各就近便操備，則江南操軍愈見數少，將何守備京城，」請令照舊操守，保障京師。〔註52〕

　　南京戶部奏准每年止存軍馬六百匹在城騎操，餘皆下場牧放，王恕等認爲存留騎操馬匹數少，不能操演，且不夠差撥應用，南京乃根本重地，守備不可不嚴，「守備之道莫先於軍馬糧草，京儲固不可不存省，軍威尤不可不振

〔註51〕〔明〕王恕《王端毅奏議》卷四《覆奏南京六科陳言弭災事奏狀》，《景印文淵閣四庫全書》427冊，520～522頁。

〔註52〕〔明〕王恕《王端毅奏議》卷四《駁議聽選官王瓚建言江北五衛免赴京操奏狀》，522～523頁。

揚，將南京各營見在馬匹每遇下場之時，存留一千匹在城騎操聽調。」〔註53〕

再任參贊機務期間，成化二十年朝廷命王恕與內守備張本督修孝陵，查算工料數目，毋令空閒役占，冒支妄費，逐日並工修造，早為完備。王恕即時細緻上報工程進展、尚缺材料，又開列用過物料、役過軍匠、支過工錢口糧等細目附奏狀呈上。〔註54〕

南京兵部有管理馬快船隻之責，時兵仗局左少監葉深請每隻船裝載十櫃軍器，王恕以用船數多，實難措辦，請每船裝二十五櫃，「船隻穀差而裏河軍民拽船之勞亦可寬矣。」〔註55〕

南京外羅城周圍一百三十餘里，城門一十七座，遇有城垣坍塌，應天府與工部分修，各縣一年一次或二次，起撥人夫多者一百四五十名，少者六七十名，每夫集價銀一兩，動經七八百兩至一千餘兩。南京內官病故造墳安葬亦係民間撥夫集價，遞年出辦，科派繁重。王恕請修城應天府出辦二分，八分派直隸蘇松常鎮等九府分攤。內官病故造墳，行移南京工部照例遵守施行。借撥本府夫匠一概停止。〔註56〕

3. 孝宗朝

孝宗朝任命的參贊機務共九人，耿裕、張鑾、侯瓚、張悅、倪岳、秦民悅、王繼、韓文、王軾。耿裕原任南京禮部尚書，張鑾原任刑部尚書，丁憂服闋起用。侯瓚原任南京工部尚書，張悅、倪岳、秦民悅原任南京吏部尚書，王繼原任南京刑部尚書，韓文原任吏部左侍郎，王軾原任南京戶部尚書。五人有提督軍務經驗，張鑾曾任巡撫大同右副都御史，秦民悅曾任巡撫順天右副都御史，王繼曾任巡撫甘肅右副都御史，韓文巡撫河南右副都御史，王軾曾任南京戶部尚書兼左副都御史提督貴州軍務。耿裕、倪岳任期未及一年。

明初以後諸帝，惟孝宗一朝最為安定，《明史》稱「朝序清寧，民物康阜」，政府官員也有「眾正盈朝」之稱，參贊機務南京兵部尚書亦可稱此，上述諸人中除侯瓚《明實錄》未予置評，其他諸位評價均較高，其在任可述者有韓文。

韓文，其文集《韓忠定公集》卷首有喬宇撰《韓忠定公傳》，又有韓文撰

〔註53〕〔明〕王恕《王端毅奏議》卷四《乞存留騎操馬匹奏狀》，531頁。
〔註54〕〔明〕王恕《王端毅奏議》卷六《督修孝陵查算工料數目奏狀》，565～566頁。
〔註55〕〔明〕王恕《王端毅奏議》卷六《論撥船事宜奏狀》，566～567頁。
〔註56〕〔明〕王恕《王端毅奏議》卷六《定奪修城營葬工料奏狀》，571～573頁。

自傳，卷四有楊一清撰墓誌銘。〔註57〕費宏《太保費文憲公摘稿》卷十九有其神道碑銘。〔註58〕《世宗實錄》卷六十五有傳，贊其「為人清修耿介，識量宏遠，居常抑抑，至臨大事，輒毅然不可屈撓。」《明史》卷一八六有傳。

韓文（1441～1526），字貫道，號質庵，山西洪洞人。成化二年（1466）進士，授工科給事中。成化十五年升湖廣布政司右參議，提督太岳太和山宮觀。弘治改元，為山東左參政，擢雲南左布政使。弘治六年（1493）以右副都御史巡撫湖廣，七年巡撫河南，八年召為戶部右侍郎。十六年升南京兵部尚書，十七年改戶部尚書。正德元年（1506）憤權閹擅權亂政，率諸大臣抗言極諫。劉瑾恨之，矯詔奪文官，又矯詔逮文詔獄，坐罪罰米輸邊三千石。瑾誅，復官致仕。贈太傅，諡忠定。

韓文身歷三朝，無論在地方和中央任職，都多有作為，而晚年抗疏請誅劉瑾一事尤其值得稱道，明代史籍讚不絕口。其在南京任職只有一年，也有可述者。

韓文自記其參贊機務二事，一為預支軍糧以平抑糧價：「時久旱，斗米價值百錢，鄰邦民饑輻輳京城，餓死者日百數，移咨南京戶部將官軍月糧連放三月。司徒王用敬請先奏。曰：此糧米乃官軍應得之物，恤災如救焚拯溺，脫有罪某當自任。預放米三十三萬石，京城米價遂平。」

一為不懼權閹，倡議直言，「先是，外守備者凡會同內守備議事。率皆畏縮遜避，不敢輕出一語，至於聽斷詞訟，亦惟以內守備者為可否。某曰：天下之事，理與法耳。悉以無心處之。諸中貴非特不疑，且加敬服，蓋亦秉彞之良心也。」〔註59〕

《孝宗實錄》亦記載，弘治十七年（1504），韓文等陳四事：量減稅銀，謂南京軍民耕種空閒草場畝納銀一錢者，請畝減三分，以為定則。助買官馬，謂南京領馬官軍每苦辦椿頭朋合銀兩，其災傷地方，請特免一年。減牛隻，謂南京寢廟供用牲牛，交納多弊，請量減三分之一，仍查數約束。減快船，謂南京水軍左衛快船數倍他衛，役及幼寡，請暫免補造。兵部覆奏，朝廷從之。〔註60〕

〔註57〕〔明〕韓文《韓忠定公集》四卷，清乾隆三年韓宗藩刻本。
〔註58〕〔明〕費宏《太保費文憲公摘稿》，《續修四庫全書》1331 冊，646～649 頁。
〔註59〕〔明〕韓文《韓忠定公集》四卷，清乾隆三年韓宗藩刻本，卷首自傳。
〔註60〕《孝宗實錄》卷二百十七，《明實錄》32 冊，4090 頁。

4. 武宗朝

武宗朝任命的參贊機務南京兵部尚書有六人，林瀚、何鑒、柴昇、劉機、張澯、喬宇。林瀚原任南京吏部尚書。何鑒原任刑部左侍郎，柴昇原任南京禮部尚書，劉機原爲吏部尚書，致仕起用。張澯原任南京吏部尚書，喬宇原任南京禮部尚書。六人中有兩位有提督軍務經驗，何鑒曾爲巡撫山東右副都御史，柴昇曾爲巡撫陝西右副都御史。林瀚、劉機、張澯、喬宇未曾出任地方官職，均爲京官。林瀚任期未及一年。六人中，喬宇文獻記載較多。

喬宇，焦竑《國朝獻徵錄》卷二十五有陳璘撰行狀，〔註61〕唐鶴徵《皇明輔世編》卷四有喬宇傳。〔註62〕《明史》卷一九四有傳。

喬宇（1464～1531），字希大，號白巖，山西樂平人。成化二十年（1484）進士，授禮部儀制司主事，歷官吏部文選司主事，署考功員外郎，文選司郎中。弘治十五年（1502）升太常少卿。正德三年（1508）升光祿卿，四年升戶部右侍郎，五年轉左侍郎。六年升南京禮部尚書，十年改南京兵部尚書參贊機務。十六年詔拜吏部尚書。嘉靖三年（1524）以議大禮與世宗不合，三抗疏乞休，俞允馳驛還鄉。十年卒，年六十八。隆慶元年（1567）追贈少傅，諡莊簡。

喬宇爲南京參贊機務中聲望較高的一位，任職期間正值宸濠之亂，後又逢武宗駐蹕南京，喬宇鎮靜應對，爲維護南京的安定作出貢獻。

正德十四年（1519）六月，受封於南昌的寧王朱宸濠謀反，聲言奪取南京，七月南京守備官員得報上奏朝廷，並積極應對。當月，南京兵部尚書喬宇等將所得宸濠偽檄一、榜文二上聞，請速發京邊官軍兼程進剿，無致滋蔓。時吏部尚書陸完謂濠素賢，恐未必反，兵部尚書王瓊覆奏欲核實再議興兵。〔註63〕

八月，朝廷以喬宇等屢陳宸濠反狀，又嚴兵備禦有功，賜敕獎勵南京內外守備參贊官。又從喬宇奏請，命致仕參將石璽自率家丁赴南京領兵擒剿江西逆賊。〔註64〕

正德十五年（1520）春正月應南京兵部尚書喬宇及內外守備之請，命執宸濠同黨南京守備太監劉琅、指揮廖鎧赴錦衣衛禁錮，俟宸濠至日鞫問。〔註65〕

〔註61〕〔明〕焦竑《國朝獻徵錄》，《續修四庫全書》526冊，274～278頁。
〔註62〕〔明〕唐鶴徵《皇明輔世編》，《續修四庫全書》524冊，627～632頁。
〔註63〕《武宗實錄》卷一百七十六，《明實錄》37冊，3418頁。
〔註64〕《武宗實錄》卷一百七十七，《明實錄》37冊，3456～3457頁、3466頁。
〔註65〕《武宗實錄》卷一百八十二，《明實錄》37冊，3524頁。

　　喬宇《行狀》記載，宸濠之變後，喬宇率九卿臺諫籲天，誓以死守，城門設文武臣各二員率軍以守，城中暗設軍二營以防不虞。宸濠預遣死士二三百人潛入留都，於鼓樓街攬頭某人家爲內應，如期而發，守備太監劉琅共謀之。喬宇偵知，先縛攬頭一審而知，間諜以次而擒，梟首江岸，都城獲安，宸濠少沮。江防城守甚多嚴備，宸濠至安慶，守備楊銳敗之，宸濠怒曰：安慶一撮爾尚如此，況南京乎？且聞喬尚書甚有備，將如何也？乃殺方士數十人退兵。〔註66〕

　　《國朝列卿紀》喬宇傳載，喬宇視機務時密得濠反狀，又知指揮楊銳有才略可用，乃署爲安慶守備。曰：安慶南京上游，密邇江西，賊計你必先知，知則速來告之。賊至必先攻安慶，攻則你死守之。未幾賊變，楊銳果成其功。〔註67〕

　　《四友齋叢說》載：「時方寧藩謀逆，聲言取南京，兵已至安慶，而白巖日領一老儒與一醫士，所至遊燕，兼以校弈，實以觀形勢之險要，而外若不以爲意者，人以爲一時矯情鎮物，有費褘、謝安之風。」〔註68〕

　　比較起應對宸濠之亂，喬宇在武宗駐蹕南京時的應對作爲，更爲時人稱讚，何良俊言：「凡遇國家有一大事，必生一人以靖之，如英宗北狩則生一于肅愍，劉瑾謀逆則生一楊文襄，宸濠之變則生一王陽明，武宗南巡則生一喬白巖。」〔註69〕他將喬宇與于謙、楊一清、王守仁相比，認爲其最大的功勞是在武宗駐蹕南京期間，沉著應對，守護留都，南京軍民得以保全。

　　錢謙益亦將其與王守仁相比：「當武宗南巡之日，翠華野宿，虎旅夜驚。喬莊簡任南參贊，張皇六師，嚴更巡徼，逆彬輩懾伏不敢動，宗社有泰山之安，其功不在王文成下也。」〔註70〕

　　《四友齋叢說》載，江彬所領邊卒皆西北勁兵。喬宇命於南方教師中取其最矮小而精悍者百人，每日與其至校場中比試，南人輕捷跳趫，行走如飛，或撞其脅肋，或觸其腰胯，北人皆翻身倒地僵僕。江彬大爲沮喪。

〔註66〕〔明〕焦竑《國朝獻徵錄》卷二十五《光祿大夫柱國少保兼太子太保吏部尚書白巖喬公宇行狀》，《續修四庫全書》526冊，275頁。
〔註67〕〔明〕雷禮《國朝列卿紀》卷五十，《續修四庫全書》523冊，49頁。
〔註68〕〔明〕何良俊《四友齋叢說》卷六，《明代筆記小說大觀》910頁。
〔註69〕〔明〕何良俊《四友齋叢說》卷八，《明代筆記小說大觀》921頁。
〔註70〕〔清〕錢謙益《牧齋初學集》卷三十四《大司馬吉安茂明李公參贊留務序》，《續修四庫全書》1389冊，576頁。

　　武宗在牛首山經宿，次日歸抵聚寶門時已深夜，江彬傳旨開聚寶門迎駕。喬宇堅閉不納，是夜武宗宿於報恩寺。〔註71〕

　　喬宇《行狀》又載，武宗於南京受朝正，初有旨命百官以戎服朝見，喬宇以爲兩京禮儀一體，不容有異，遂朝服率諸臣見。時幸臣江彬以權寵勢焰傾人，欲謀不軌，喬宇以雅量鎮服其邪。時武宗久駐南京，喬宇又倡九卿臺諫，凡三上章。喬宇又伏闕上疏勸回鑾輿，以安定社稷爲計。〔註72〕

　　《國朝列卿紀》亦載，江彬一日晚遣官索各城鎖鑰，城中驚駭不知所出，督府遣人來謀於喬宇。喬宇曰：守備所以謹非常，城門鎖鑰孰敢索，亦孰敢與者，雖天子詔奈何！督府以喬宇言拒之，竟寢，城中帖然。江彬每假傳旨有所求，爲日數十通，喬宇每得旨必請而奏，江彬計遂不行。〔註73〕

　　《喬莊簡公集》卷五亦載武宗駐蹕南京時所上奏疏，時武宗久駐南京，軍民大受其累，喬宇的《請回鑾輿以慰安人心疏》陳言六事，請武宗早回鑾輿：一安定人心。從征軍馬數多，行者起思歸之怨，居民苦妨廢之擾，民心惶惶。二舉行郊祀。敬天爲第一重事，望早還京師，舉行大禮。三草料缺乏。四處置罪囚。罪囚拘繫舟中，灣泊江口，日久人心或生懈怠。五體恤夫役。自去年十二月至今已七閱月，南自儀眞北至通州，沿途地方夫役不下數十餘萬，飢饉死亡者甚多。六攘除邊患。遼東、宣大等地遭侵犯，皇上南征，兵多隨行，是以乘隙入寇，不急圖之，將有畿甸之害。

　　《明舊章釐宿弊以圖治安疏》亦陳六事，則指出南京軍政弊端，並提出應對措施：一嚴操練以修武備。今後除春秋二次看操外，每遇該操之日，參贊機務與內外守備官輪各一員到營閱視。二禁役占以肅軍政。請申明定制、嚴加禁革，其役占軍餘及其投託影射者，悉令退出差操，令各衛所將退出並撥過餘丁姓名，造冊送赴南京兵部、兵科查理比較。此外但有貪刻之徒，聽南京兵部及科道官指實劾奏，革去官事閒住。三革冗員以寬民利。請敕內外守備官，務要查遵成化年以前事例，照數存留管事，其餘多添濫設者盡行革退。四買戰馬以振軍威。請量加銀三兩，湊至前數十兩，南京兵部選委廉幹指揮一員，督令各營買補馬匹。五定船差以便進貢。請於薦新進貢等項一一遵照先奉欽定則例差撥，近年奏討增添者量行查革，其欽差往來則少者一二

〔註71〕　〔明〕何良俊《四友齋叢說》卷六，《明代筆記小說大觀》910頁。
〔註72〕　〔明〕焦竑《國朝獻徵錄》卷二十五，《續修四庫全書》526冊，276頁。
〔註73〕　〔明〕雷禮《國朝列卿紀》卷五十，《續修四庫全書》523冊，49頁。

隻、多者不過三四隻，其取用造辦等項，則少者七八隻、多者不過二三十隻，驗裝科道等官查數定扛，不許過違舊例。六修船隻以便差用。請將快船照前量添價銀成造，其底船不使變賣，存留本府通融措辦，改造區淺船隻以爲裝載蘆柴等項之用。其各船撐駕人夫行江淮、濟川二衛備查各號船隻，有遠年事故徵造未起者，暫將各項船隻查照字號編補。所有解到各船人夫，就令照號編僉撐駕，待本號船隻徵造完日，另行區處。〔註74〕

5. 世宗朝

世宗朝任命的參贊機務南京兵部尚書有二十九人，王守仁、廖紀、陶琰、秦金、李充嗣、王憲、胡世寧、王廷相、劉龍、王軏、湛若水、熊浹、王堯封、張邦奇、宋景、胡訓、韓邦奇、王學夔、韓士英、屠楷、潘潢、張經、周延、張時徹、張鏊、江東、李遂、胡松、郭乾。其中秦金兩任，王守仁、胡世寧、王堯封三人未到任。廖紀、陶琰、秦金（首任）、湛若水、胡訓、王學夔、屠楷、潘潢、周延、張時徹、胡松十一人任期不滿一年。

王守仁原任提督南贛汀漳軍務右副都御史，廖紀原任南京吏部尚書，陶琰原任工部尚書，秦金首任參贊機務前原任南京禮部尚書，李充嗣原任巡撫應天工部尚書兼左副都御史，王憲原任提督三邊兵部尚書，胡世寧爲兵部尚書致仕再起，王廷相原任兵部左侍郎，劉龍原任南京吏部尚書，王軏原任南京戶部尚書，湛若水原任南京吏部尚書，熊浹原任南京禮部尚書，王堯封爲總督倉場戶部尚書致仕再起，張邦奇原任南京吏部尚書，宋景原任南京吏部尚書，胡訓原任南京工部尚書，韓邦奇原任南京都察院右都御史，王學夔原任南京吏部尚書，韓士英原任南京戶部尚書，屠楷原任南京吏部尚書，潘潢原任南京吏部尚書，張經原任南京戶部尚書，周延原任南京吏部尚書，張時徹爲兵部左侍郎服闋再起，張鏊原任刑部左侍郎，江東原任戶部尚書，李遂原任兵部左侍郎，胡松原任吏部左侍郎，郭乾原任總督三邊右都御史。

二十九人中，除王守仁、李充嗣、王憲、郭乾由督撫升任參贊機務南京兵部尚書，還有十六人有過提督軍務經歷，陶琰曾任總督漕運兼巡撫鳳陽等處右都御史，秦金曾任巡撫湖廣右副都御史，胡世寧曾任巡撫四川右僉都御史，王廷相曾任巡撫四川右副都御史，王軏曾任巡撫四川右副都御史，王堯封曾任巡撫陝西右副都御史，胡訓曾任巡撫雲南右副都御史，韓邦奇曾任巡

〔註74〕〔明〕喬宇《喬莊簡公集》十卷，明隆慶五年王世貞、孫世良刻本，卷五。

撫山西右副都御史，王學夔曾任提督撫治鄖陽右副都御史，韓士英曾任右副都御史巡撫貴州，張經曾任提督兩廣兵部尚書，周延曾任兵部右侍郎兼僉都御史提督兩廣軍務兼理巡撫，張時徹曾任巡撫江西兵部右侍郎兼右僉都御史，江東曾任總督宣大兵部右侍郎，李遂曾任巡撫鳳陽右僉都御史，胡松曾任右副都御史總督漕運兼巡撫鳳陽。

　　五人在出任參贊機務南京兵部尚書前曾出任地方官，沒有提督軍務經歷：熊浹、張邦奇、宋景、潘潢、張鏊。

　　四人在出任參贊機務南京兵部尚書前爲京官，沒有地方任職經歷：廖紀、劉龍、湛若水、屠楷。

　　自南京守備官員設立以來，南京一直比較安寧穩定，沒有發生重大安全事件，而嘉靖中葉起，南直隸及周邊各省遭受倭寇襲擾，亦威脅留都南京，爲備倭設立振武營，不久又應月糧扣減等發生兵變。嘉靖三十三年（1554）五月命參贊機務南京兵部尚書張經，不妨原務兼都察院右副都御史，總督南直隸、浙江、山東、兩廣、福建等處軍務，剿滅倭寇。三十三年十月改張經爲右都御史兼兵部右侍郎專一總督軍務，解其參贊機務南京兵部尚書。嘉靖三十四年十月張經以剿寇不力被誅。三十四年七月倭寇逼近南京大安德門等處，南京科道官參劾南京守備官員失職，參贊機務南京兵部尚書張時徹罷職。三十九年二月發生振武營之亂，參贊機務南京兵部尚書張鏊罷職。嘉靖四十年五月發生南京兵部所轄池河營之亂，參贊機務南京兵部尚書江東罷職。

　　世宗朝四十五年，任命的參贊機務有二十九位，大多任期一年左右。參贊機務官員中評價較高，在任期間作爲較多的有王廷相和李遂。

　　王廷相，張鹵《滸東先生文集》卷十三有傳，〔註75〕于愼行《穀城山館文集》卷二十六有其墓表。〔註76〕《明史》卷一九四有傳。

　　王廷相（1474～1544），字子衡，號濬川，河南儀封人。弘治十五年（1502）進士，選翰林吉士，授兵科給事中，以他故謫爲州判，稍遷知縣。正德四年（1509）召爲監察御史出按陝西，又謫爲縣丞，稍遷知縣、同知等，十二年擢四川提學僉事，十六年進山東提學副使。嘉靖三年（1524）任山東右布政使，六年拜都察院右副都御史巡撫四川，七年入爲兵部右侍郎，尋轉左。九年晉南京兵部尚書參贊機務，十二年召爲左都御史，十三年升兵部尚書兼都

〔註75〕〔明〕張鹵《滸東先生文集》，《四庫全書存目叢書》集部 132 冊，473～477 頁。
〔註76〕〔明〕于愼行《穀城山館文集》，《四庫全書存目叢書》集部 148 冊，28～31 頁。

－171－

察院左都御史，提督團營仍掌院事。二十年翊國公郭勳得罪，連及王廷相，罷職歸。二十三年卒於家，年七十一。隆慶元年（1567）贈少保，諡肅敏。

王廷相任參贊機務自嘉靖九年（1530）至十二年，而其在政治上最有作為是調任北京後任左都御史和提督團營，王世貞言「明興以來稱文武才者獨王文成（守仁）、楊文襄（一清）、王肅敏（廷相）而已，肅敏小孫於武，而文襄疏於文。」〔註77〕此言當指王廷相提督團營等事而言。相比而言其在南京任參贊機務時的事蹟記載不多，只有其文集《濬川奏議》中，有多篇與南京參贊機務有關，據此可考其作為。

王廷相的這些奏議中最重要的是對內外守備官員的監督，以及對內守備所轄南京內府各監局官員的舉劾。世宗即位後，限制宦官權限，終其一朝，無權閹干涉朝政之事。南京內守備及下屬宦官所受監督亦較嚴，外守備徐鵬舉屢任守備已四十年，亦頗受非議，王廷相在參贊機務任上所上奏疏多與內外守備弊端有關。

《請革內外守備弊政疏》，此疏誤入卷三《小司馬集》中，實際此疏作於參贊機務任上，應入卷五至卷七《金陵稿》。奏疏請革守備舊規，此類舊規為不載於《諸司職掌》、《大明會典》等典章，又為內外守備官員因循很久的各類管轄事務。一關口盤詰，龍江、大勝、新江口、浦子口、江淮五關，內外守備派員在此盤詰船隻，實則趁機勒索錢財，軍民怨聲載道。請革退。二內外守備衙門受理一般刑事、民事案件，而按舊典，內外守備只能受理有關南京安全的重大案件，一般刑事、民事案件為巡城御史及法司所管，內外守備此種行為，下侵有司職權。請禁止。三差官點閘，明年春秋二季內外守備差內臣一員、指揮一員往安慶、九江巡視官軍，趁機營私舞弊。此類事務為弘治間臨時差遣，其後應革置，而內外守備官員因有利可圖相沿不改，請禁革。〔註78〕此疏上呈後，第一條和第三條兵部覆議，被朝廷採納。〔註79〕

卷五《查理南京神宮監多占蘆洲題本》，南京孝陵神宮監侵佔蘆洲草場，濫收蘆課，佔用官船，擾害地方等，南京民眾上訴，王廷相會官清查後上言「該監官員不思國課當急，惟以貪饕為務」，「侵官害民，情罪尤重」。請將多

〔註77〕〔明〕王世貞《弇州續稿》卷一百二十三《光祿大夫太子太保兵部尚書居來張公墓誌銘》，《景印文淵閣四庫全書》1283 冊，720 頁。

〔註78〕〔明〕王廷相《濬川奏議》卷三，《四庫全書存目叢書》集部 53 冊，474～478 頁。

〔註79〕《世宗實錄》卷一百十八，《明實錄》41 冊，2801 頁。

占洲場收歸南京工部管理，多收銀兩追究下落，有罪官員提送問罪。〔註80〕

《參劾神宮監太監劉杲賣放軍士題本》，南京孝陵神宮監太監劉杲收納孝陵衛官軍月錢，守陵軍人買得空閒，其職責陵園樹木養植、安全巡護等事曠廢。王廷相上奏「劉杲等不以陵寢為重，優恤旗軍，乃敢濫役賣放，貪饕財賄」，請行法司究問，買閒軍人回衛聽差。〔註81〕

卷六《乞革內外守備占收草場銀題本》，嘉靖十年（1531）朝廷命南京兵部備查南京內外守備衙門侵佔牧馬草場一事，王廷相徹查後上奏「太監楊奇、卜春，私徵租銀，濫用無度，倚辦進貢，冒破數多，事涉侵欺，法當提究。外守備魏國公徐鵬舉貴膺世臣，私占國利，蹈襲宿弊，不知改革，雖無侵欺入己，亦係浪費錢糧，合無量加罰治。」請退出佔用熟地草場，召民耕種等。〔註82〕此疏上呈後，兵部覆議，世宗命楊奇、卜春法司問罪，徐鵬舉奪祿米三月。〔註83〕

《參劾南京司苑局左監丞鞠貴等題本》，王廷相上奏鞠貴等內官「佔用上直軍士，勒令辦納月錢，假稱供應之名，實遂貪饕之計」，請送法司提問。〔註84〕

南京兵部下屬四十九衛，除守衛京城孝陵、南京軍營操練外，還需承擔屯田、漕運、上供船運之責，其中承擔上供船運之責的有四十二衛，上供船隻、軍人由南京兵部掌管，而所運物品多由南京內府各機構上供，內官監運。上供任務非常繁重，船運軍人苦不堪言。王廷相所上奏疏亦與此有關，多請裁撤，以息軍人艱辛，減輕官府耗費。

卷五《節省快船冗費題本》，嘉靖九年（1530）朝廷命節省快船，又議減官糧冗費等。王廷相此疏上請無差之年駕船餘丁回衛聽差，月糧於南京戶部住支，每船幫甲銀減去十兩。有差之年照例預支月糧，幫甲銀補全二十兩。〔註85〕

卷七《裁減南京進貢馬快船隻題本》，此疏又節載於《世宗實錄》卷一百十七，作於嘉靖九年。嘉靖初世宗命省減船隻，此時內守備賴義以船運不

〔註80〕〔明〕王廷相《濬川奏議》卷五，496～501頁。
〔註81〕〔明〕王廷相《濬川奏議》卷五，511～516頁。
〔註82〕〔明〕王廷相《濬川奏議》卷六，517～522頁。
〔註83〕《世宗實錄》卷一百四十，《明實錄》42冊，3278頁。
〔註84〕〔明〕王廷相《濬川奏議》卷六，526～529頁。
〔註85〕〔明〕王廷相《濬川奏議》卷五，495～496頁。

足請增，王廷相言「管運內臣乃有假進貢以規利者」，「撥船之際虛張品物，多置槓櫃，務求船多，以濟己私」，「請裁減船隻。惟所運之物為主，每起先論其物數之輕重，次計其為扛之多寡，後定其船隻之數目。」以此為額確定船運數目。又請省免供品，如枇杷非南京所產，青梅酸澀不堪用，天鵝等禽，石榴、柿子、秋梨諸果又北方有之，皆可省。龍衣、彩錦、紗羅、綾段諸物既有織染局之歲辦，則當省。南京供應機房，南京內官監竹器，造作所值無幾，運送則所費不貲，宜量為停止。彩漆雲龍膳桌等皆堅久可用，亦宜會計量省，不必每年供造。下列三十七起貢品的數額，船隻數目，減省停革情況。〔註86〕此疏上呈後，工部尚書章拯等言織造龍衣等俱如所議減免。世宗言：「此疏所言專在省併以紓民力，俱依擬行，著為定例，自後敢有假託增用害人者，科道官指名參奏。」〔註87〕疏中所上數額作為定例，亦載於萬曆《大明會典》卷一百五十八《南京兵部》車駕清吏司條下。

與南京防務相關的有作於嘉靖十一年（1532）的《請處置江洋捕盜事宜疏》，此疏也誤入卷三《小司馬集》中。奏疏所言為整個長江防務，涉及南京的為明確操江職掌。長江防務由設於南京的文武操江官員各一員掌管，其下屬新江營負責守衛南京附近江面。操江官員以護衛京城為由，忽視沿江要地防護，不令新江營捕緝長江盜賊，王廷相上言操江官員「不直護衛京師，亦以堤防寇盜，但戰船雖多，盡置之無用，操練雖勤不以之捕賊，及詢其故，皆以在京官軍保守城關，非捕盜之司。」「今後新江口官軍比照在京巡捕事例，無事則操練防守，有事亦得調遣捕盜，不得以護衛京城規避。」〔註88〕兵部覆議，朝廷下令「蘇松常鎮盜賊恣行，皆坐操江、巡江官不行親歷所致。自今須常駐要地，加意督捕。」〔註89〕

李遂，徐階《世經堂集》卷十九有其神道碑銘。〔註90〕《世宗實錄》卷五百六十三有傳，稱其「姿貌瑰偉，博學有才諝，尤長於用兵，機秘計往往出人意表，故能隨試輒效。」《明史》卷二〇五有傳。

李遂（1504～1566），字邦良，號克齋，又號羅山，江西豐城人。嘉靖五年（1526）進士，授行人司行人，累官禮部祠祭司郎中，以事忤尚書夏言，

〔註86〕〔明〕王廷相《濬川奏議》卷七，530～548頁。
〔註87〕《世宗實錄》卷一百十七，《明實錄》41冊，2771～2772頁。
〔註88〕〔明〕王廷相《濬川奏議》卷三，481頁。
〔註89〕《世宗實錄》卷一百四十，《明實錄》42冊，3267頁。
〔註90〕〔明〕徐階《世經堂集》，《四庫全書存目叢書》集部80冊，20～26頁。

左遷湖州府同知，尋入爲南京禮部郎中。嘉靖二十八年以山東右布政使改南京都察院右僉都御史提督操江，二十九改都察院右僉都御史專督薊鎮主客兵糧，旋罷免。三十六年起爲右僉都御史提督軍務兼巡撫鳳陽。三十八年進南京兵部右侍郎，三十九年召爲協理戎政兵部右侍郎，旋升左。四十年升南京兵部尚書參贊機務，四十四年致仕歸。四十五年卒，享年六十三。隆慶元年（1567）贈太子少保，萬曆元年（1573）謚襄敏。

李遂自四十年（1561）任至四十四年，是世宗朝在任時間較長的一位參贊機務。李遂上任之前的嘉靖三十四年至四十年，由於倭寇和兵變等故，三位參贊機務南京兵部尚書先後被解職，南京兵驚悍無狀，難於統轄，李遂「往典留樞，即寂然就羈。」而李遂最爲時人所知，則是在鳳陽巡撫任上剿滅江北倭寇，以知兵事著稱於世，爲當時剿滅倭寇諸臣中功績最顯者之一。其文集《李襄敏公奏議》十三卷中《督撫稿》占八卷，亦多有關備倭事，《本兵稿》二卷則見其參贊機務時作爲。

李遂治軍頗嚴，剛被任命爲參贊機務南京兵部尚書，即上言「語云：不好犯上而好作亂者，未之有也。今民數犯上無禮矣，持此終始求欲爲安，或不可得也。」「重地之防寧爲過計，誠不欲貽憂於事後也。」請朝廷敕諭提督坐營官員申嚴軍紀，各兵痛加懲創。〔註91〕

明代中後期，在籍軍人戰鬥力下降，一遇戰事，戰鬥力最強的爲來自招募的各類人員。南京各營官員統領的招募人員稱家丁，待遇優於一般軍人。李遂上任後上請南京五營共設家丁九百三十名，廩餼月支本折二石於南京戶部，歲給犒賞五兩於南京兵部。〔註92〕此疏又節載於《世宗實錄》。兵部覆議，朝廷採納。〔註93〕

嘉靖四十年正月，朝廷任命漕運造船把總張弧爲南京振武營東廳坐營，其遷延八月之久仍未上任，李遂上請將其參送法司問擬。〔註94〕

同年，朝廷命南京坐營都督劉顯統領川兵赴江西平叛，李遂請調取其原先操練的淮揚標兵五百人赴南京，聽都指揮陳忠操練。劉顯所遺營務由都督

〔註91〕　〔明〕李遂《李襄敏公奏議》卷十二《定廟謨以安重地疏》，《四庫全書存目叢書》史部 61 冊，185 頁。

〔註92〕　〔明〕李遂《李襄敏公奏議》卷十二《議處家丁工食疏》，188 頁。

〔註93〕　《世宗實錄》卷五百二，《明實錄》48 冊，8299 頁。

〔註94〕　〔明〕李遂《李襄敏公奏議》卷十二《議處營官以肅軍政疏》，188～189 頁。

吳瑛帶管。〔註95〕此疏節載於《世宗實錄》。爲朝廷採納。〔註96〕

同年，南京有僧人繡頭，以巧舌惑眾，騙取錢財，擁有包括軍官士卒在內的大批信眾。繡頭時出危言，恐嚇民眾，至各營軍士惶恐，李遂命下屬設計擒拿問罪，以安軍心。〔註97〕

四十二年（1563）李遂所上《謹遵明旨進繳敕諭以報成事疏》，記其在南京訓練士卒情況，「斟酌營規，申嚴什伍。大約以五人爲伍，伍有伍長，五伍爲甲，甲有甲長，五甲爲隊，隊有長副，伍長就於五人之中，甲隊長副別於甲隊之外，其間馬步奇正官舍金鼓等項隨其多寡，各爲隊甲，不必取盈於數。隊長腰牌備書五甲長姓名，甲長腰牌備書五伍長姓名，伍長腰牌備書同伍兵姓名，俱時常懸帶。但遇該操關糧之時，各要守定隊伍，行住起坐不許暫離，時若唱名，不在本伍者縱無別情亦要重責，有所規避各從重論。飭以聯屬之規，申以賞罰之例，令其自爲約束，互相覺舉，不必於耳目之察，自得其從違之情，使不肖者無以自容，而爲善者有以自別。」〔註98〕

6. 穆宗朝

穆宗在位六年，任命的參贊機務南京兵部尚書六人，趙大祐、郭宗皋、劉采、吳岳、劉自強、王之誥。趙大祐原爲南京刑部尚書，養病再起。郭宗皋原任南京都察院右都御史，劉采原任南京吏部尚書，吳岳原任南京吏部尚書，劉自強原任南京戶部尚書，王之誥原任總督陝西三邊軍務右都御史兼兵部左侍郎。除王之誥外，郭宗皋曾任總督宣大兵部右侍郎，劉采曾任右副都御史巡撫山東，吳岳曾任巡撫貴州右副都御史，劉自強曾任右副都御史巡撫四川，無提督軍務經歷的只有趙大祐。

六人中趙大祐、吳岳未到任，郭宗皋、劉自強任期不及兩個月。劉采隆慶元年（1567）十月任至四年八月，王之誥隆慶四年十二月任至六年七月。此時政局較爲穩定，南京也基本平靜，二人無大作爲。

7. 神宗、光宗朝

神宗、光宗朝任命參贊機務南京兵部尚書二十四人，劉體乾、戴才、劉

〔註95〕〔明〕李遂《李襄敏公奏議》卷十二《遵奉明旨督發兵將協力剿賊以安地方疏》，189～191頁。
〔註96〕《世宗實錄》卷五百四，《明實錄》48冊，8327頁。
〔註97〕〔明〕李遂《李襄敏公奏議》卷十二《緝獲妖人以安重地疏》，191～194頁。
〔註98〕〔明〕李遂《李襄敏公奏議》卷十三，203～204頁。

光濟、翁大立、楊兆、凌雲翼、潘季馴、王遴、劉堯誨、郭應聘、傅希摯、李世達、陰武卿、吳文華、楊成、舒應龍、孫鑨、袁貞吉、周世選、郝傑、邢玠、孫鑛、黃克纘、衛一鳳。劉體乾原爲戶部尚書，閒住再起。戴才原任南京刑部尚書，劉光濟原任南京吏部尚書，翁大立原任南京禮部尚書，楊兆原任南京刑部尚書，凌雲翼原任南京工部尚書，潘季馴原任總理河漕工部尚書兼左副都御史，王遴原任南京工部尚書，劉堯誨原任南京戶部尚書，郭應聘原任南京都察院右都御史，傅希摯原任南京戶部尚書，李世達原任南京吏部尚書，陰武卿原任南京工部尚書，吳文華原任南京工部尚書，楊成原任南京吏部尚書，舒應龍原任南京戶部尚書，孫鑨原任南京吏部尚書，袁貞吉原任南京工部尚書，周世選首任參贊機務前爲南京戶部尚書，郝傑原任南京工部尚書，邢玠首任參贊機務前爲總督薊遼保定兵部尚書，孫鑛原任南京都察院右都御史，黃克纘原任山東巡撫兵部尚書兼右副都御史，衛一鳳原任南京戶部尚書。

　　二十四人中，除潘季馴、邢玠、黃克纘外，還有十九人有提督軍務經歷，戴才曾任總督陝西三邊兵部尚書，劉光濟曾任巡撫江西右副都御史，翁大立曾任巡撫山東右副都御史，楊兆曾任總督薊遼保定右都御史，凌雲翼曾任總督兩廣軍務巡撫廣東地方右都御史兼兵部左侍郎，王遴曾任巡撫宣府右副都御史，劉堯誨曾任總督兩廣兵部左侍郎，郭應聘曾任總督兩廣右都御史兼兵部右侍郎，傅希摯曾任戶部右侍郎兼右僉都御史總督漕運巡撫鳳陽，李世達曾任總督漕運兼巡撫鳳陽右副都御史，陰武卿曾任保定巡撫右副都御史，吳文華曾任右都御史兼兵部右侍郎總督兩廣兼巡撫廣東，楊成曾任都察院右副都御史巡撫江西，舒應龍曾任總督漕運戶部右侍郎兼右僉都御史，袁貞吉曾任巡撫河南右副都御史，周世選曾任巡撫河南右僉都御史，郝傑曾任總督薊遼保定兵部右侍郎，孫鑛曾任兵部尚書總督薊遼保定右都御史兼兵部右侍郎，衛一鳳曾任撫治鄖陽右僉都御史。

　　兩人出任參贊機務南京兵部尚書前無提督軍務經歷，只爲京官：劉體乾、孫鑨。

　　二十四人中周世選兩任、邢玠兩任。周世選再任未到任，邢玠兩任俱未到任。翁大立、楊兆、王遴、劉堯誨、李世達、吳文華、孫鑛任期未及一年，孫鑛任命當月即改任。神宗在位四十八年，嚴重怠政，政府各部門缺官不補現象非常普遍，高級官員也往往託疾不出，南京兵部尚書亦如此，如周世選

萬曆二十一年（1593）十月由南京戶部尙書改任參贊機務南京兵部尙書，六疏乞休，萬曆二十五年十二月命其回籍調理，二十六年六月再起原職，五疏不赴，二十七年三月令其致仕。其後邢玠二十九年二月在總督薊遼保定兵部尙書任上被命爲南京兵部尙書參贊機務，隨即請致仕不許，九月命其便道省母，其後四疏謝任，三十年五月命其終養，此後南京兵部尙書缺任，三十三年十一月方命南京都察院右都御史孫鑛爲南京兵部尙書參贊機務。孫鑛任至萬曆三十七年九月求罷，許之。十二月又命刑玠爲南京兵部尙書參贊機務，又四疏辭，萬曆三十九年五月准其致仕。萬曆四十年二月改山東巡撫兵部尙書兼右副都御史黃克纘爲南京兵部尙書參贊機務，隨後爲御史所劾，還家候命，至四十三年始履任。總計萬曆二十六年，二十九年至三十二年，三十八年至四十二年，共有十年，參贊機務南京兵部尙書未到任或缺任，由南京部院堂官署理。其中在任期間作爲較多，記載較全的爲初期的潘季馴和末期的黃克纘。

潘季馴，申時行《賜閒堂集》卷十八有傳，〔註 99〕王錫爵《王文肅公全集‧文草》卷八有其墓誌銘。〔註 100〕《神宗實錄》卷五百八十三有傳，《明史》卷二二三有傳。

潘季馴（1521～1595），字時良，號印川，浙江烏程人。嘉靖二十九年（1550）進士，授九江推官，升江西道御史，四十四年升大理寺右少卿，尋改都察院右僉都御史總理河道。隆慶元年（1567）升右副都御史。萬曆四年（1576）改巡撫江西右副都御史，五年遷刑部右侍郎，六年升右都御史兼工部左侍郎總理河漕，八年升工部尙書兼左副都御史，尋改南京兵部尙書參贊機務，十一年召爲刑部尙書。十二年張居正得罪，上書爲其求情，黜爲民。十六年復起總理河道右都御史，十九年詔復原官爲太子少保工部尙書兼右副都御史。二十年請致仕。卒於家，年七十五。

潘季馴以治理黃河功績卓著，名垂史冊。其任參贊機務自萬曆八年至十一年，其文集《潘司空奏疏》卷二、卷三《兵部奏疏》記載潘季馴任參贊機務南京兵部尙書時的作爲。

卷二《條陳部司緊切事宜疏》，此疏作於萬曆十年（1582），《神宗實錄》

〔註 99〕〔明〕申時行《賜閒堂集》，《四庫全書存目叢書》集部 134 冊，358～361 頁。
〔註 100〕〔明〕王錫爵《王文肅公全集》，《四庫全書存目叢書》集部 136 冊，348～352頁。

卷一百二十節載此疏，潘季馴陳列五款急需辦理的重要事務：一議充營伍以重防禦。各營馬步軍原額一十二萬六千餘名，今見在操演者僅二萬餘名，每營多者不過七八千，少者二三千，每歲勾補僅五六十名，而逃亡之數倍之。請敕下南京兵部嚴行各省勒定期限勾補。二議清丈量以息爭端。南京五十二衛所田地與民間錯雜，有屯田、草場、營房、基地等，紛爭未息，請敕下南京兵部再加查議，南京兵部官員會同屯田御史，將未明基產弔取冊籍，委派賢能官員逐一清丈。三議定城守以便責成。江浦縣設在江北，爲南都屏翰，向無城郭之設，故未議守城之人，萬曆八年題請建城，而守城之兵則固未設，請將本城守衛責之該縣坐撥壯快巡守，鎖鑰掌之縣令，巡邏責之巡捕，江淮衛巡捕官一體巡緝，互相覺察。四議均兵餉以便操練。池河一營設在鳳陽，原由廣武、英武、飛熊三衛舍餘軍丁一千二百名春秋操演，上操月分每名每月給糧四斗，餘月不支，後又於三衛揀選一千八百名湊足三千之數，以備防禦。月糧未經題請，權將前選一千二百名月糧分作二千四百名支給，餘下六百名聽憑在衛餘丁幫貼，月糧供給不足。請將三千人仍於上操月分每月給與四斗，餘月不准支給。五議裕作養以備選用。請今後各官襲替回還，武選司會同武庫司官從公揀選，如有年十六歲以上二十五歲以下氣質清秀及稍知文理、諳曉騎射者，即准送武學，候季考定奪，考試不中不得姑息。〔註101〕此疏上呈後，兵部覆議，朝廷採納。〔註102〕

　　卷三《擴愚見固要樞疏》，此疏作於萬曆十一年（1583），《神宗實錄》卷一百三十四節載此疏，時潘季馴內召即日離任，而在任期間關於南京安全的設想沒有完全上達，故作此疏加以闡述。疏中先言南京的重要性，「南都安固則諸省皆爲幅員，此地未寧則諸省不免搖撼，其所關係蓋已隳括中原過半矣。」又言南京守衛之難，「顧城垣之延袤太廣，關隘之防守最難。」隨後開陳六項於留都安全相關的重要事務。一復右侍以資籌贊。近年只有戶部留侍郎一員，各部盡行裁革，止留尚書一員，尚書常有兼署二三部者，兵部參贊守備責重而事繁，又常出署他部，精神敝疲，萬一變生叵測，師旅之寄難委。言官曾有建議覆兵部右侍郎，應依議覆設。二嚴交代以便責成。南京都督及坐營等官一聞陞轉，逕自離任，其繼任必待交代，來任常遲，南京官員不候交代即去，以致升調一人則必缺官數月，甚者或至年餘。請今後三營

〔註101〕〔明〕潘季馴《潘司空奏疏》，《景印文淵閣四庫全書》430 冊，30～34 頁。
〔註102〕《神宗實錄》卷一百二十，《明實錄》53 冊，2236 頁。

都督坐營等官如遇尋常升調，務候新官見面交代，方許離任，違者聽南京兵部參奏革任提問。三清寺觀以杜奸萌。煽妖倡亂多屬游手遊食之徒，僧舍道場實其淵藪。請令南京僧道錄司清查南京附近大小寺觀庵院，每月朔望各具結狀，赴南京兵部投遞，以憑查考。四通警報以便應援。請移咨應天、淮揚巡撫，重大機務及遇有警報俱速知會南京兵部，副總兵、參遊、兵備等官到任、離任交代俱申報南京兵部，方准放行。掌管地域有盜賊生發及機密重情，俱火速報南京兵部，以便不時委用調遣。他如浙江之嘉湖道、江西之九江道、湖廣之下江防道俱為近障，與留都有輔車之勢，請移文彼處兵巡官，遇有該省警報，不論大小俱飛報南京兵部，以便準備，如稽遲誤事，聽南京兵部參究。五收軍丁以實營伍。留都操軍原額十二萬，今操備僅存二萬餘，請今後選充軍人逃故者，許其精壯戶丁替補，專一操備，不許營求別差，違者即行究革。六議調選以均事權。大教場舍人隊軍僅盈千，而設把總者二，選鋒隊軍足二千，而設把總者一，小教場舍人隊軍以百計，而設把總者二，步隊軍幾五千，而設把總亦二，統轄未均。請將大教場舍人隊把總調一員，充選鋒隊把總，小教場即於步隊軍內再行挑選一千名，亦以舍人隊把總調一員，充選鋒隊把總。〔註103〕疏中所言六事均為朝廷採納。〔註104〕

黃克纘，《乾隆泉州府志》卷四十三有傳，〔註105〕丁賓《壽宮保南大司馬黃公七十序》記其生年，〔註106〕《明史》卷二五六有傳。

黃克纘（1549～1634），字紹夫，號鍾梅，福建晉江人。萬曆八年（1580）進士，歷官刑部員外郎、四川提學副使等。萬曆二十七年任山東左布政使，二十九年升巡撫山東左副都御史。四十年任參贊機務南京兵部尚書，受御史李若星參劾，歸家候命，至四十三年始履任。四十七年召為協理京營戎政兵部尚書，四十八年改刑部尚書，受神、光兩朝顧命。天啓二年（1622）復以兵部尚書協理戎政，移疾歸。四年召為工部尚書，與魏忠賢忤，復引疾歸。崇禎元年（1628）起南京吏部尚書，不就。年八十六卒於家，諡襄惠。

黃克纘任參贊機務南京兵部尚書自萬曆四十年至四十七年，實際履任自四

〔註103〕〔明〕潘季馴《潘司空奏疏》，《景印文淵閣四庫全書》430 冊，52～56 頁。

〔註104〕《神宗實錄》卷一百三十四、卷一百三十五，《明實錄》54 冊，2503～2504 頁、2516～2517 頁。

〔註105〕〔清〕懷蔭布《乾隆泉州府志》，《中國地方志集成‧福建府縣志輯》23 冊，上海書店出版社 2000 年，415～418 頁。

〔註106〕〔明〕丁賓《丁清惠公遺集》卷五，《四庫禁燬書叢刊》集部 44 冊，167 頁。

十三年起，其文集《數馬集》卷七至卷九爲在任期間所上奏疏，可見其作爲。

《請挈衛軍疏》載其清查避差軍丁，以解救南京漕運危局的努力。奏疏作於萬曆四十四年（1616），《神宗實錄》節載此疏。南京衛所承擔的各類差役中，漕運任務最爲艱苦，至萬曆末年南京漕運已弊端重重，黃克纘認爲主要原因是萬曆十四年船政更定，黃快船隻軍人等可納錢代差，漕運軍人亦依此逃避運差，又有狡猾之徒營私舞弊，以致拖欠漕糧萬石，「有力之家暗通書識，改竄冊籍，不爲快丁則爲倉戶，不爲倉戶則爲屯丁，日趨月避。僅餘鶉衣百結、窮困不能自存者數千人仍爲運軍，其中有狡譎無賴、欲衣食於漕糧者則充爲旗甲，使軍國挽輸大事盡付此輩，以致盜糧鑿船，逃遁起欠。」黃克纘命清查避差軍人，查出竄丁共計三千六百一十八名，悉聽僉派，又請命南京兵部。對再犯者照縱放軍人歇役，以受財賣放罪，從重究治。〔註107〕

《請修築浦城疏》作於萬曆四十五年（1617），同南京戶部和工部共題，《神宗實錄》卷五百六十五節載此疏。浦口城始建於洪武初年，至萬曆間已損毀嚴重，朝廷屢命南京兵部等計議修理，至黃克纘上任後仍拖延未決，黃克纘認爲原因有二「一曰任怨，蓋築城未免拆人房屋，怨讟易興。二曰慮患，蓋近江易於崩圮，後患可虞。」又言「夫舉大事豈能皆有德而無怨？顧怨者十百而德者千萬，則怨可勿計也。又豈能皆有利而無患？顧利有必然而患在未然，則患難逆覩也。」毅然承此重任，與南京工部、戶部、科道官員以及內外守備等集思廣益，擬議築城九百七十五丈，築南門及小城門、便門、甕城、敵臺等多座及邊堤九百二十六丈，拆除軍民房屋一百一十三家。八月初十日破土興工，估費銀五萬九百二十兩，派文武官員五十六員監理。〔註108〕

浦城完工後共用銀五萬四千餘兩，修造南面近江一帶城垣共八百九十九丈二尺，江邊築石堤七百五十四丈八尺。修建後東門改爲朝宗門，西門仍爲萬峰門，南門改爲金湯門，北門改爲拱極門，便門爲廣儲門，廣儲之左爲攀龍門，金湯之右爲附鳳門。〔註109〕

《酌議調停均運疏》請合理分配漕運船隻，以救恤漕運軍人苦痛。南京漕運各衛所掌船隻多寡不同，漕運任務輕重懸殊，有多至百六十以上者，亦有少至二十以下者，漕運任務重的衛所官員「或禁斃囹圄，或傾蕩家產，或

〔註107〕〔明〕黃克纘《數馬集》卷七，《四庫禁燬書叢刊》集部180冊，98頁。
〔註108〕〔明〕黃克纘《數馬集》卷七，102～106頁。
〔註109〕〔明〕施沛《南京都察院志》卷二十二，《四庫全書存目叢書補編》73冊，639頁。

降革祖職，或剜繢捐生，以致國課虧欠萬餘。」故有官員請平均漕運任務。黃克纘體察下級疾苦，主張「欲合各衛而均攤之，在力之有餘者多數船不見其重，而在力之不足者減數船則見其輕。」任務均運計議是「下恤各衛之私而實上濟公家之務」，將議請增減計劃上呈，請應減者如議減派，應增者如議量增除，永爲定例，以使各衙門遵奉施行。〔註110〕

《優恤援遼疏》，作於萬曆四十六年（1618），當年兵部調派南京水陸官兵一千八百餘人赴遼東作戰，陣亡一千五百餘人。黃克纘在南京教場召集官兵家屬發放優恤銀，現場一片慘狀，目擊此場景的黃克纘上奏，指出這場悲劇的原因，言及神宗的怠政、好貨、玩寇等種種弊病，言辭十分激烈，體現其強烈的責任感和憂患意識：「今皇上深居高拱，近臣不得見面，小臣不得聞聲，時以封章言事，亦未知得達與否、其憂勤何如也。金銀山積而吝不肯發，惟搜餉於南都，派銀於田畝，且索珠寶、催織造日以益急，其自奉何如也。枚卜不報，會推不報，考選不下，庸才而有內援相繼秉麾，高才而鮮私交虛煩啓事，其用人何如也？頹城不守，殘兵不練，土著不補，任虜殘暴莫之省憂，多徵遠兵，疲人道路，輕撤邊備，以啓釁端，其於生聚教訓何如也？」「急則徵兵，緩則拒諫，殺數萬不能使之驚，破數城不能使之怒，優柔養寇，任遼左日削，海內日困，以至不可救藥，雖弔死問傷，竟何益哉！」〔註111〕

《題議減差船疏》，此疏作於萬曆四十七年（1619），當年爲應對遼東戰事，兵部請朝廷命南京兵部交納部銀十萬兩以購買戰馬，黃克纘上疏言部銀取用已竭，請開源節流，減少上供船隻數額，請將長差船裁革八隻，短差、飛差船減去七十五隻，仍請諭戶部、兵部此後無得輕易借銀。〔註112〕

顧起元《賀南大司馬鍾梅黃公奉召協理京營戎政序》，將黃克纘任職四年的作爲加以概括：「內嚴宮鑰，外肅闈旗，上護園陵，下鎮輦轂。」「其大者如復龍江之廠，修浦口之城，均運艘之偏，搜快丁之竄，裁貢船之濫冒，恤遼戍之敗亡。」〔註113〕

8. 熹宗朝

熹宗在位七年，任命六位參贊機務南京兵部尚書，魏養蒙、王在晉、陳

〔註110〕 〔明〕黃克纘《數馬集》卷九，127～130頁。

〔註111〕 〔明〕黃克纘《數馬集》卷九，132～133頁。

〔註112〕 〔明〕黃克纘《數馬集》卷九，1133～136頁。

〔註113〕 〔明〕顧起元《遯園漫稿》己未，《四庫禁燬書叢刊》集部104冊，147頁。

道亨、王永光、許弘綱、劉廷元。魏養蒙原任南京戶部尙書,王在晉原任經略遼東兵部尙書兼右副都御史,陳道亨原任工部左侍郎,王永光原任南京戶部尙書,許弘綱原任協理戎政兵部尙書,劉廷元原任都察院右都御史。除王在晉外,魏養蒙曾任山西巡撫右副都御史,陳道亨曾任提督操江右副都御史,王永光曾任右僉都御史巡撫浙江,許弘綱曾任右都御史兼兵部右侍郎總督兩廣軍務巡撫廣東。只有劉廷元未曾提督軍務,擔任過地方官。

魏養蒙、王在晉未到任,王永光任期未及一年,許弘綱、劉廷元任期一年多,陳道亨任職兩年多。

熹宗朝權閹當道,黨爭激烈,南京兵部尙書亦陷於政治鬥爭漩渦,在位最久的陳道亨因不滿魏忠賢等亂政,曾上言「忠賢惡貫既滿,心不可容」。終四疏求歸。劉廷元爲浙黨之首,又附魏忠賢,出任南京兵部尙書:「時忠賢於中外要職盡置私人,廷元自請曰:留都重地,請往收其人心。忠賢喜,即用爲南京兵部尙書參贊機務。」〔註114〕熹宗朝南京安全事件可記者,惟有天啓三年(1623)齊庶人朱睿熝妄言叛亂,亦旋爲南京操江都御史熊明遇所擒。

9. 思宗朝

思宗在位十七年,任命十位參贊機務南京兵部尙書,商周祚、胡應臺、傅振商、呂維祺、范景文、李邦華、仇維楨、余珹、熊明遇、史可法。商周祚原任南京工部尙書,胡應臺原爲南京刑部尙書,罷職再起。傅振商原任南京兵部右侍郎,呂維祺原任總督糧儲南京戶部右侍郎兼右僉都御史,范景文原任南京都察院右都御史,李邦華原爲協理京營戎政兵部尙書,罷職再起。仇維楨原任南京戶部尙書,余珹原任協理京營戎政兵部左侍郎,熊明遇原爲兵部尙書,致仕再起。史可法原任總督漕運戶部右侍郎兼右僉都御史。除史可法外,商周祚曾任兵部右侍郎兼右僉都御史總督兩廣,胡應臺曾任總督兩廣兵部右侍郎,傅振商曾任右副都御史巡撫南贛汀韶,范景文曾任巡撫河南右僉都御史,李邦華曾任巡撫天津右副都御史,仇維楨曾任鎮守通州兵部右侍郎,余珹曾任右副都御史提督操江、熊明遇曾任右僉都御史提督操江。只有呂維祺無提督軍務經歷,擔任過地方官。

此時明王朝已至末期,自然災害頻仍,農民軍和滿洲軍交相進攻,官軍

〔註114〕〔清〕萬斯同《明史》卷三百五十四,列傳二百五,《續修四庫全書》330 冊,276 頁。

屢戰屢敗，早喪失鬥志，政權岌岌可危。比較而言，崇禎前期南直隸一帶相對平靜，後期也屢遭農民軍侵襲。商周祚、余珹任期未及一年。史可法任期未及一年明亡，其在南明福王政權發揮重要作用。參贊機務可述者爲呂維祺、范景文、李邦華。三人同爲清人所撰史籍中讚不絕口的殉節名臣。

呂維祺，其文集《明德先生文集》卷末附門人撰年譜及王鐸撰墓誌銘。〔註115〕《明史》卷二六四有傳。

呂維祺（1587～1641），字介孺，號豫石，河南新安人。舉萬曆四十一年（1613）進士，授兗州推官，四十七年擢吏部稽勳司主事。泰昌元年（萬曆四十八年，1620）任至驗封司郎中。天啓元年（1621）省親歸。崇禎元年（1628），起尚寶卿，遷太常少卿，督四夷館。三年，擢總督糧儲南京戶部右侍郎，兼都察院右僉都御史。六年四月拜南京兵部尚書，參贊機務。八年二月大計拾遺，言官復劾他事，遂革職回籍。十二年，洛陽大饑。盡出私廩，設局振濟，事聞復官。十四年正月，農民軍破洛陽，遇害，年五十五。贈太傅，諡忠節。

《明德先生文集》卷八《南樞奏議自序》總結其在任所爲「首革請託，嚴絕饋遺，實簡練，籌固本，酌補軍，議體恤，糾貪懦，開鑄局，清冗冒軍八千有奇，補操軍五千有奇，選練家丁防城內、江上八百有奇，儲火藥硝磺三十萬有奇，設法運城石二十四萬有奇。」〔註116〕卷五載呂維祺參贊機務任上所作奏疏，可見其作爲。

《中原生靈疏》，《崇禎實錄》卷七節載此疏，作於崇禎七年（1634）正月，而據疏中所言和《年譜》記載，當作於崇禎六年十二月。奏疏先言其家鄉河南遭受旱災之慘，各地農民軍四起之狀況，而朝廷科索不減反重，請減輕賦役。又言其對南京及南直隸防務的看法，他認爲宿州、壽州、鳳陽靠近河南，應先預防變局，鳳陽巡撫應注意防守戰略要地，抓緊各處戰備，河南農民軍東進，應赴鳳陽駐守。南京兵部已派提督趙世臣渡江，督守禦袁瑞徵等整練池河、浦口兵馬，派撫寧侯朱國弼等，督坐營朱啓明等訓練水陸及各營官兵並偵探防訊等事。〔註117〕奏疏被朝廷採納。〔註118〕此疏頗有遠見，崇

〔註115〕〔明〕呂維祺《明德先生文集》，《四庫全書存目叢書》集部185冊，387～484頁。

〔註116〕〔明〕呂維祺《明德先生文集》，《四庫全書存目叢書》集部185冊，139頁。

〔註117〕〔明〕呂維祺《明德先生文集》，《四庫全書存目叢書》集部185冊，78頁。

禎八年，農民軍果東攻中都鳳陽，鳳陽巡撫楊一鵬駐節淮安，鳳陽守備不嚴，被輕易攻破，焚毀皇陵，殺傷官民甚眾。朝廷命誅楊一鵬。

《豫籌固本疏》陳防衛南京措施，其時南京兵員不足，戰鬥力低下，呂維祺請於標下家丁親兵內挑選精銳一千二百人充為防兵，分佈汛地，鼓其忠義，厚其賞賚，嚴其比罰，免其差役。選健卒四百人偵探遠近地方情形，知彼知己。募買海船十艘，選募三百人為水標營，專管教練及沿江防汛緝奸。水兵營原船改造十艘，分撥三百人聽其訓練。〔註119〕

《思患預防疏》，據《年譜》作於崇禎七年。疏中先言南京及南直隸地區防務區域及責任劃分，防衛廬州、鳳陽，守護皇陵，鳳陽巡撫之責。防衛長江及安慶上下一帶，則由南京都察院操江都御史與應天巡撫分工合作。參贊機務南京兵部尚書與鳳陽、應天巡撫等約定，無事各嚴防轄區，有事互相應援。又言南京軍事布置，南都軍兵專為護陵守城之用，可供作戰只有大小等營操軍一萬八千餘員，此外尚有南京兵部標下水陸兵約四千，操江都御史專管奇兵等營約三千。各營操軍缺伍，舊例年終選補，請多事之秋逐月會選速補。又命緝拿訛言，清查奸細。內城十三門選壯健機警者充選鋒，加賚額米，晝夜盤查防守。〔註120〕

《留兵改觀疏》陳言練軍之法，以提高戰鬥力，責成提督坐營等官務要體恤軍士，如一家一體之相關切，日以孝悌忠義鼓其氣，每遇閱視掣對比試，以每隊中箭之多寡，技藝之生疏定為格，隊長教習，與把衛總同共賞罰，久之官軍如精神血脈之通貫。將習兵，兵習器，作器者與用器者俱相習。編定營壘隊伍，以什隸什長，以什長隸隊長，以隊長隸衛總，又遞隸於把總、坐營，永不許告改。晝則教演，夜則防守，旌旗足以相視，聲音足以相呼。〔註121〕

《嚴革請託疏》言加強紀律，「自今將弁但以請託來者，該司郎說堂永不敘用。」「臣部已與二三司官約，各將弁自提督坐營以下，歲時雖一米一茶一果一花不惟不受，亦不許備。又嚴飭營衛官係相統轄者，生辰令節酒食禮儀，概行嚴禁。」〔註122〕

〔註118〕〔明〕呂維祺《明德先生文集》，《四庫全書存目叢書》集部185冊，452頁。
〔註119〕〔明〕呂維祺《明德先生文集》，《四庫全書存目叢書》集部185冊，81頁。
〔註120〕〔明〕呂維祺《明德先生文集》，《四庫全書存目叢書》集部185冊，83～84頁。
〔註121〕〔明〕呂維祺《明德先生文集》，《四庫全書存目叢書》集部185冊，86頁。
〔註122〕〔明〕呂維祺《明德先生文集》，《四庫全書存目叢書》集部185冊，87頁。

范景文，《康熙吳橋縣志》卷十有王崇簡撰墓誌銘。〔註 123〕《明史》卷二六五有傳。

范景文（1587～1644），字夢章，號質公，北直隸吳橋人。登萬曆四十一年（1613）進士，授東昌府推官，擢吏部稽勳司主事，文選司員外郎。天啓五年（1625），起文選司郎中。崇禎初，召爲太常少卿。二年（1629）擢右僉都御史，巡撫河南，三年，擢兵部添注左侍郎，練兵通州。七年，起南京都察院右都御史。八年拜兵部尚書，參贊機務。十二年罷。十五年召拜刑部尚書，改工部尚書。十七年命以本官兼東閣大學士，入參機務。北京陷，自盡殉國。南明贈太傅，諡文貞。清順治十年（1653）改諡文忠。

范景文文集《文忠集》有關其任參贊機務記載不多，其在任期間修纂的南京兵部志《南樞志》卷一百五十七至卷一百六十，則載有其所撰多篇奏疏，可考其作爲。

《敬陳飭屬之要以肅邦政之規疏》，此疏應作於剛就任時，亦載於《文忠集》卷四。范景文謂南京將卒之驕偷久著，營伍之廢弛日深。故需加強紀律，端正態度，首列五款，請身先垂範，而下屬司官等倣仿，一曰清廉，二曰公正，三曰嚴格，四曰保密，五曰勤勉。並言其自蒞任已宿部中，卻饋遺，絕交遊，自飭以飭屬，「倘臣言自背，無辭於皇上之明法；諸臣若遵行不力，臣一奉皇上之明法以從事。」〔註 124〕

《會議清核選練以振行伍疏》則陳列八款事宜以提振行伍，定營規，剔軍蠹，飭軍政，設家丁，振軍勢，練火器，恤馬匹，設偵探。〔註 125〕

《欽奉聖諭恭陳布置機宜疏》，此疏作於農民軍自山西犯河南，朝廷命南直隸各地加強防範之時，范景文陳防守事宜。孝陵設防，與神宮監太監陳貴，魏國公徐弘基會商，犗兵立營，委官護衛，移咨應天巡撫調一旅爲犄角。城內與都察院五城御史等講明鄉約，編立保甲。檄巡邏營提督嚴行夜巡，會同內外守備委官稽查城門出入。城內寥廓，命大小標營立營五處，遇火盜立擒之。事急需乘城而守，城垛一萬四千九百三十七座，用人四萬四千八百餘名，營兵不足，補以民夫。與應天府尹議，多積柴米以固人心。移咨操江躬駐要害，操練水師。令新江營、水標營與沿江有司聯絡接應。與淮揚、應天撫臣

〔註 123〕〔清〕任先覺《康熙吳橋縣志》《中國地方志集成‧河北府縣志輯》44 冊，上海書店 2006 年，128～130 頁。
〔註 124〕〔明〕范景文《南樞志》卷一百五十七，4012～4017 頁。
〔註 125〕〔明〕范景文《南樞志》卷一百五十七，4035～4039 頁。

協力共濟，護衛南直隸。〔註 126〕

《南軍貧苦堪憐月餉給發宜早疏》，其時南京軍士困苦，而南京戶部糧餉遲緩，范景文請朝廷多加體察，先言南京軍人待遇低下，選鋒軍最優，不過一兩，而邊關腹地軍人多至二三兩，少不下一兩七八錢。南京營軍春秋操期止於吶喊幾聲，放炮一陣，日高星散，各為負販以糊口。下屬履請增餉，范景文以籌措糧餉艱難拒之。浦口軍人二月選取守城，至秋未發糧，池河營軍遲發三季。最後請朝廷關注後果，「日不再食，慈母不能保其子，而經歲忍饑，洶洶情景，此後恐難復待也。」〔註 127〕

《留弁凋疲堪憐敬陳屯運僉選事宜疏》，其時南京軍官也苦樂不均，漕運最為艱苦，屯田則較為輕閒，任屯田者想方設法躲避漕運差使，范景文言南京漕運三十四衛，有運額四十六幫，「一歲僉運二十八幫，能清糧南返者，不過三四員名耳，十數年來，遍漕參降比斃圄圄南北監追殆將二百餘員。」屯田軍官以足額繳納屯糧方許卸任為故，有意拖欠屯糧，躲避改差漕運。范景文請屯官每年考察，欠糧者即褫革。〔註 128〕

《寇氛近已內窺京軍勢難遠出疏》言南直隸防務，此前應天巡撫張國維請南京兵部尚書、操江都御史、應天巡撫各發精兵五百，分作三班，每班三月，更番戍守安慶。此時兵部覆議，詔旨依議。南京職方清吏司認為，南京軍無遠戍之例，近農民軍破含山、和州，犯滁州、浦口，所急在南京不在安慶，南京兵部不能發兵。范景文認為：「京軍之設專以防護陵京為事，必重足馭輕，力無旁分，而後緩急有所恃。」近農民軍來犯，目前所急在堂奧，不在門戶，請不發南京軍。〔註 129〕

《狡賊窺江計沮乞敕合圍盡殲疏》為農民軍進犯所上，陳請南直隸及鄰近有關官員救援。范景文言守城不如守江，守於江以內，不如守於江以外，故委官以護浦口之糧，分兩軍以衛江浦之城，與農民軍接戰殺傷相當。各巡撫等有入衛南京之責而寧可袖手旁觀。寇犯七日，告急之文四出，除應天巡撫遣兵四百外絕無一應者。請敕總理南直隸等地軍務盧象昇及各撫鎮會師合剿。〔註 130〕

〔註 126〕 〔明〕范景文《南樞志》卷一百五十七，4062～4065 頁。
〔註 127〕 〔明〕范景文《南樞志》卷一百五十七，4074～4078 頁。
〔註 128〕 〔明〕范景文《南樞志》卷一百五十八，4081～4082 頁、4088 頁。
〔註 129〕 〔明〕范景文《南樞志》卷一百五十八，4096～4097 頁。
〔註 130〕 〔明〕范景文《南樞志》卷一百五十八，4100～4101 頁。

《流寇遁遠宜防議留重兵屯要地疏》言發兵救援廬州情形，時農民軍圍廬州。南京兵部所統原屬禁旅，專責內護陵京，江北郡邑非關信地。范景文認為廬州乃江南第一重門戶，江浦則第二重門戶，與其禦之江南，不如禦之江北，發兵往援，解圍後還師江浦，擊敗農民軍。農民軍攻滁州三晝夜，遣神機營二百人助守。總理南直隸等地軍務盧象昇率部救援，斬農民軍千餘。〔註131〕

《遵旨酌議具奏疏》，時兵部議請朝廷下旨，命提督浦口、池河營務左都督杜弘域移駐池河以及挑選營軍事，由南京兵部覆議。范景文主張，農民軍如不由池河來襲，則浦口空虛。請仍駐浦口，保守倉糧，固守咽喉。守門戶浦口重於藩籬池河。又請浦口軍挑選一千二百，池河軍挑選八百，待遇如杜弘域標下親軍。再挑三百邊兵，二百附近精健，共成五百家丁，補充五百匹戰馬。〔註132〕

《賊勢謀欲窺江官兵奮勇拒堵祈救會剿疏》言其發兵安慶、池河救援事，農民軍攻安慶，范景文派輕卒快舫，齎送火藥。命池浦提督杜弘域屯浦口，命守禦閻雄戍邊兵於池河，農民軍由定遠縣至岱山，擊之，斬首三顆，農民軍從舒城、廬州至，命副總兵蔡忠往禦。農民軍至全椒西門，又移邊兵為前鋒與之拒，農民軍退。范景文又移咨總理南直隸軍務及應天、鳳陽巡撫協防，請朝廷下敕，令諸臣合兵夾擊。〔註133〕

《援師赴義甚速諸臣成勞難泯疏》言南京兵部尚書以居中調度為事，故聞警之始，即時移咨總理南直隸等地軍務王家禎來剿，鳳陽巡朱大典、應天巡撫張國維、操江都御史王道直等以堵兼剿。鳳陽有朱大典駐守，農民軍不敢犯。由定遠以逼池河，南京兵部所遣守備閻雄將邊兵在此，少挫其鋒。農民軍欲從全椒東進，操江都御史王道直等駐守。南京兵部遣原任副總兵蔡忠將標防、標騎二營過江禦之，農民軍退兵，欲於安慶會合，朱大典提師追擊。王家禎駐節光固兼應境之內外。南京兵部發兵二百名，船十餘隻，火藥鉛子七千斤以援安慶。為守衛南京附近江面，遣龍江水陸營坐營薛邦楨等接應操江都御史。江浦有應天巡撫所發守備蔣若采將兵二千，六合有副總兵程龍將兵二千，浦口有杜弘域領兵五千。農民軍終退兵。〔註134〕

〔註131〕〔明〕范景文《南樞志》卷一百五十八，4103～4104頁。
〔註132〕〔明〕范景文《南樞志》卷一百五十八，4124～4125頁。
〔註133〕〔明〕范景文《南樞志》卷一百五十八，4166～4169頁。
〔註134〕〔明〕范景文《南樞志》卷一百五十八，4170頁。

《科臣橫肆貪婪營衛怨讟已極疏》，上言巡視京營給事中荊可棟，大肆勒索錢財，南京官兵皆受其苦。請追究其罪。〔註135〕

《撫剿未可輕信等疏》，此疏亦載於《文忠集》卷四。其時總理南直隸等處軍務熊文燦主張招撫張獻忠部農民軍，范景文奏言張獻忠未可信，主張撫剿並行，頗有眼光，其後張獻忠果叛。「剿而後撫，求撫在彼而權在我，不剿而撫，求撫在我而權在彼。權在我可操縱自在，權在彼則叛服不常。」張獻忠果欲降，「便宜解散徒黨，賣劍賣刀，安意耕耘，即使隨營效力，亦宜卷甲韜戈，靜聽調遣。乃人不散隊，械不去身，分食於地資貨於商，據陸而復問水，市馬而復造舟。」范景文進而言其已密佈文告，整飭戰備，其來則以計殲之。又請朝廷勅令南直隸及鄰近各巡撫，嚴督道鎮府縣各官，置艦練兵，多方預防。〔註136〕

李邦華，其文集《文水李忠肅先生集》卷末附錢謙益撰神道碑銘，賀世壽撰墓表，劉同升撰墓誌銘。〔註137〕《明史》卷二六五有傳。

李邦華（1574～1644），字孟闇，號懋明，江西吉水人。萬曆三十二年（1604）進士，授涇縣知縣，四十一年改監察御史巡按浙江，移疾歸。熹宗即位起萊州分守，改易州兵備，二年（1622）遷光祿少卿。旋擢右僉都御史巡撫天津。三年進兵部右侍郎，為奄黨劾，削其官。崇禎元年（1628），起工部右侍郎，尋改兵部協理戎政。二年升兵部尚書。三年罷任閒住。十二年起南京兵部尚書，十三年丁憂歸。十五年冬，起原官掌南京都察院事，俄召為左都御史。十七年北京陷，自盡殉國。南明贈太保，諡忠文。清順治十年（1653）改諡忠肅。

《文水李忠肅先生集》卷五《留樞奏草》為其在參贊機務南京兵部尚書任上所草，可考其在任作為。

《留樞責任甚重疏》為其履任之後所上，對南京的形勢作了真實的評判：民生日蹙，風俗日敝，法紀日隳，兵政日弛，軍實日削，描述南京安全局勢非常嚴峻，「作奸捍網之徒走死如鶩，異言異服之輩瞋目語難，甚者流寇奸細潛伏國門之內，綠林劇盜嘯聚陵園之間，而盤詰無聞，督捕罔獲。」「八萬之尺籍空存，半屬雜役，太倉之貯糈徒耗，盡飽鵠形，軍弱而長於鼓

〔註135〕〔明〕范景文《南樞志》卷一百六十，4217～4228 頁。

〔註136〕〔明〕范景文《南樞志》卷一百六十，4270～4273 頁。

〔註137〕〔明〕李邦華《文水李忠肅先生集》，《四庫禁燬書叢刊》集部 81 冊，326～347 頁。

謀，官懦而急於逐膻。」「馬匹無騰驤之質幾類木驢，帆檣非破浪之具率屬
敗艇，況竹竿木棍何如金刃之堅利，而對壘衝鋒可無神器之威猛，乃僅以空
拳賈勇。」他提出的對應策略是安民宜先於詰戎，治兵莫要於論將。〔註138〕
隨即又作兩篇奏疏具體提出建議，《治兵莫要於論將疏》言，李邦華與下屬
武官有五條約定：一曰毋欺飾，二曰無推諉，三曰毋鑽營，四曰無戲豫，五
曰毋傾險，持此五條以評判將領表現，又合廉、信、仁、智、勇兼採而互證
之。一面磨勵在任諸將，以振目前之頹墮，一面博稽海內之能人，以備將來
之邪奸，準備採用的人員不敢自行任用，悉送北京兵部查實方才授任。朝廷
下旨命將這五約嚴格飭行，一清夙弊。〔註139〕

《安民宜先於詰戎疏》言安民之法，主要是實積貯，嚴保甲，申飭排門
十家之約，屬行容留連坐之法，請敕下南京兵部，會同內外守備官員與五城
御史等嚴格執行，若五城兵馬司及上元、江寧二縣官員奉行不力，當核實題
參。朝廷下旨，認為上述措施為留都安民切務，命各官員著實舉行。〔註140〕

《力綿任重疏》提出南京守衛的軍事布置：守江東不如事江北，守下流
不如事上江。過去南京守備官員都坐守都門之內，兢兢於城垣咫尺之防，以
此為至急之務，李邦華不盡以為然。他以為守衛南京之法局限於攖城，而忽
略了憑藉長江以作長遠之慮。進而請准其親歷江北，自浦口趨池河，由池河
至和州，經梁山而渡采石，相視險要，整飭防禦。得到朝廷批准。〔註141〕

《未盡管見疏》為承接上篇奏疏，續陳其軍事謀劃：江東江北猶一家，江
東為堂奧，江北之池河為門闌，而江北等地田荒糧逋，請朝廷下明詔大示寬恤
以便招徠民眾。池河舊軍一千八百，請抽八百人屯田，只以一千人操練，所裁
八百人之餉增入操軍，則屯事益修，兵亦可練。更番出防池河，次第築堡呼應，
與浦口互為犄角。上江下江猶一身，人身莫重於咽喉，以南直隸而論則安慶為
咽喉，以南京而論太平又為咽喉，請特遣大臣駐紮采石、太平。此疏上呈後兵

〔註138〕〔明〕李邦華《文水李忠肅先生集》，《四庫禁燬書叢刊》集部81冊，211
　　　　頁。
〔註139〕〔明〕李邦華《文水李忠肅先生集》，《四庫禁燬書叢刊》集部81冊，212～
　　　　213頁。
〔註140〕〔明〕李邦華《文水李忠肅先生集》，《四庫禁燬書叢刊》集部81冊，214～
　　　　215頁。
〔註141〕〔明〕李邦華《文水李忠肅先生集》，《四庫禁燬書叢刊》集部81冊，215～
　　　　216頁。

部覆題，朝廷命俟南京兵部尚書親歷江北視察後再作定奪。〔註142〕

《南兵有名無實疏》上言南京兵力情況，守都城已兵力嚴重不足，外城更談不上守衛，而南京各部與南京兵部間又缺乏協作。都城備操軍人不過四萬，其中新江一營勳臣統之，分去八千三百，操江一營院臣統之，分去一千二百，神威一營名曰護陵，內臣統之，分去三千一百，振武一營勳臣統之，分去一千二百，南京兵部則有標兵三千。軍本祖籍，貧弱不堪，空有大小教場、神機之名，營不成營。南都城廣六十里，垛口三萬六千，兩軍守一垛，非七萬餘人不可。巡邏一營專爲城內警夜緝奸之用，毫不可移，池河、浦口營守在江北，神威、振武守在孝陵，南京兵部標下一營及新增水陸標防騎營總不滿萬人。若城守，二人守一垛，則少五萬有餘，一人守一垛，亦少二萬有餘，此猶不及於外城。欲增兵，則南京戶部無餉，欲練兵，則南京工部無器甲船隻。南京兵部所積存工料馬價銀，被年年外解共六十萬兩。南京操江武臣、都督等又請增撥兵員。南京防務由南京兵部掌管，而相關官員上奏請示，南京兵部多不知，請以後北京兵部在題覆有關南京事務的奏疏前，先咨南京兵部酌議。此疏上呈後，朝廷命南京兵部催參外解銀，操江武臣等增兵仍執行，南京兵員多有虛冒隱占，命李邦華嚴格清釐。〔註143〕

《敬陳料理樞務疏》陳言李邦華管理南京軍營及兵部各司的各項措施。營中練兵養馬之事千頭萬緒，責令各營官員逐日登冊，每月終送李邦華查驗，三月無功者責，一年無成者斥，此法行，營官不復得征逐嬉豫而廢職。散糧之法，兵糧領到，李邦華親赴各營點名面給，失點者許其補領，此法行，營官不復得巧立名色，恣意扣尅。部務首重職方司，掌管營官遷補，舊爲請託賄賂之門，李邦華與司官設立序單，遇缺挨補，不得高下其手。武選司，掌管委任掌印官、定漕運官，俱命司官公平行事。武庫司，掌衣甲、旗幟、器械、火藥、船隻，李邦華令軍兵自製火藥，南京兵部幫造旗幟、器械、船隻，多方節省，以濟其乏。最棘手者爲車駕司，馬政弊端較多，李邦華設立公委、公驗、攢槽、重烙之規，定賠償、降罰、多寡、輕重之等，馬政一新。貢船弊孔百出，李邦華創爲嚴收木以裕料，酌停修以裕費，禁營差之紊序，創回空之官押等方法，加以改善。〔註144〕

〔註142〕〔明〕李邦華《文水李忠肅先生集》，《四庫禁燬書叢刊》集部 81 冊，217～218 頁。

〔註143〕〔明〕李邦華《文水李忠肅先生集》，《四庫禁燬書叢刊》集部 81 冊，218～219 頁。

〔註144〕〔明〕李邦華《文水李忠肅先生集》，《四庫禁燬書叢刊》集部 81 冊，221～

四、參贊機務的權力、地位

參贊機務設立之初，原爲參贊南京外守備所設，雖有分權牽制之意，其地位、權力均次於外守備，明中葉後參贊機務的權力逐漸高於內外守備，其權力爲南京百官之首，地位爲南京文官之首。

萬曆《大明會典》卷一百五十八《南京兵部》「本部尚書，成化二十三年始奉敕諭參贊機務，同內外守備官操練軍馬、撫恤人民、禁戢盜賊、振舉庶務，故其職視五部爲特重云。」此言南京兵部尚書由於參贊機務，其職權在南京六部中最重。《國朝列卿紀》卷四十九《南京兵部尚書總論》亦言：「惟兵部尤爲重任，至正統景泰以後特敕參贊機務，居六部首。」〔註145〕

傳統的六部次序爲吏、戶、禮、兵、刑、工，吏部更稱天官，遠在其他五部之上，北京六部即如此，而嘉靖間南京吏部尚書張治則認爲南京兵部尚書職權比他部重，《壽韓苑洛七十序》：「守帥以下咸總已司馬，以城關戎馬所隸，視他職特重焉。」〔註146〕此序當作於嘉靖二十七年（1548），時韓邦奇爲南京兵部尚書，張治則爲南京吏部尚書。

《明實錄》亦言南京兵部尚書由於參贊機務，地位在南京吏部之上。《神宗實錄》卷四十六，南京兵部尚書王學夔小傳：「故事，南大司馬參贊機務，寵冠吏部上，蓋異數也。」〔註147〕南京兵部尚書爲南京地位最高的文官，南京兵部尚書中由南京吏部尚書改任的最多，共二十一人：崔恭，張悅，倪岳，秦民悅，林瀚，張澯，廖紀，劉龍，湛若水，張邦奇，宋景，王學夔，屠楷，潘潢，周延，劉采，吳岳，劉光濟，李世達，楊成，孫鑨。南京兵部尚書改任南京吏部尚書只有一人：陳俊。

王世貞萬曆十六年（1588）至十七年任南京兵部右侍郎，他亦言參贊機務南京兵部尚書居南京六部之首，「有匡救彌縫之責，有防杜遏折之機，是以職居夏官而班首六卿。」〔註148〕

崇禎間參贊機務南京兵部尚書熊明遇言其地位：「班序百僚之首，一切戰

---

222 頁。

〔註145〕〔明〕雷禮《國朝列卿紀》卷四十九，《續修四庫全書》523 冊，29 頁。

〔註146〕〔明〕張治《張龍湖先生文集》卷四，《四庫全書存目叢書》集部 76 冊，410頁。

〔註147〕《神宗實錄》卷四十六，《明實錄》52 冊，1046 頁。

〔註148〕〔明〕王世貞《弇州續稿》卷一百四十三《爲申飭部規傍及時務少有獻納以傚裨補疏》，《景印文淵閣四庫全書》1284 冊，92 頁。

守機宜俱視操斷，盍其重乎？」〔註149〕「以兵部尚書奉兩璽書參贊機務，班高冢宰。」〔註150〕

　　與勳臣擔任的南京外守備相比，參贊機務地位次於外守備，而實際權力遠大於前者，弘治九年（1496）張悅由南京吏部尚書改任參贊機務南京兵部尚書，參贊魏國公徐俌守備機務，上言：「臣伏念南京兵部雖介於諸部之間，而其事頗繁，參贊機務雖處於守備之末，而其責實重，自非才力有餘，聞望素著者，不足以當之。」〔註151〕「處於守備之末，而其責實重」，爲二者的實際關係。

　　嘉靖四十年（1561），兵科左給事中張益等言南京振武營、池河營連年軍變，督責之任全在參贊，請重參贊職掌，「南京兵部尚書參贊機務，一遇警急則皆略守備而責參贊，不可不重其職掌。」兵部尚書楊博覆議：「頃因地方多事，督責之議全在參贊，若不重其事權，其勢自難展布。」〔註152〕二人俱言參贊機務實際主持軍務。此後即令參贊機務節制南京軍營，委用副總兵等，未盡事宜便宜處置等，而外守備卻未領此敕令。

　　王世貞認爲參贊機務南京兵部尚書又有限制外守備權力的作用，「獨南京之兵部稍稱重，則以總統諸衛故，而尚書奉璽書，佐留守勳貴臣而制其柄，故班五部上。」〔註153〕名爲佐留守勳貴，實則制其權柄。他又認爲參贊機務職掌實際包括內外守備管轄事務，《爲申飭部規傍及時務少有獻納以傚裨補疏》，「南京參贊機務實兼內外守備之職而分理之，非直以佐行文移，苟且具員而已。」〔註154〕

　　萬曆間南京御史蕭如松亦言參贊機務南京兵部尚書爲南京軍政事務最高領導者，萬曆三十三年（1605）九月所上《乞補參贊總督大臣以安重地疏》，

〔註149〕〔明〕熊明遇《文直行書》文選卷一《南京重展標營碑》，《四庫禁燬書叢刊》集部 106 冊，210 頁。
〔註150〕〔明〕熊明遇《文直行書》文選卷六《南樞集略敘》，302 頁。
〔註151〕〔明〕張悅《定庵集》卷五《改南京兵部尚書謝恩》，《四庫全書存目叢書》37 冊，369 頁。
〔註152〕〔明〕楊博《楊襄毅公本兵疏議》卷六《覆左給事中張益等增定參贊尚書職掌疏》，《四庫全書存目叢書》史部 61 冊，386～387 頁。
〔註153〕〔明〕王世貞《弇州續稿》卷六十三《增校南京兵部題名續記》，《景印文淵閣四庫全書》1282 冊，824 頁。
〔註154〕〔明〕王世貞《弇州續稿》卷一百四十三，《景印文淵閣四庫全書》1284 冊，92 頁。

其時參贊機務缺任，「故年來三軍大閱，登壇無尚書，而代庖者任匪專貴，人有玩心，即內外守備各自爲政，兵權罔所屬矣，事關機務，誰其任參贊耶？」〔註155〕內外守備各有分管事務，眞正掌兵權，領導南京守備的爲參贊機務。

朱國禎天啓初任南京禮部右侍郎，其對南京兵部尚書地位之高深爲不滿：「南京兵部參贊於成化二十三年班在吏部尚書之上，又多以南吏書轉參贊，高下名實皆不相應，此制之最舛者。」他仍堅持傳統的六部倫次：「夫吏戶禮兵刑工，自周公來天造地設，可容參差乎。」〔註156〕而實際上在南京六部中，南京吏部和南京禮部是最爲清閒的兩個機構，幾無事可作，比較南京兵部掌管留都守衛這一重要職能，其重要性不可相比，地位自然降低。朱國禎之言可謂在官言官，不足爲訓。

參贊機務權力地位的變化有一個過程，自設立初至嘉靖間參贊機務的作用逐漸超過外守備，嘉靖後期參贊機務奉專敕，其領導南京守備權力由朝廷認可。

參贊機務初設立時，地位、權力次於外守備，首任參贊機務黃福與外守備李隆關係即如此。參贊機務爲外守備助手，坐次亦次於外守備，黃福年長李隆二十餘歲，任參贊機務時已年近七十，封少保，爲朝廷元老。私下裏李隆非常敬重黃福，而在公開場合仍以李隆爲首，外守備地位、權力高於參贊機務。「福參贊南京守備時常坐李隆之側，大學士楊士奇寄聲曰：豈有孤卿而傍坐乎？福曰：然豈有少保而贊守備乎？卒不變。然隆待福甚恭，公退即推福上坐，福亦不辭。」〔註157〕

葉盛《水東日記》記黃福任參贊事：「公在南京帥府參贊機務，襄城伯中坐，公旁坐，且視事皆襄城處分，公不出一語，蓋陰相之則多矣。或以爲言，公曰：『體當如是，且汝見守備何嘗錯發落一事也。』後來參贊則皆有不然矣。」〔註158〕此記守備制度初期參贊機務剛設立時，地位、權力低於外守備，即便黃福爲朝廷老臣，貴爲少保。後來參贊則不然。葉盛活動於英宗、憲宗朝，則自參贊機務設立初期，參贊機務即已與外守備分庭抗禮。

明代中葉後內外守備權責漸輕，嘉靖間參贊機務已凌駕於外守備之上，實際成爲南京安全事務的領導者。萬曆間參贊機務孫鑛即言：「論事權原在內

〔註155〕〔明〕朱吾弼《皇明留臺奏議》卷十，《續修四庫全書》467冊，520頁。
〔註156〕〔明〕朱國禎《湧幢小品》卷八《南兵參贊》，《明代筆記小說大觀》3288頁。
〔註157〕《英宗實錄》卷六十三，《明實錄》14冊，1197頁。
〔註158〕〔明〕葉盛《水東日記》卷七，77頁。

外守備，然今則徒有虛名，無俱令難行，即言出，亦誰其信之？」〔註159〕崇禎間所修南京兵部志《南樞志》所言「朝廷注意根本，雖以一二勳貴掌留鑰，而統攝經緯之任實本兵主焉。」「國之大事，守備參贊同上之，然所重在參贊矣。」〔註160〕

參贊機務權力、地位的變化從其所領敕命中可看出，明代高級官員服官任職俱領敕書，規定其權責，參贊機務亦同，《大明會典》卷一百五十八《南京兵部》，參贊機務奉敕諭，同內外守備官「操練軍馬、撫恤人民、禁戢盜賊、振舉庶務。」敕書載其權責涵蓋軍政民政等重大事務。

《黃忠宣公別集》卷一載黃福被任命參贊機務所領敕諭。宣德十年（1435）正月二十九日，「敕戶部尚書黃福：朕今嗣承祖宗大位，深惟南京根本重地，守備必須嚴固，卿歷事祖宗四十餘年，老成忠直，厥績茂著。今特命爾參贊襄城伯機務，撫綏兵民，訓練軍馬，大小庶事皆同襄城伯李隆及太監王景和（弘）等計議停當，然後施行。卿其益篤乃誠，益勵乃志，以副朕倚任之重。欽哉，故敕。」〔註161〕「撫綏兵民，訓練軍馬，大小庶事」是其與內外守備共同職掌。《英宗實錄》卷一亦載此敕。

弘治十六年（1503）朝廷與參贊機務南京兵部尚書韓文敕諭中，增加「但遇賊寇生發，即調兵相機剿捕，毋令滋蔓。凡一應軍民事務，利有當興，弊有當革者，悉聽爾同守備內外官員處置。各大小頭目人等若有科擾尅害，私自占役下人，致妨操練及不法等事，爾即禁約清理。敢有故違者，輕則量加懲治，重則參問區處。」〔註162〕敕諭中增加了遇突發事件應及時處置。此時南京工役繁興，強調對軍民的保護。黃福、韓文兩人所領敕書都要求參贊機務與內外守備官員計議而行，掌管南京軍民事務。

嘉靖四十年（1561）李遂被命出任參贊機務南京兵部尚書，除原有敕書以外，又領一道敕諭，當年閏五月兵科左給事中張益等言南京振武營、池河營連年軍變，督責之任全在參贊，請重參贊職掌，「南京兵部尚書參贊機務，一遇警急則皆略守備而責參贊，不可不重其職掌，乞要從長議擬，於參贊敕內事體不便者稍為更易，舊日所無者稍為增入。」兵部尚書楊博覆議：「頃因

〔註159〕 〔明〕孫鑛《姚江孫月峰先生集》十二卷，清嘉慶十九年刻本，卷三《與蕭觀復書》。

〔註160〕 〔明〕范景文《南樞志》卷三十六 595 頁，卷九十六 2649 頁。

〔註161〕 〔明〕黃福《黃忠宣公別集》，《四庫全書存目叢書》集部 27 冊，380 頁。

〔註162〕 〔明〕韓文《韓忠定公集》卷四，清乾隆三年韓宗藩刻本。

地方多事，督責之議全在參贊，若不重其事權，其勢自難展布。」請朝廷下令「南京五府僉書都督既分管振武、神機、大小教場，以後俱聽參贊節制，應天、淮揚巡撫都御史凡事與參贊叶同計議而行，副總兵、參遊、兵備等官俱聽參贊委用，未盡事宜悉聽參贊便宜處置。本部仍將前項職掌行移內府翰林院，除原敕照舊外，另請敕諭一道給付新任尚書李遂欽遵行事，平寧之日逕自奏繳。」〔註163〕此疏嘉靖四十年（1561）閏五月十五日題，朝廷降旨依議行。《世宗實錄》卷四百九十七亦載此事。

　　楊博此疏請參贊機務除原敕照舊，另下專敕明確職掌，原敕命參贊機務掌有關軍國大事，只是籠統而言，並未具體指明，專敕則明言其具體管轄：南京五府僉書都督分管振武、神機、大小教場等官員，聽參贊節制，應天、淮揚巡撫都御史有關事務與參贊叶同計議而行，副總兵、參遊、兵備等官俱聽參贊委用，未盡事宜悉聽參贊便宜處置。與之前相比參贊機務職權明顯提高，原敕命有關重要事務與內外守備官計議而行，而專敕則明確其節制南京軍營，委用副總兵等，而內外守備卻未領此敕令，其負責南京安全事務的職權已在內外守備之上。但此專敕只是臨時降與，待兵變、倭寇等事平之後，須將專敕奏繳。

　　嘉靖四十五年（1566），新任參贊機務南京兵部尚書胡松除原有敕諭外，又領一道敕諭，與李遂所領專敕相同，但非臨時敕令，而是專門授予，不必奏繳。當年正月兵部尚書楊博議處南京參贊事權以備倭患，以爲「府部衙門相等，原無統攝，且內而操江都御史、外而巡撫都御史事體俱不相關，倉卒有警，參贊尚書坐致束手，先年雖增敕諭一道，止爲內地賊情，旋即奏繳。即今倭患未已，先事之圖不可不愼」，請朝廷「除原敕照舊外，另請敕諭一道給付新任尚書胡松，欽遵行事，不必奏繳。」〔註164〕楊博認爲南京五府掌南京軍營，與南京兵部地位相當，不相統屬，設於南京的操江都御史，以及南直隸區域內的應天巡撫、淮揚巡撫與南京兵部亦各自爲政，遇突發事件南京兵部尚書無法迅速處置。先前所頒專敕已上繳，現倭患未已，請將參贊機務新增權限長期設置。胡松所領第二道敕諭爲節制南京軍營，委用副總兵等，與上述李遂所領專敕同，但不必奏繳。此疏嘉靖四十五年正月十二日題，朝

〔註163〕〔明〕楊博《楊襄毅公本兵疏議》卷六《覆左給事中張益等增定參贊尚書職掌疏》，《四庫全書存目叢書》史部 61 冊，386～387 頁。

〔註164〕〔明〕楊博《楊襄毅公本兵疏議》卷十八《請重參贊機務南京兵部尚書事權疏》，《四庫全書存目叢書》史部 61 冊，659～660 頁。

廷下旨批准。自此以後，節制南京軍營，委用副總兵等爲其正式職掌，參贊機務權力大爲提高。

楊博所言「除原敕照舊外，另請敕諭一道給付新任尙書胡松」，此兩道敕書載於《世經堂集》卷五，爲大學士徐階草擬，一篇爲《擬敕南京兵部尙書胡松》，一篇爲《擬敕參贊機務南京兵部尙書》，據《世宗實錄》，朝廷命吏部左侍郎胡松升任參贊機務南京兵部尙書在嘉靖四十四年（1565）十二月戊子（二十五日），〔註165〕楊博此疏嘉靖四十五年正月十二日題請，徐階所擬兩篇敕書應作於此後，第一道敕諭所載與黃福、韓文所領大致相同，泛言所有軍民重要事務，第二道敕諭所載與李遂所領專敕相同。〔註166〕《南樞志》載崇禎八年（1635）三月十六日，降與參贊機務南京兵部尙書范景文兩道敕諭，內容同嘉靖四十五年胡松所領兩道敕諭。〔註167〕

嘉靖後期參贊機務授權節制南京軍營，委用副總兵等官，而南京武臣之首外守備卻無此職掌，可見參贊機務之權力亦在其之上。

萬曆間參贊機務南京兵部尙書又頒給令旗令牌，許其隨宜調發所部，對下屬軍人可依軍法從事。萬曆十六年（1588）至十七年，吳文華任參贊機務南京兵部尙書，其《條陳增飭留都營務保固根本疏》言其領敕書兩道，一曰南京五軍僉書都督等官分管神機、大小教場者俱聽節制。一曰但遇賊寇生發，隨即調兵相機剿捕，毋令滋蔓。他認爲參贊機務「名號責任，比之各省總督提督等官尤爲重大。顧督撫於多警地方例有令旗令牌，許以軍法從事，故得以懾奸宄而成堪定之績。」「南都軍士素驕悍成風，環畿甸郡邑又多山藪，驍黠之奸隱伏叵測。萬一有事督發，非假欽給旗牌，將何以肅號令而示軍威？」前任南京兵部尙書曾具疏陳請令旗令牌，兵部覆議，朝廷因恐南京內外守備衙門援比此例，不允其請。吳文華再請「比照總督提督各官事例，造令旗令牌六面副給付本部收掌，居常可以彈壓諸營而消其獷獍之習，一遇有警，聽隨宜調發，以申嚴折衝，破敵之威。」〔註168〕吳文華所請兵部覆議，萬曆十七年（1589）三月朝廷採納批准。〔註169〕此後參贊得以憑旗牌便宜調兵，此令旗令牌內外守備官員亦無。

〔註165〕《世宗實錄》卷五百五十三，《明實錄》48冊，8908頁。
〔註166〕〔明〕徐階《世經堂集》，《四庫全書存目叢書》79冊，449～450頁。
〔註167〕〔明〕范景文《南樞志》卷九十六，2645～2649頁。
〔註168〕〔明〕吳文華《留都疏稿》，《四庫全書存目叢書》集部131冊，730頁。
〔註169〕《神宗實錄》卷二百九，《明實錄》56冊，3928頁。

　　萬曆三十五年（1607）二月參贊機務南京兵部尙書孫鑛又奏請設立中軍標營，由參贊機務直接統領。孫鑛認爲南營不設中軍則血脈不貫，請於中軍標營設中軍參將一員。下設把總指揮一員，衛總指揮二員，家丁一百名，並將大教場等營軍士挑選力壯藝精一千四百名，共一千五百人，立爲標營。每名月米一石，外加給鹽菜銀四錢，仍量增給馬匹。〔註170〕南京原有大小教場、神機營等軍營，此時已弊端叢生，戰鬥力低下。孫鑛鑒於萬曆三十四年劉天緒謀反未遂之事，奏請設立南京兵部標下中軍營，一旦有急，便於調度指揮，「各營渙散，一旦有急，不能呼之即應，今若有中軍以傳令，則頤指稍易。」〔註171〕此奏上呈後，萬曆三十五年三月，朝廷批准其請。〔註172〕

　　此後標營爲南京兵部所轄戰鬥力較強的軍隊，崇禎間參贊機務熊明遇亦言：「臣與守備勳爵所轄各營號數雖有四萬八千，然皆官旗軍餘老家，像人戲偶而已。僅臣標營陸鳴臯所統二千九百之軍，新標營翁英所統一千二百之兵稍堪備緩急。」〔註173〕「召募奇力鼎士標營八百人，立中標營一千二百人，新標營增四百人，合二千四百人。皆手劈張足，蹶張戴冑，披甲負矢五十個，又使之肄西洋大炮。」〔註174〕標營成爲熊明遇所憑恃的主要力量。

五、對參贊機務的制約

　　參贊機務爲南京權力最大的官員，掌管南京衛所、軍營，負責留都安全，而南京又設置一套完整的內外文武政府機構，除皇帝與內閣外一應俱全，參贊機務位高權重，自然成爲各方關注的重點，其權力理所當然的受到限制。嘉靖間參贊機務王廷相即言：「參贊之官任重責大，與內外守備同事最難爲處，過則激，不及則廢，事行而又能懾服其心，殊不易得。」〔註175〕萬曆間參贊機務孫鑛私下亦言：「南都事務，凡百掣肘，論事權原在內外守備，然今

〔註170〕〔明〕孫鑛《姚江孫月峰先生集》十二卷，清嘉慶十九年刻本，卷三《簡兵增將疏》。
〔註171〕〔明〕孫鑛《姚江孫月峰先生集》十二卷，卷三《與蕭觀復書》。
〔註172〕《神宗實錄》卷四百三十一，《明實錄》61 冊，8148 頁。
〔註173〕〔明〕熊明遇《文直行書》文選卷九《南樞屬員需才謹舉所知懇敕坐補以便任使》，《四庫全書存目叢書》集部 106 冊，421 頁。
〔註174〕〔明〕熊明遇《文直行書》文選卷二《南京諸營記》，《四庫全書存目叢書》集部 106 冊，213 頁。
〔註175〕〔明〕王廷相《王氏家藏集》卷二十七《答劉養和》，《四庫全書存目叢書》集部 53 冊，158 頁。

則徒有虛名，無但令難行，即言出，亦誰其信之？據眾議所責備，若在敝衙門，然又礙於內外守備，難以專行。至於各部，又莫不有應管事務，各有便宜，而臺省又司清議之柄。是以小有舉動，非眾議僉同，決不可行。然事情而必求眾議僉同，夫何容易。」〔註176〕

屢遭掣肘是參贊機務最感無奈的問題，主要源於相關事務分管衙門太多，舊制外守備負有最大責任，明中葉後武臣在安全事務上權力漸式微，南京兵部成主管部門，相關權力又受內外守備衙門牽制，南京各部又有主管事務，南京都察院、六科掌監察，人言人殊，屢議不決。崇禎間參贊機務呂維祺則奏言南京守備之難原因之一為「衙門頡頏，事事牽制，是振飭之難也。」〔註177〕呂維祺的繼任者范景文則言清理營務之難「臣初入部以為差有餘而操不足，不妨撤差以補操。遍行諮詢，而各衙門咸來言，內則要司禮監、機房、御馬監等差，外則有看倉、養牲、夜巡、錦衣等差，臣所為數溢者而各衙門尚以為數縮。」〔註178〕南京軍人被權貴公私佔用的情況非常嚴重，軍人領糧餉卻不在軍營操練，而是服務於與南京守衛無關的各類差役，從范景文列舉的部門看，主要是與內外守備相關的南京內府機構以及南京府衛的差遣。

范景文的繼任者李邦華所言則又針對相關制度缺陷：「南中兵事臣實司之，然各官奏請臣多不知。以後奉旨下部，北部須咨臣，酌其可否，方與題覆。庶免事後擬議。」〔註179〕南京兵部主管防務，而南京其他部門奏請相關事務卻不與南京兵部會商，徑直上達朝廷。北京兵部覆議，朝廷採納後以詔旨下達，往往又與南京兵部相悖。李邦華陳請北京兵部覆議與南京兵部相關的事務時，先通知南京兵部，二部會商後北京兵部再題請。

南京各部門中與南京兵部主管事務關係最密切的為南京戶部和南京工部，南京兵部掌管軍人的組織人事、作戰訓練，南京戶部負責供應南京軍人糧餉，南京工部則負責船隻、武器、衣甲的製造，二部掌管後勤供給，是參贊機務南京兵部尚書常感掣肘的部門。呂維祺言：「即如城守調遣偵防，裒

〔註176〕〔明〕孫鑛《姚江孫月峰先生集》十二卷，卷三《與蕭觀復書》。
〔註177〕〔明〕呂維祺《明德先生文集》卷五《南都四重疏》，《四庫全書存目叢書》集部185冊，94頁。
〔註178〕〔明〕范景文《南樞志》卷一百五十七《會議清核選練以振行伍疏》，4034頁。
〔註179〕〔明〕李邦華《文水李忠肅先生集》卷五《南兵有名無實疏》，《四庫禁燬書叢刊》集部81冊，219頁。

益糧餉及器械、船隻、火器、衣甲等項，無一事不經數衙門，無一費不仰咨於戶、工兩部。」〔註180〕李邦華言：「臣奉有固守城池之敕，憂心如焚，欲增兵則計部無餉，欲練兵則工部無器甲、船隻。」〔註181〕其中又以南京戶部為最，明代留都南京城內發生的最大的安全事件屬嘉靖三十四年（1555）振武營之變，其責任者之一就是掌管南京軍人糧餉供應的南京戶部右侍郎黃懋官，其在裁減營軍供應時處置不當，又遲發月糧，引起兵變，黃懋官本人被亂軍殺死，事後朝廷也歸罪其身，南京戶部尚書蔡克廉罷免。又連帶南京內外守備、協同守備、參贊機務，除外守備外，其他三人俱免任。

至明後期南京兵部與南京戶部摩擦頻頻，「南計臣某於七年十二月以錢五百二十文作米一石放軍，時石米值至九百二十，軍有煩言，遍貼匿帖，與臣部何與？臣即密集將官默加消弭。」〔註182〕呂維祺所言南京戶部所放餉銀只及原額半數，幾激兵變，呂維祺只得動用南京兵部之財力加以解決。

范景文在任期間情況亦非常嚴重，南京軍人平常待遇低下，而南京戶部卻支防糧餉常常遲緩。南京軍人中選鋒待遇最優，不過銀一兩，而邊境腹地軍人多至二三兩，少不下一兩七八錢。南京軍人平素各為負販以糊口，自農民軍起晝而操戈，夜未解甲，不得餘閒營生。下屬請增餉，范景文以戶部籌措糧餉艱難拒之，只望按時早給，每月不得過初五日，卻常拖延，貧軍嗷嗷待哺，稱貸自給。浦口餘丁二月選取守城，至秋未放糧，池河營軍遲發三季。范景文無奈之下只得上訴朝廷，請敕下南京戶部以後月糧按期早給。「日不再食，慈母不能保其子，而經歲忍饑洶洶情景，此後恐難復待也。」「計臣痛癢相關，豈忍秦越相視？」「計臣精心洗刷當有贏餘，而向口口言不足乎？」〔註183〕

崇禎九年（1636）南京兵部與南京戶部矛盾更被上報至北京，當年南京守備太監孫象賢以「樞、計二臣意見互異」上奏朝廷。朝廷下旨「南樞、計

〔註180〕〔明〕呂維祺《明德先生文集》卷五《思患豫防疏》，《四庫全書存目叢書》集部185冊，84頁。
〔註181〕〔明〕李邦華《文水李忠肅先生集》卷五《南兵有名無實疏》，《四庫禁燬書叢刊》集部81冊，219頁。
〔註182〕〔明〕呂維祺《明德先生文集》卷十三《告孝陵文》，《四庫全書存目叢書》集部185冊，201頁。
〔註183〕〔明〕范景文《南樞志》卷一百五十七《南軍貧苦堪憐月餉給發宜早疏》，4078～4079頁。

二臣互相矛盾，殊非和衷體國之誼」，命南京兵部陳述。范景文作《謹陳會議始末疏》自陳。〔註184〕

　　南京兵部與南京戶部間主要矛盾為軍人行糧和奇兵營月餉兩個問題。當年朝廷命范景文與南京戶部尚書錢春會議南京軍人行糧供應，此時南京軍人多有遠赴江北與農民軍作戰，其軍糧供應頗為困難。范景文引北京例，北部月餉行糧歸戶部，安家犒賞歸兵部，盔甲器械歸工部，又據《大明會典》所載，主張行糧歸南京戶部供給。此亦為舊制。而激發矛盾則為奇兵營月餉，奇兵營屬南京都察院操江都御史所轄，當年奉旨清覆南京各營軍人實數，范景文移咨戶部，言奇兵營不應算在南京兵部項下，南京戶部遂停支餉，並宣言此為南京兵部意。六月二十六日范景文即邀內外守備科道官等會議，面證南京兵部何曾言停支，又言此時操江都御史所轄軍人拒敵安慶等地，三軍暴露，枵腹望餉，忽聞停餉，發生兵變，誰任其咎。又言南京兵部所轄軍人亦出征在外，告急不絕，請速發餉，會議諸官員亦同此言。在會上南京兵部與南京戶部官員發生爭執，范景文言其「顧念大體，不敢分毫辭色有加計臣，任其攘臂反唇，無難唾面自乾。」又言其所感痛苦憤怒，當夜「氣逆神失，勢幾不救」，次日具疏請免，以無失和氣。最後范景文奏言是非自有公論，惟兵部司兵馬，戶部司錢糧，相沿二百六十餘年，不當輕議祖制。請敕下行糧出自南京戶部。

　　南京工部掌器械製造，亦南京守備必需，范景文在任多次上奏南京工部之不作為，「一切船隻原應工部修理，屢咨該部，皆以錢糧無措為辭，臣部除自造十四隻，又動支工料銀兩雇覓海船，以供急需。」〔註185〕「船隻、器械、火藥、鉛子皆屬工部，而該部每以錢糧無措為辭。」〔註186〕

　　范景文在任期間，南京工部不僅以錢糧無措為辭，又請兵器改南京兵部製造。時南京小教場都督僉事葉洪春奏請敕南京工部製造槍炮，南京工部尚書蔡思充則奏請改屬南京兵部製造，范景文奏言「國家列官各有責任，臣子守職惟遵典章，臣部司兵馬，工部司器械，自六曹分署以來未之有易也。今工臣忽以軍器歸之臣部，臣敢默默而處於此？」〔註187〕其後下引《大明會典》

〔註184〕　〔明〕范景文《南樞志》卷一百五十九《謹陳會議始末疏》，4197～4210頁。
〔註185〕　〔明〕范景文《南樞志》卷一百五十七《揆時設備謹陳切要事宜疏》，4056～4057頁。
〔註186〕　〔明〕范景文《南樞志》卷一百五十七《欽奉聖諭恭陳布置機宜疏》，4064頁。
〔註187〕　〔明〕范景文《南樞志》卷一百五十九《營弊日深疏》，4192頁。

南京工部、南京兵部各款，辨清軍器製造屬南京工部，請敕下南京工部製造軍器，無誤軍需。

南京戶部、南京工部與南京兵部級別相當，在處理與南京兵部相關的事務時往往消極應付，不作爲。而級別比南京六部偏低的南京操江都御史衙門，由於其掌管的江防事務以及所轄南京新江營，又與南京兵部職掌緊密相關，管轄範圍又往往難以釐清，則又常與南京兵部爭作爲，關係亦形同掣肘。

南京都察院掌印官爲右都御史，次官爲右副都御史或右僉都御史，不並設，例奉敕提督操江兼管巡江，稱爲操江都御史，負責上自九江、下至蘇松（嘉靖後下至鎮江）長江中下游的防務，節制沿江官軍，是安全事務方面權力僅次於參贊機務的南京官員，其統領的最主要軍隊即爲設於南京江東門外的新江營水軍。南京又設武職大臣一員總督操江官軍，多爲勳臣，稱武操江，操江都御史則稱文操江，權力掌於操江都御史。操江都御史爲三品或四品官員，與二品官員參贊機務南京兵部尚書相比，級別稍低，但非其下級，管轄地域亦遠遠大於參贊機務，其統領的南京新江營官軍建制上歸屬南京兵部，卻由操江都御史直接指揮，參贊機務亦不得輕易干預。操江都御史與參贊機務相爭主要在二者關係和浦子口營歸屬兩個問題上。

首先爲二者關係，亦即明人奏疏中常言的體統問題，參贊機務與操江都御史二者是否有統轄關係，地位的尊卑倫次，具體的管轄範圍的劃分等。

正德八年（1513），南京內外守備官上奏，南京各營把總以下官員內外守備官等有權任命，新江口官軍等已會同科道官揀選，而操江都御史又請再選，上請朝廷以便分清事權。朝廷命北京兵部議覆，兵部議操江都御史等凡事需與內外守備等官員會議而行。〔註188〕

嘉靖元年（1522）四月，南京操江都御史胡瓚、監察御史董雲漢言江防六事，其一爲「專委任」，言新江口原設都御史管理，而事多關白守備參贊，掣肘難行，宜令小者專決，大者會議，以便責成。兵部覆議，朝廷令南京內外守備參贊會議商討。〔註189〕

當年十二月，南京守備魏國公徐鵬舉等奏南京各營操備官軍及把總、衛總指揮等官，舊規俱聽內外守備節制推委，與操江都御史原不關涉。今都御史胡瓚所奏「欲以侵奪事權，變更甲令，而又專疾武臣，□獨任地方失事之

〔註188〕《武宗實錄》卷一百六，《明實錄》35 冊，2180～2181 頁。
〔註189〕《世宗實錄》卷十三，《明實錄》38 冊，463 頁。

罰。非故事，不可聽。」北京兵部議覆徐鵬舉等所奏，認爲胡瓚等言「非爲私，不足引他故以爭也」，其他所奏「臣等不敢復議」。朝廷命遵舊制，否決胡瓚所奏，「上意蓋欲使權歸本兵，不專任操江都御史云。」〔註190〕

嘉靖十八年（1539），南京守備魏國公徐鵬舉等下新江營閱操，操江都御史簡霄稱病不出，總督操江武臣誠意伯劉瑜稍後至營，又與徐鵬舉爭坐次，遂麾眾軍出，竟罷閱操。徐鵬舉與協同守備永康侯徐源、參贊機務南京兵部尚書王軏各劾奏劉瑜等驕肆不職，朝廷命劉瑜、簡霄革任閒住，規定坐次視京營，守備等居先。南京兵科給事中張輻又劾徐鵬舉、徐源等不法無能之事，請並論。朝廷切責二人又宥之。〔註191〕

張永明嘉靖十九年（1540）至二十四年爲南京刑科給事中，撰有《重操江疏》，〔註192〕他認爲操江都御史責任重大，故提出「正體統、兼節制、專信地、謹墩臺」四條建議，以加強其事權，其中「正體統」言舊規，水軍操練，南京內外守備參贊等官每季臨江閱視，與提督操江文武大臣序坐行事，先守備參贊坐，次爲文武操江大臣，行之已久。至嘉靖十八年誠意伯劉瑜與守備魏國公徐鵬舉爭論坐次，輒至罷操。兵部尚書張瓚題覆，京營提督大臣下操，各營坐營官亦多侯伯，並無同坐之規，兩京事體相同。朝廷命坐次照京營事體，不許僭紊。張瓚此議守備參贊同京營提督大臣，文武操江大臣同京營坐營官，二者爲上下級關係。張永明不同意張瓚擬定守備參贊與操江大臣的關係，他認爲文武操江領敕專任提督，與京營提督文武大臣事體相同，亦即與守備參贊地位相當，「體統相同，非其屬官」，張瓚所擬不夠審詳，「遂致近來每遇閱操，都御史則先期出巡迴避，其守備參贊、操江武臣等官亦各勉強了事。」又言序坐舊規不可廢，仍以守備參贊居先，關係仍照舊，「照舊使之，各全其尊，則名正言順而事成矣。」

嘉靖三十六年（1557），參贊機務南京兵部尚書張鏊等請於南京兵部增設侍郎一員兼僉都御史銜，專領操江事務，即由南京兵部代替南京都察院管理操江事務，此議先由南京兵科給事中傅鳴會奏請。兵部覆議，朝廷命南京

〔註190〕　《世宗實錄》卷二十一，《明實錄》38冊，618～619頁。
〔註191〕　《世宗實錄》卷二百二十五，《明實錄》43冊，4690頁。
〔註192〕　〔明〕張永明《張莊僖文集》卷一，《文淵閣四庫全書》1277冊，312～315頁。《世宗實錄》二百九十嘉靖二十三年九月丁巳，南京兵科給事中萬虞愷疏陳江防事宜四條與之基本相同，略有刪節。案張、萬二人嘉靖二十三年同爲南京給事中，此疏或由二人共同起草。

兵部會官商議，由張鏊奏請。世宗以爲操江官員由南京都察院都御史擔任，便於其督同南京都察院監察御史擔任的上下江巡江御史，同一部門便於管理。操江都御史所掌營伍布置、守備統轄等制度亦爲詳備。若以南京兵部兼領，則體統俱紊，制度混亂。下令仍遵舊制，由南京都察院官員管理操江事務。〔註193〕

　　操江官員與南京守備參贊等權力、地位之爭，有個人因素，如南京守備魏國公徐鵬舉爲人較軟弱，總督操江武臣誠意伯劉瑜又行事囂張，以致引起紛爭。又有制度缺陷，南京守備參贊等對南京安全負總責，節制南京軍隊，而在具體職責劃分上不夠清晰，如新江營官軍建制歸屬南京兵部，而日常指揮由文武操江官員掌管，參贊機務等官只能於春秋閱操時下營巡視，平素則難以過問，致使操江官員難以分清其地位關係。實際上內外守備參贊機務無論法定權力和實際官銜品級，都高於操江官員，一旦相爭，朝廷肯定責罰操江官員。

　　其次爲浦子口營指揮權歸屬。明代南京軍營主要有明初設立的五營，即設於正陽門外（今光華門遺址附近）的大教場營、神機營，設於城內的小教場營（今小營附近），江東門外的新江口營，江北的浦子口營。五營官兵建制俱屬南京兵部所轄各衛所，受內外守備參贊機務節制，其中的新江口營受南京都察院操江都御史直接管轄，新江口營軍爲水軍，主要負責南京附近江面安全。與新江口營隔江相望的浦子口營則爲陸軍，守衛南京北面陸路門戶，該營創於洪武間，設有南京兵部所屬應天、龍虎、武德、橫海、和陽五衛，設守禦官員統領，內外守備參贊機務委官巡視。浦子口營設於長江北岸，又與新江口營隔江相望，南京操江都御史自然希望將其納於轄下直接指揮，便於調度配合。嘉靖二十八年（1549）參贊機務南京兵部尚書韓邦奇所作《陳愚慮以奠江防以固重地事》，記載操江都御史、南京科道與南京兵部正德、嘉靖間在此問題上的屢次相爭。〔註194〕

　　正德年間操江都御史范鏞奏請浦子口營守禦官員應否聽其節制，朝廷命南京兵部查勘，浦子口五衛未設守禦之先俱係操江管轄，就將守禦指揮聽受都御史節制，若自先不係操江管轄，宜從照舊不必更改。此後仍屬南京兵部管轄。

〔註193〕《世宗實錄》卷四百五十四，《明實錄》47 冊，7692～7693 頁。
〔註194〕〔明〕韓邦奇《苑洛集》卷十六，《景印文淵閣四庫全書》1269 冊，616～620 頁。

嘉靖十二年（1533）巡江御史宋宜奏請浦子口營守禦官員聽其委用，朝廷又命南京兵部會同操江都御史查勘議處，南京兵部尚書劉龍等會議認爲浦子口號爲京營，本爲拱護南京而設，然器無戰船，軍非水卒，不與操江之事，以備江北鳳陽一路之警以遏其過江，設立以來止聽南京內外守備參贊衙門節制。朝廷命仍屬南京兵部管轄。

嘉靖二十三年（1544）操江都御史簡霄、南京兵科等科給事中萬虞愷等奏，〔註195〕稱新江口近在城外則屬操江，而浦子口遠在江北反屬兵部，操江節制但行於新江營而不行於浦口營，形勢相依，事權不屬，萬一江上有事則新江口有孤立無援之勢，而浦子口得坐觀推避之安，請隸操江都御史節制，與新江口營相爲應援。朝廷又命南京兵部議，南京兵部尚書宋景等會議認爲南京據有江險，而守險當不止於江洋，是以南有新江口水操以備上下二江之警，北有浦子口營五以遏淮鳳陸路之沖，水陸操備不同，均爲拱護南京而設，各有專責不無深意，設立以來止聽南京內外守備參贊衙門節制，又聽科道及南京兵部委官點察，浦子口營無江操器具而徒屬操江管轄，恐於事體無益，適使衛所多事。此後仍照舊制。

嘉靖二十八年（1549）南京戶科給事中李萬實又奏請將浦子口守禦官軍俱屬操江節制，言及浦子口指揮千百戶荒淫驕蹇等事，南京兵部尚書韓邦奇等商議以爲京城之外設二營，江南設新江口水軍以禦水寇，江北設浦子口陸軍以禦陸寇，水陸二軍南北掎角互爲聲勢，使水寇不得以登岸，陸寇不得以渡江，雖二軍不同皆以拱衛都城，五營通屬內外守備參贊尚書節制，設立以來永爲遵守。若以浦子口之軍撥船習水，則水軍獨增而陸軍全無，水戰未習而陸營已廢，北來之寇何以禦之，浦子口之軍既不可改爲水軍，則雖屬之操江亦爲無益。此又爲祖宗累朝舊制，先後多次部院科道各官會商，難以再議，仍請照舊。

此浦子口營指揮歸屬之爭，操江都御史所言頗爲合理，浦子口營遠在江北，內外守備、參贊機務等每年春秋操期派員閱視，草草應付，管理不力。操江都御史所轄新江口營設於南京江東門外，與浦子口營夾江而列，如俱屬操江都御史統領，便於指揮調度，聲援支持亦較得力。故操江都御史以及南

〔註195〕萬虞愷等奏中內容，又見於《張莊僖文集》卷一《重操江疏》，案萬、張二人嘉靖二十三年同爲南京給事中，或由二人共同起草。

京科道官屢次陳請改屬，北京兵部亦覆議上請，朝廷下南京兵部會議。南京
兵部尚書則從維護本部門權限出發，拒絕放權，理由有二，一浦子口營爲陸
營，不習水戰，亦無船隻器具。二爲維護祖制，「若以浦子口之軍撥船習水，
則水軍獨增而陸軍全無，水戰未習而陸營已廢。」「係祖宗累朝舊制，先後部
院科道各官會題照舊，累次奉有欽依，難再別議。」〔註196〕實際上操江都御
史等請改屬浦子口營指揮權，便於調度，並未要求此營履行水軍職能。祖宗
累朝舊制更無理由，否則北京兵部不會屢次覆議認同，朝廷屢命南京兵部與
操江都御史、南京科道等會議。之所以久議不決，主要原因是朝廷以爲南京
守備以內外守備參贊機務爲主，核心乃參贊機務南京兵部尚書，其在有關重
大決策中最有發言權，亦即《世宗實錄》卷二十一所言「上意蓋欲使權歸本
兵，不專任操江都御史云」。

　　參贊機務的權力除受到同級別的南京各部的掣肘，以及自身職掌相關的
操江都御史等與其相爭外，科道的嚴格監督也對參贊機務的權力形成制約，
兩京六科給事中、十三道監察御史，在明代政治制度中發揮重要作用，雖然
只是七品官員，所掌監察風憲等權力卻很大，明代科道官也頗敢任事，皇親
國戚、內閣首輔都常遭其彈劾，中央政權也重視科道官的作用。科道官員對
內外文武百官的監察，對維護明代政權的正常運行發揮了重要作用。

　　南京科道職掌與南京兵部相關，如巡視南京軍營事務，南京兵科與南京
監察御史各一人領敕巡視軍營，每歲終照例舉劾各營將領等官。每歲終考察
南京衛所掌印指揮，賢否用行。南京五軍都督府掌印僉書、錦衣衛堂上官，
每五年各官自陳之後，有不職者，科道官具本核奏。南京科道所掌還有監視
衛所總小旗並槍，點閘南京各教場操練，查點南京各營騎操馬匹，驗裝定撥
馬快船裝載進貢對象，查點南京新江口戰巡哨各船等。此外南京皇城內外守
衛官軍每班名數需呈報南京兵科，南京五城兵馬司官需將各城守門官軍數呈
報南京兵科。

　　參贊機務常被科道官參劾，史籍記載很多，即德高望重的黃福亦不能
幸免，正統二年（1437），監察御史王琦劾奏黃福等縱令戴榮等人僞印浙江
倉鈔，支廣東鹽課，俱宜逮究，「上以福老臣，不可以簿書被譴，他如所請。」
〔註197〕

〔註196〕〔明〕韓邦奇《苑洛集》卷十六《陳愚慮以奠江防以固重地事》，《景印文淵
　　　　閣四庫全書》1269冊，619～620頁。
〔註197〕《英宗實錄》卷二十八，《明實錄》13冊，566頁。

　　參贊機務遇科道彈劾後，多奏請致仕，嘉靖元年（1522）十月，南京四川道御史趙光論劾南京兵部尚書廖紀不堪參贊之任，朝廷令廖紀自陳。〔註198〕當年十一月，又爲南京給事中鄭慶雲所劾，廖紀引疾請致仕，許之。〔註199〕

　　萬曆六年（1578）六月，工科都給事中周邦傑疏劾南京兵部尚書翁大立，部覆以爲大立歷官中外，幹濟良多，留樞事重，似難輕爲更置，有旨著照舊供職。〔註200〕當年七月，翁大立上疏乞休，許之。〔註201〕

　　萬曆十一年（1583）十一月，兵科給事中黃道瞻劾南京兵部尚書劉堯誨年已衰暮，而行又貪污，宜行罷斥。朝廷以黃道瞻擅擬處分，殊爲輕妄，令降職調外任用。〔註202〕當年十二月，劉堯誨以人言乞罷，准令致仕。〔註203〕

　　參贊機務遭彈劾後，多屢上疏辭免才獲准，如萬曆三十五年（1607），南京給事中金士衡、御史孫居相等論劾南京兵部尚書孫鑛悖旨殃民，貪功生事。〔註204〕此後孫鑛多次請致仕，其文集共載十三疏請辭，直至萬曆三十七年，以留都天鳴奏聞，因乞求罷。優旨許之。〔註205〕

　　參贊機務被劾後，亦有被朝廷下令致仕，嘉靖三十二年（1553），南京兵科給事中賀涇、廣東道御史金豪以河南流賊師尙詔欲犯鳳陽留都，因參南京兵部尚書潘潢庸劣誤事，宜罷黜。朝廷令潘潢致仕。〔註206〕

　　萬曆五年（1577），御史曾士楚劾南京兵部尚書劉光濟曠廢。朝廷命其致仕。〔註207〕

　　科道參劾參贊機務的緣由有履行職責不力，弘治元年（1488）五月南京御史繆樗等以南京內府花園失火，又有狂夫至長安右門下叩環大呼等，參劾守備等官，其中參劾參贊機務兵部尚書耿裕之言爲「忠厚有餘，治才不足」，請將耿裕等罷黜，別選賢能。朝廷令守備官員陳述。〔註208〕六月南京戶科

〔註198〕《世宗實錄》卷十九，《明實錄》38冊，559頁。
〔註199〕《世宗實錄》卷二十，《明實錄》38冊，593頁。
〔註200〕《神宗實錄》卷七十六，《明實錄》53冊，1642頁。
〔註201〕《神宗實錄》卷七十七，《明實錄》53冊，1660頁。
〔註202〕《神宗實錄》卷一百四十三，《明實錄》54冊，2672頁。
〔註203〕《神宗實錄》卷一百四十四，《明實錄》54冊，2690頁。
〔註204〕《神宗實錄》卷四百三十三，《明實錄》61冊，8184頁。
〔註205〕《神宗實錄》卷四百六十二，《明實錄》62冊，8728頁。
〔註206〕《世宗實錄》卷四百三，《明實錄》46冊，7057頁。
〔註207〕《神宗實錄》卷六十八，《明實錄》53冊，1480頁。
〔註208〕《孝宗實錄》卷十四，《明實錄》28冊，347頁。

給事中方向等又以雷震南京洪武門等因參劾南京守備官員，參劾耿裕之言爲「紀綱弗嚴」。請黜之以消天變。朝廷令其仍舊供職。〔註209〕八月耿裕請致仕，不允。十月召其回京，任禮部尙書。

弘治九年（1496），南京十三道御史劾奏參贊機務南京兵部尙書侯瓚等人俱不職，請黜之。朝廷令侯瓚改任南京工部尙書。〔註210〕

嘉靖三十三年（1554），兵科都給事中李用敬論劾總督南直隸、浙江、山東、兩廣、福建等處軍務南京兵部尙書參贊機務張經縱賊誤國。疏下吏兵二部覆議，部覆建議張經改官專任平寇，參贊之任更命一人代之。朝廷命改張經爲右都御史兼兵部右侍郎專一總督軍務，以南京吏部尙書周延代張經爲南京兵部尙書參贊機務。〔註211〕

參贊機務年老多病亦爲科道關注，嘉靖二十六年（1547）八月，南京御史宋治論劾南京兵部尙書胡訓衰老多病，宜罷免。胡訓自陳求退，朝廷令致仕。〔註212〕次年二月胡訓病卒。

科道對參贊機務的參劾還有個人品行方面，如正德間參贊機務劉機以致仕後營求復起，屢遭科道非議，最後自請致仕。正德七年（1512）四月改致仕吏部尙書劉機爲參贊機務南京兵部尙書，當年五月工科給事中潘塤言劉機已廢而復用，非剛正之器，不可復當重任。〔註213〕七月南京十三道御史汪正等劾奏參贊機務尙書劉機等才非統馭，宜罷黜，朝廷令劉機盡心供職。〔註214〕

正德八年十二月，南京六科給事中史魯等劾奏南京兵部尙書劉機粗鄙不學，壟斷無恥，才非參贊，略無建明，乞令致仕。朝廷令劉機仍留用。南京監察御史張狪又劾奏劉機多欲詭隨，宜罷。〔註215〕

至正德九年三月，朝廷方許劉機致仕，賜馳驛歸，令有司給食米月四石，役夫歲六名。〔註216〕

嘉靖二十一年（1542）十二月朝廷起致仕戶部尙書王堯封爲南京兵部尙

〔註209〕《孝宗實錄》卷十五，《明實錄》28 冊，370 頁。
〔註210〕《孝宗實錄》卷一百十一，《明實錄》30 冊，2028 頁。
〔註211〕《世宗實錄》卷四百十五，《明實錄》46 冊，7216～7217 頁。
〔註212〕《世宗實錄》卷三百二十六，《明實錄》45 冊，6031～6032 頁。
〔註213〕《武宗實錄》卷八十七，《明實錄》35 冊，1868 頁。
〔註214〕《武宗實錄》卷九十，《明實錄》35 冊，1924 頁。
〔註215〕《武宗實錄》卷一百七，《明實錄》36 冊，2185 頁、2193 頁。
〔註216〕《武宗實錄》卷一百一十，《明實錄》36 冊，2259 頁。

書參贊機務，嘉靖二十二年三月，南京科道官張汝棟等合疏言王堯封才守並劣，不足當留都參贊機務之任。朝廷下令罷免王堯封之任。〔註217〕

　　明代統治者將科道監察作爲維護其統治的有力武器，給予高度重視，特別對於手握重權的高官，往往鼓勵言官彈劾，南京參贊機務等官員也在其內。嘉靖十四年（1535）七月，御史曾翀、戴銑論劾南京兵部尚書劉龍、刑部尚書聶賢等九位高官「庸劣猥鄙」，宜罷任。朝廷下吏部議覆，尚書汪鋐等復言劉龍等無大過，不可遽棄，俱宜留用。世宗覽之不悅，謂大學士李時吏部覆此疏爲私意，李時言吏部是愛惜人材，「上曰：人材固當愛惜，須有分辨，安得盡舉所劾而褒譽之？且劉龍何如人也？時曰：誠篤。上曰：第遲鈍耳，南京參贊果非所任，可召歸。」其他八人，世宗也各予評判，結果九位高官三人致仕，二人改任，一人降級外任，三人如舊。劉龍召回北京改任。〔註218〕此後南京禮部科給事中曾鈞又參論之，劉龍請致仕，當年十月，命馳驛歸。〔註219〕

　　科道官對九位高官的彈劾多確有依據，世宗對劉龍的評價也非常恰當，劉龍爲弘治十二年己未科（1499）第一甲第三名進士，此後一直在翰林院、詹事府、禮部任職，爲標準的文學侍從。嘉靖七年（1528）至十四年，歷任南京禮部、吏部、兵部尚書，文書往來，嫻習舊制或爲其長，執掌兵權，臨機應變確非所宜。

　　科道言官對參贊機務的舉劾亦未必全部出自公心，即以劉龍爲例，嘉靖十四年南京兵部尚書劉龍爲御史曾翀等所劾，有旨取回京用，而南京禮科給事中曾鈞復論之，龍上章自理，遂列曾翀、曾鈞挾私狀，求去。曾翀是否與劉龍交惡待考，曾鈞則確與劉龍有過節，嘉靖十五年（1536）南京禮部尚書霍韜言：「南京無論品秩崇卑，皆用肩輿，或乘女轎，街衢相遇，卑不避尊。舊年給事中曾鈞騎馬徑衝尚書劉龍、潘珍兩轎之間，鈞尋與龍互相訐奏。」〔註220〕或在嘉靖十四年之前，曾鈞已與劉龍互相訐奏，曾鈞參劾劉龍，或亦爲私。

　　科道官所劾即非出自私心，所言亦未必皆實，參贊機務中遭科道彈劾較

〔註217〕《世宗實錄》卷二百七十二，《明實錄》44 冊，5352 頁。
〔註218〕《世宗實錄》卷一百七十七，《明實錄》42 冊，3816～3818 頁。
〔註219〕《世宗實錄》卷一百八十，《明實錄》42 冊，3853～3854 頁。
〔註220〕《世宗實錄》卷一百九十四，《明實錄》43 冊，4093 頁。

多的有憲宗朝李賓，其遭彈劾原因多與自然災害相關，常與外守備成國公朱
儀同任其咎。成化三年（1467）秋七月，南京午門正樓爲雷雨所損，工科都
給事中黃甄等言此爲上天示警之意，因劾南京守備成國公朱儀、參贊機務兵
部尙書李賓昏迷欺罔之狀，請逮付法司，明正其罪。〔註221〕當年八月，南京
監察御史李英等奏成國公朱儀才識闇弱，惟務謙抑，而乏守備之方，兵部尙
書李賓事體生疏，濫膺重寄，而無參贊之實。監察御史劉敬等劾奏成國公朱
儀、南京兵部尙書李賓才識凡庸，不稱守備參贊之任。朝廷命姑擧堪代朱儀、
李賓者以聞。〔註222〕

　　成化四年三月，監察御史謝文祥等劾南京參贊軍務兵部尙書李賓猥以庸
材難居重任，乞賜罷黜。〔註223〕當年十一月，南京十三道監察御史楊智等言
妖彗示變，災異迭至，奏言南京守備成國公朱儀、參贊機務兵部尙書李賓俱
以猥瑣之才，濫膺根本之寄，設有警急，曷能支持？兵部覆奏乞罷免二人，
以弭災異。憲宗認爲朱儀、李賓皆廉謹可用，令移文使之盡心訓練兵馬，整
理機務，毋因循怠慢。〔註224〕十二月，李賓以科道所劾及星變請致仕。朝廷
以其年未衰老，姑留之。〔註225〕

　　科道官所劾理由多爲李賓昏庸無能，實際李賓頗俱才識，成化六年（1470）
李賓自南京參贊機務兵部尙書改任都察院左都御史，任至成化十三年，在任
亦多有作爲，以太子少保致仕歸。《憲宗實錄》小傳對其評價爲「持重不妄言，
剛直自用，與人談疊疊皆公事，不及於私。其畫奏處置荊襄流民，最爲得宜。」
〔註226〕

　　嘉靖四十年南京兵部所轄池河營發生兵變，科道官彈劾參贊機務南京兵
部尙書江東，江東亦被免職。

　　池河營設在江北鳳陽府定遠縣，其兵員來自南京飛熊、英武、廣武三衛，
故由南京兵部管轄。池河營由三衛軍餘三千人組成，每歲春秋分番操守，在
營凡四月，月給糧三斗，又給幫丁銀六錢。時英武衛千戶吳欽以幫丁銀非制，
請於南京兵部革之。軍人遂縛吳欽於營臺群毆。參贊機務南京兵部尙書江東
聞，亟遣官撫諭各軍，許幫丁銀如故，吳欽始得釋，尋捕其首事者九人治罪。

〔註221〕《憲宗實錄》卷四十四，《明實錄》23 冊，908 頁。
〔註222〕《憲宗實錄》卷四十五，《明實錄》23 冊，924、926 頁。
〔註223〕《憲宗實錄》卷五十二，《明實錄》23 冊，1055 頁。
〔註224〕《憲宗實錄》卷六十，《明實錄》23 冊，1223～1224 頁、1229 頁。
〔註225〕《憲宗實錄》卷六十一，《明實錄》23 冊，1238 頁。
〔註226〕《憲宗實錄》卷二百六十六，《明實錄》27 冊，4505 頁。

南京科道官楊銓、劉行素等劾江東「治兵無犯，舉措乖張，昏庸謬妄」，宜罷職。下兵部覆議，兵部議江東別用，朝廷命罷江東職。〔註227〕

　　江東嘉靖三十九年四月由戶部尚書改任參贊機務南京兵部尚書，至嘉靖四十年五月解任。江東此前歷任遼東巡撫、三邊總督、宣大總督等，領兵多年，熟習軍營事務。嘉靖三十九年江東上任後，奏上八條建議，涉及與南京守備相關的各類軍民事務：釐宿弊以治軍旅，立賞罰以作士氣，分信地以便戍守，清行伍以紀軍實，議馬匹以壯軍威，置火器以振兵聲，革冗役以恤民隱，寬場租以蘇民困。兵部覆議以為均係修戎要務，上請定奪。朝廷下旨依擬行。〔註228〕

　　嘉靖四十年二月江東上奏罷南京振武營事，三十九年兵變後，南京御史等議罷振武營，江東以為「今倭患未可逆睹，而遽議罷非計。」請下南京九卿科道會議。兵部議覆從之。〔註229〕

　　當年三月，刑科左給事中魏元吉參劾江東「自涖事以來，威令不行，專事寬假，官軍相訟，率貸軍而罪官。下場操演，則有賞而無罰。以致諸軍驕肆滋甚，或矢射部門，或毆詈官長。甚者白晝劫人都市，恬不為怪。法紀不振，莫大於此。」朝廷申斥江東「不能宣佈朝廷恩威，訓以忠義，乃專事姑息，致營軍悖肆。」命其與守備等官申明法紀，嚴加禁治。〔註230〕

　　兵部在對魏元吉奏疏的覆議中，要求朝廷下旨後「文書到日限三個月以裏，聽南京科道官將江東等振飭過緣由從實奏聞，若仍前玩愒，亦聽科道官會本參劾。」〔註231〕覆議作於嘉靖四十年三月，不到兩月池河營又發生兵變，江東隨即遭解職。

　　江東參贊機務解職不到半年即復出，召至北京出任與參贊機務南京兵部尚書職掌相似而責任更重的協理京營戎政兵部尚書，嘉靖四十一年以兵部尚書兼都察院右副都御史出任總督宣大山西等處軍務，嘉靖四十四年卒於任上，贈少保，諡恭襄。從江東此後任職情況看，科道所言「治兵無犯，舉措

〔註227〕《世宗實錄》卷四百九十六，《明實錄》47 冊，8226～8227 頁。
〔註228〕〔明〕楊博《楊襄毅公本兵疏議》卷五《覆南京兵部尚書江東等條議南本修戎八事疏》，《四庫全書存目叢書》史部 61 冊，364～365 頁。
〔註229〕《世宗實錄》卷四百九十三，《明實錄》47 冊，8190 頁。
〔註230〕《世宗實錄》卷四百九十四，《明實錄》47 冊，8201～8202 頁。
〔註231〕〔明〕楊博《楊襄毅公本兵疏議》卷六《覆左給事中魏元吉責成參贊尚書江東禁戢營兵疏》，《四庫全書存目叢書》史部 61 冊，378～379 頁。

乖張，昏庸謬妄」等言，朝廷並未信以爲眞，否則不會一再出任軍事要職。兵部覆議中對江東解職原因解釋得非常清楚，「尙書江東始因議革供丁責固難諉，終能計擒首惡，情似可原。但參贊重臣全在威望，而才識猶似次之。既經言官極口論列，損威傷重，以後自難展布。相應與事內各官通行議擬題請，合候命下移咨吏部，將江東取回別用。」〔註232〕參贊重臣全在威望，才識次之，即言江東免職原因不在科道官所言缺乏才識，而是缺乏威望，既在官軍中，也在文官群體中。而即使沒有過錯，一旦被言官痛責後，其威信亦受到影響，難以正常履行參贊機務重責。據此可看出，擁有重權的參贊機務在與監察官員的關係中所處的不利地位，亦可見言官在明代政治制度中的重要地位和作用。

科道監察是維護明代政治體制正常運行的重要保障，言官對參贊機務等人的攻劾，對確保南京守備官員履行自身職責起到重要作用。南京遠離皇帝和內閣，參贊機務又爲留都南京最有權力的官員，雖然南京同級別高官較多，但分管事務不同，眞正能對參贊機務進行有效監督的只有科道官員。雖然科道彈劾未必盡爲恰當，亦非全出公心，總體上說對參贊機務起到應有的監督作用，確保其忠於職守，不負使命。

參贊機務在南京守備官員中設置較晚，最初設立此職的目的是輔佐勳臣擔任的外守備，亦有分權牽制之意，其地位與權力次於外守備，設置初期確實如此。自宣德十年（1435）設立參贊機務，至崇禎十七年（1644）明亡，中間只有天順二年至五年，因參贊機務革置，未有任命，萬曆中亦屢缺任。明朝廷共任命了 104 位參贊機務，明代史籍記載較多、評價較高的有黃福、徐琦、王驥、王恕、韓文、喬宇、王廷相、李邃、潘季馴、黃克纘、呂維祺、范景文、李邦華等，多數參贊機務在任期間建言進策、親力親爲，對南京的安全事務作出重要貢獻，亦是維護明王朝統治的重要力量，無愧於自己的使命。亦有少數參贊機務因故未能履行職責，如神宗朝邢玠兩任俱未到任，而熹宗朝劉廷元則依附閹黨，最後身敗名裂。

明中葉以後武臣無論能力素質還是品德操守，與文臣相比處於下風，隨著武臣勢力的下降，文臣地位的上升，守備南京的權力逐漸集中於參贊機務。由內臣擔任的內守備雖然受到皇帝的信任，其地位權力亦逐漸上升，成爲與

〔註232〕〔明〕楊博《楊襄毅公本兵疏議》卷六《覆南京科道官楊銓等論參贊尙書江東別用疏》，《四庫全書存目叢書》史部 61 冊，385 頁。

外臣文武並列的第三股力量，但其主管事務仍在與皇室相關的守護皇城孝陵、採辦上供等方面，對南京重大安全決策亦積極參與，而對南京具體的安全守衛等事務不大涉及。參贊機務實際負責南京日常守備事務。成化間由南京兵部尚書專任參贊機務後，南京兵部更成爲南京安全守衛的主管機關。嘉靖後由於參贊機務又領專敕，可以節制南京軍營官員，鄰近應天、淮揚巡撫事務亦得計議而行，副總兵、參遊、兵備等官俱聽委用，未盡事宜悉可便宜處置。參贊機務的權力大爲提高，萬曆間又頒給令旗令牌，許其隨宜調發所部，對下屬軍人可依軍法從事。隨後設立南京兵部標下中軍營，選調南京軍營精銳軍人，由參贊機務直接統領，上述各項舉措，都與內外守備無關，亦可見參贊機務南京兵部尚書亦成爲南京守備的實際領導者。

參贊機務爲南京權力最大的官員，自然成爲各方關注的重點，而南京又設置一套完整的內外政府機構，其權力亦受到限制，萬曆間參贊機務孫鑛所言「南都事務，凡百掣肘」，其中南京戶部、南京工部職責與南京兵部相關，亦爲平級衙門，往往消極敷衍，不肯作爲，對南京守備的正常運行造成困難。官職級別偏低的操江都御史，則又常與參贊機務爭奪指揮權，雖然其所提建議不無合理之處，而部門紛爭長年不決，客觀造成資源浪費、效率低下。科道監察則是確保參贊機務履行本職事務，維護品德操守的重要力量。儘管參贊機務身居高位，手握重權，卻無人能夠違抗朝廷，肆意妄爲，始終確保其在遵守法度的條件下履行職責。

第五章　南京守備的地位、特點和作用

　　南京守備制度長達二百餘年，始自永樂二十二年直至明亡（在南明政權中，南京守備官員仍然發揮重要作用），是留都南京最爲重要的政治軍事制度。在二百餘年裏，南京內守備、外守備、協同守備、參贊機務同負守護留都重任。在此期間，南京沒有發生嚴重的軍事威脅，城池未受到嚴重的破壞，人民亦能安居樂業，與屢受戰火襲擾的北京來說，南京顯得特別安寧。南京的安全與整個政治軍事大環境有關，與南京有利的地理因素有關，亦與南京守備這一較爲穩定的安全制度有關。南京守備制度延續二百餘年，一直未發生較大變化，官員亦爲職務最高的內外文武官員，可視爲明代職務等級最高，官員設置最完備，制度最爲穩定的軍事安全制度，有著鮮明的特點，對南京及南直隸的安全亦起重要作用。

一、南京守備的地位、特點

　　南京守備制度是一種內臣、武臣、文臣相互協作又相互監督的體制，在明代政治軍事制度中與此相似的還有嘉靖前北京的京營提督內臣、武臣、文臣共同負責首都安全的京營體制。嘉靖後改革京營體制，建立總督京營戎政武臣、協理京營戎政文臣共同防衛京都的京營戎政體制。在地方則有鎮守內臣、總兵、巡撫同掌一地軍政大權的三堂體制。南京守備制度與二者相比有自己的特點，它既不同於地方設置的督撫總兵制度，也不同於首都北京的京營戎政制度，這種獨特的體制，與南京以及南直隸的特殊地位緊密相關。

1. 護衛留都的南京三堂體制

明成祖永樂十八年遷都北京，南京成為留都，明人常將其與周之豐鎬、漢之西京、唐之東都相比。南京在文化上，經濟上，安全上，政治上具有特殊地位。文化上南京為太祖孝陵所在，又有皇城、太廟等重要建築，明人稱南京為「根本之地」，在明代統治者心理上具有特殊地位。經濟上，南京為明代最重要的經濟中心和商業城市之一，重要的糧食倉儲基地，向北京運輸糧棉等生活必需品的重要樞紐。安全上，南京位於南北交通要道，長江兩岸的咽喉重地，具有重要的戰略意義，歷來為兵家必爭之地。政治上，為與留都特殊的地位相一致，於此設立最高一級職務的官員以顯示體統，保留與北京相同的一套完整的中央政府機構，包括文職系統的大小九卿，武職系統的五軍都督府，此外還設有內官系統的二十四監局。明代統治者既將南京各機構當成優撫老臣的去處，或者是不得志官員的閒散之地，也作為儲備青年才俊的場所，年富力強官員的歷練崗位。南京守備制度的設立既反映了留都南京的重要地位，也與南京特殊的政治環境相適應，南京守備官員來自內臣、文臣、武臣三個系統地位、職務最高的官員，便於協調地位各異、職掌複雜的各類機構，而這一制度也與明代其他地區的安全守備制度不同。明人將兩京以外各地方共同管轄一地事務的鎮守太監、總兵、巡撫稱之為三堂，「本朝自己巳之變，各邊防守之寄益周於前。如各方面有險要者，俱設鎮守太監、總兵官、巡撫都御史各一員，下人名為三堂。」〔註 1〕此三堂分別為內臣、武臣、文臣，為地方最高官員。南京守備官員也出自三方，與此相似，可稱之為南京三堂體制。而在首都北京也設內臣、武臣、文臣共同管理北京軍營，護衛首都的京營體制。南京守備與二者相比，有自己的特點。

（1）京營

北京軍營可分為三階段，永樂時期為三大營，景泰至嘉靖中期為團營，嘉靖二十九年恢復三營制，設立戎政官員掌管，為京營，直至明末。

明初立大小教場以練五軍將士。永樂初設五軍營、三千營、神機營，名曰三大營。管操官曰提督。各哨分管官曰坐營等，於公、侯、伯、都督、都指揮內推選。後兼用內臣，神機火器特令監之，曰監槍。遷都北京後，三大營負責內衛京師、外備征伐。五軍營提督內臣一員，武臣二員。三千營提督內臣二員，武臣二員。神機營提督內臣二員，武臣二員。

〔註 1〕 〔明〕陸容《菽園雜記》卷五，《明代筆記小說大觀》411 頁。

　　景泰初選大營精銳官軍，分立十營團操、以備警急調用，名曰團營。每營官軍一萬員名。其提督、坐營等內外官員仿三大營之制，命兵部尚書或都御史一員提督。成化三年分爲十二營。自後又於團營選其精銳爲聽征人馬，屬之東西兩官廳。嘉靖初十二營爲奮武營、耀武營、練武營、顯武營、敢勇營、果勇營、效勇營、鼓勇營、立威營、伸威營、揚威營、振威營，營內各分五軍、三千、神機三營。五軍營管內外馬步官軍，三千營管內外馬隊官軍，神機營管內外步隊官軍。仍以內臣提督各營。

　　嘉靖二十九年罷團營兩官廳，復祖制三營，更三千營曰神樞營，其三營內臣俱裁革，而統以大將一員，曰總督京營戎政，給印曰戎政之印。佐以文臣一員，曰協理京營戎政。其下設副參等官二十六員。五軍營、神樞營、神機營，各設大將一人，副將二人。五軍營大將總主三營，六副將並參將等官俱聽節制。〔註2〕

　　戎政衙門在皇城之東燈市大街。五軍營即舊團營，景泰初年建立於安定、德勝兩關外之中，嘉靖二十九年罷團營始更於此。神樞營即舊三千營，永樂初年建立於安定關外之東。神機營即舊五軍營，永樂初年建立於德勝關外之西。〔註3〕

　　自明初至嘉靖中，北京軍營由內臣、武臣、文臣共管，嘉靖二十九年設戎政制度，革內臣。崇禎間又命內臣提督京營。崇禎二年十二月命司禮太監李鳳翔總督忠勇營，提督京營。五年七月以司禮監太監曹化淳提督京營戎政。七年十二月以乾清宮太監馬雲程提督京營戎政。十一年以司禮太監曹化淳、杜勳等提督京營。十五年正月罷提督京營內臣。十六年八月復以司禮太監王承恩督察京營戎政。〔註4〕

　　北京京營制度幾經變化，其中內臣提督京營自嘉靖中至崇禎初革置，其後復設，明代大部分時間裏內臣與文武官員共掌京營，與南京內外守備、參贊機務共掌南京軍營相同。

　　正統二年，首任南京內守備王景弘調任北京，其職務與提督北京軍營有

〔註2〕《〔萬曆〕大明會典》卷一百三十四《營操》，《續修四庫全書》701 冊，354
　　～357 頁。
〔註3〕〔清〕孫承澤《春明夢餘錄》卷三十一《戎政府》，《景印文淵閣四庫全書》
　　868 冊，382 頁。
〔註4〕〔清〕孫承澤《春明夢餘錄》卷三十一《戎政府》，《景印文淵閣四庫全書》
　　868 冊，395～396 頁。

關，正統二年冬十月癸未，「敕諭太子太保成國公朱勇、新建伯李玉、武進伯朱冕、都督沈清、尚書魏源曰：茲特命爾等同太監王景弘等整點在京各衛及見在守備一應官軍人等。」上述內外文武官員的任務是：「選拔精銳，編成隊伍，如法操練。務要人馬相應，盔甲鮮明，器械鋒利，操練閒熟，紀律嚴明，則兵可精。以守則固，以戰則克，寇無不滅，功無不成。」〔註5〕

嘉靖間設立京營戎政制度，其總督京營戎政勳臣與協理京營戎政尚書、侍郎的任務是：「益修戎備，無玩愒以廢事，無姑息以長奸，無營私以撓公，無苛刻以擾眾。務使部伍充實，士馬精強，訓練不為虛文，徵調皆有實用。庶幾重根本之勢，消釁孽之萌，以稱朕張皇六師至意。」〔註6〕

南明弘光政權建立後，南京也設立京營戎政制度，沿襲北京京營戎政制度，其任務是「一應副參遊守各官營，悉聽爾部節制調度。凡係營伍火藥、器具、各項錢糧應屬何衙門支給，照派取用。在京治中以下、五城坊司兩縣各官專職城守事宜者，悉聽統轄。將吏軍民人等有熟練火器、精習城守、忠義勇敢、輸忠報國者悉聽爾試驗委用。上自安慶、池州，下至海門、福山一帶地方，俱不時偵探防禦，采、蕪、安、池、九江九師將領會同該督撫相機調遣。江海盜賊、內外土寇如遇竊發即行調兵殲剿，所轄文武各官俱聽不時舉劾，各總兵官有驕抗縱玩即行題參，副將以下不用命者軍法從事，真正奸細及倡亂奸民拿獲立行梟示。」〔註7〕南京的京營戎政制度設立於弘光稱帝後，此時原來的南京守備制度革置，代以京營戎政制度，以保衛首都南京。

（2）地方三堂

明代於兩京以外各地方先後設立鎮守內臣、總兵武臣、督撫文臣，共管一地事務。

各地方省份和邊關設武官統兵鎮戍。其總鎮一方者曰鎮守，又稱曰總兵，於公侯伯、都督、指揮等官內推舉充任。萬曆間所設總兵有：薊州鎮守總兵官，昌平鎮守總兵官，遼東鎮守總兵官、協守一員遼陽副總兵，保定鎮守總兵官，宣府鎮守總兵官、協守一員副總兵，大同鎮守總兵官、協守一員副總兵，山西鎮守總兵官、協守一員副總兵，延綏鎮守總兵官、協守一員定

〔註5〕《英宗實錄》卷三十五，《明實錄》13冊，691頁。
〔註6〕〔明〕申時行《賜閒堂集》卷七《皇帝敕諭總督京營戎政彰武伯楊炳協理京營戎政兵部尚書楊兆等》，《四庫全書存目叢書》集部134冊，140頁。
〔註7〕〔明〕管紹寧《賜誠堂文集》卷十一《京營總敕》，《四庫未收書輯刊》6輯26冊，227頁。

邊右副總兵，寧夏鎮守總兵官、協守一員副總兵，甘肅鎮守總兵官、協守一員甘州左副總兵，陝西鎮守總兵官，四川鎮守總兵官，雲南鎮守總兵官，貴州鎮守總兵官，廣西鎮守總兵官，湖廣鎮守總兵官，廣東鎮守總兵官、協守一員潮漳副總兵，南直隸提督一員，狼山副總兵，鎮守一員江南副總兵，浙江鎮守總兵官，福建鎮守總兵官。〔註8〕

各省設立巡撫，管理民政事務，又兼提督軍務等，由副、僉都御史等出任，邊關又設總督，由尚書、侍郎出任，亦兼都御史銜。萬曆間所設督撫有：總理漕運兼提督軍務巡撫鳳陽等處兼管河道，總督薊遼保定等處軍務兼理糧餉，總督宣大山西等處地方軍務兼理糧餉，總督陝西三邊軍務，總督兩廣軍務兼理糧餉帶管鹽法兼巡撫廣東，總理糧儲提督軍務兼巡撫應天等府，巡撫浙江等處地方，提督軍務兼巡撫福建，巡撫南贛汀韶等處地方提督軍務，巡撫湖廣等處地方兼提督軍務，巡撫山東等處地方督理營田兼管河道提督軍務，整飭薊州等處邊備兼巡撫順天等府，巡撫遼東地方贊理軍務，巡撫宣府地方贊理軍務，巡撫大同地方贊理軍務，巡撫延綏等處贊理軍務，巡撫寧夏地方贊理提督，巡撫陝西地方贊理軍務，巡撫甘肅等處地方贊理軍務，提督軍務巡撫四川等處，巡撫雲南兼建昌畢節等處地方贊理軍務兼督川貴糧餉，巡撫貴州兼督理湖北川東等處地方提督軍務，巡撫廣西地方。〔註9〕

各地設內臣管理地方事務，名為鎮守太監或鎮守內臣。明十三布政司山東、山西、河南、陝西、四川、湖廣、浙江、江西、福建、廣東、廣西、雲南、貴州均設鎮守內臣。「鎮守太監始於洪熙，遍設於正統，凡各省各鎮無不有鎮守太監。」〔註10〕考《明實錄》，十三布政司之設鎮守內臣。最早為英宗正統十年的鎮守雲南太監蕭保〔註11〕，最晚為孝宗弘治四年的鎮守貴州太監汪德。〔註12〕

明代邊陲要地稱重鎮者為九邊：遼東、薊州、宣府、大同、榆林、寧夏、甘肅、太原、固原。各邊鎮守內臣見於《明實錄》記載，最早為洪熙元年的

〔註8〕《〔萬曆〕大明會典》卷一百二十六《鎮戍一》，《續修四庫全書》791 冊，270～296 頁。

〔註9〕《〔萬曆〕大明會典》卷二百九《督撫建置》，《續修四庫全書》792 冊，469～475 頁。

〔註10〕〔清〕張廷玉《明史》卷七十四《職官三》，1822 頁。

〔註11〕《英宗實錄》卷一百三十一，《明實錄》16 冊，2614 頁。

〔註12〕《孝宗實錄》卷五十八，《明實錄》29 冊，1118 頁。

甘肅鎮守太監王安〔註13〕，最晚爲弘治十八年的鎮守薊州太監陳榮。〔註14〕

嘉靖間裁革各地方鎮守內臣，嘉靖九年九月壬辰詔裁革雲南鎮守太監。〔註15〕以後漸次裁革，嘉靖十八年五月己卯，命諸鎮守內官其盡數取回，自後永無遣之。〔註16〕天啓朝復設，天啓六年三月丁未，設立鎮守山海等處太監。〔註17〕崇禎即位又盡撤，天啓七年十一月戊辰，各處鎮守內臣一概撤回。〔註18〕崇禎四年復設，十月壬寅，遣內臣監視宣府大同山西等處。〔註19〕

明人將地方三堂視作維護一地安全的重要保障，三者職掌各有側重，武臣管軍，文臣管軍民，內臣管上供、採辦等事務，又有監視文武官員之責。正德間大學士楊廷和言：「我朝命各處鎮守總兵官統領軍馬、防禦戰守，巡撫都御史撫安軍民、禁革奸弊，鎮守太監託以腹心之寄，各有一定職掌。祖宗累朝敕書彼此不同，皆有深意。」〔註20〕

地方三堂在遇軍國大事時，則共同協商，共負其責，以遼東三堂爲例，皇帝在給三者的敕諭中將防禦寇賊爲核心事務，要求凡重要事務，三方計議而行。

巡撫，「皇帝敕諭，今持命爾巡撫遼東地方，贊理軍務、訓練軍馬、整飭邊防、提督糧儲、禁革一切奸弊，務使軍威振舉、糧餉克足、衣甲鮮明、器械鋒利、城堡墩臺邊牆無不完固，以防禦寇賊，撫安兵民。有警則公同鎮守太監、總兵等官調度官軍，相機殺賊。」

鎮守內官，「皇帝敕諭，今特命爾與總兵官一同鎮守遼東地方，整理城堡、操練軍馬、撫恤士卒、防禦賊寇，遇有賊情，相機戰守。凡一應大小事務悉與總兵、巡撫等官計議而行。」

鎮守總兵，「皇帝敕諭，今命爾掛印充總兵官，與太監一同鎮守遼東地方，整飭兵備、修築城堡、操練士卒、申嚴號令、振作軍威，遇有賊寇相機戰守。凡一應軍機之事須與鎮守、巡撫等官從長計議，停當而行。」〔註21〕

〔註13〕《仁宗實錄》卷七上，《明實錄》9冊，234頁。

〔註14〕《孝宗實錄》卷二百二十，《明實錄》32冊，4145頁。

〔註15〕《世宗實錄》卷一百十七，《明實錄》41冊，2767頁。

〔註16〕《世宗實錄》卷二百二十四，《明實錄》43冊，4672頁。

〔註17〕《熹宗實錄》卷六十九，《明實錄》69冊，3288頁。

〔註18〕《崇禎長編》卷三，《鈔本明實錄》25冊，359～360頁。

〔註19〕《崇禎長編》卷五十一，《鈔本明實錄》26冊，408頁。

〔註20〕〔明〕楊廷和《楊文忠三錄》卷一《論鎮守官敕書第二疏》，《景印文淵閣四庫全書》428冊，763頁。

〔註21〕〔明〕畢恭《〔嘉靖〕遼東志》卷五《官師志》，《續修四庫全書》646冊，576、581、582頁。

各地方軍事安全制度中，與南京守備有相似之處的為雲南鎮守官員。雲南與其他地方一樣，其官員設置亦為內臣、武臣、文臣三方官員，共同負責一地安全，惟一不同的是其鎮守武臣由黔國公沐氏世代擔任，與南京外守備有相似之處。黔國公沐氏，為太宗後所存五公爵之一，洪武間沐英始封西平侯，後其子春嗣爵，皆鎮守雲南，至永樂六年沐英次子晟以平交趾功始封黔國公，其後沐氏世代鎮守雲南，這與其他省份不同，鎮守武臣的級別較高，亦較穩定，與南京相似，其鎮守內臣與巡撫則與他省併無不同。

明人常將南京守備官員與北京京營官員、地方督撫相提並論，憲宗即位之初的天順八年七月，兵科給事中秦崇將南京參贊機務同各邊提督軍務都御史相比，請於京營設文臣協同總督：「今南京參贊機務則有尚書，各邊同理軍務則有都御史，而京營操練獨委武臣，非所以慎謀猷、重根本也。請簡命文武大臣才望素著者一員，與諸總戎武臣協同總督軍務。」〔註22〕

萬曆間參贊機務南京兵部尚書黃克纘調任北京協理京營戎政兵部尚書，顧起元祝賀云：「南參贊、北協理，軍國事孰有大於此者？」〔註23〕

王世貞《弇山堂別集》則言：「京營兵馬例以公侯伯總督，而文臣或提督或協理，南京守備例亦用公侯伯，而文臣稱參贊。」〔註24〕

王世貞又將參贊機務南京兵部尚書稱為文臣雄職，與邊方總督相提：「文臣雄職，惟吏兵二部、都察院、南參贊及邊方總督而已。」〔註25〕

駱問禮也將參贊機務南京兵部尚書與北京營政、地方督撫相比，「至於本兵參贊必以文職重臣，觀今兩京營政及各重鎮，莫不皆然。」〔註26〕

尹直《謇齋瑣綴錄》則稱南京外守備為南京總兵：「南京總兵坐中府，而北之總兵坐後府，蓋避中也。」〔註27〕北京亦無總兵，北京後軍都督府管轄衛所較多，權力較大。

明代重要典禮，如皇帝登基之後賞賜群臣，南京守備官員常與地方鎮守等一同受賞，將其與地方鎮守內臣、總兵、督撫一視同仁，如世宗即位，正

〔註22〕《憲宗實錄》卷七，《明實錄》22冊，173頁。

〔註23〕〔明〕顧起元《遯園漫稿》己未《賀南大司馬鍾梅黃公奉召協理京營戎政序》，《四庫禁燬書叢刊》集部104冊，147頁。

〔註24〕〔明〕王世貞《弇山堂別集》卷八《兩京文臣總督》，153頁

〔註25〕〔明〕王世貞《弇山堂別集》卷四《吏兵二部正》，59頁。

〔註26〕〔明〕駱問禮《萬一樓集》卷三十六《簡贊機務序》，《四庫禁燬書叢刊》集部174冊，465頁。

〔註27〕〔明〕尹直《謇齋瑣綴錄》卷四，《四庫全書存目叢書》子部239冊，387頁。

德十六年七月己巳，敕諭南京守備太監戴義等、成國公朱輔等、參贊機務南京兵部尚書喬宇、提督巡江南京都察院左僉都御史胡瓚曰：「朕即位之初，念爾等效職勤勞，宜有賜賚以隆恩典，爾等其體朕至意，益盡忠誠，用副委任。」及敕各處鎮守、總兵、督撫等官文俱同，各頒賞彩幣銀兩有差。〔註28〕

神宗登基，隆慶六年八月丙辰賞南京內守備、鳳陽天壽山守備、南京外守備並操江勳臣、南京兵部尚書、操江都御史、漕運、各處總督、提督、巡撫、各兵備官，各處總、副、參、遊、守備、操守等官表裏鈔錠有差。〔註29〕

南明弘光政權建立後，最後一任南京參贊機務兵部尚書史可法入閣爲大學士，上《請定京營制疏》，請求廢除南京守備制度，仿照北京建立京營戎政制度：「舊帶守備、參贊各銜皆當裁去，惟照北都之例改設團營，即以大教場、小教場、神機三營仿五軍、神樞、機三營之意。」「兵制定而統之不可無重臣，應照京營例設總督勳臣一員，協理樞臣一員，各兵除防江者另屬操臣，禁律另算，及護陵者另屬勳臣外，其餘凡係京營之兵悉歸統轄。」〔註30〕此建議得到採納，南京也設立京營戎政制度，最後一任南京外守備忻城伯趙之龍任總督京營戎政，其同官爲提督司禮監太監盧九德、協理兵部尚書張國維。

南京守備與北京京營官員和地方三堂相比，其任務職責有相似之處，南京守備官員中，有多人在任職南京守備前後，出任北京京營職務和地方三堂職務。

（3）南京守備官員任職京營情況

南京內守備擔任京營官員：

首任南京內守備王景弘調任北京後所任職務，即與管理京營有關。內臣提督京營自明初至嘉靖中，後革置，此間南京內守備任職前管理京營的有唐愼、賴義。天順八年，太監唐愼任練武營監槍內臣。成化六年，唐愼任南京內守備。正德元年，內官監太監賴義管神機營中軍二司並練武營。嘉靖八年，賴義任南京內守備。

南京外守備、協同守備任職總督京營戎政：

擔任南京外守備、協同守備前，出任總督京營戎政的有恭順侯吳繼爵。

擔任南京外守備、協同守備後，出任總督京營戎政的有鎭遠侯顧寰、彰

〔註28〕《世宗實錄》卷四，《明實錄》38 冊，189 頁。
〔註29〕《神宗實錄》卷四，《明實錄》51 冊，139 頁。
〔註30〕〔明〕史可法《史忠正公集》卷一，《續修四庫全書》1387 冊，169 頁。

武伯楊炳、臨淮侯李言恭、泰寧侯陳良弼。

臨淮侯李廷竹先任外南京外守備，改任總督京營戎政，後再任外南京外守備。

參贊機務南京兵部尚書任職協理京營戎政：

擔任參贊機務南京兵部尚書前，出任協理京營戎政的有：兵部左侍郎協理京營戎政劉采，兵部右侍郎協理京營戎政李遂，兵部右侍郎協理京營戎政郭宗皋，兵部左侍郎兼右僉都御史協理京營戎政王之誥，兵部左侍郎兼右僉都御史協理京營戎政王遴，兵部左侍郎協理京營戎政周世選，兵部右侍郎協理京營戎政郝傑，兵部右侍郎署協理京營戎政魏養蒙，兵部尚書協理京戎政許弘綱，兵部左侍郎協理京營戎政李邦華，兵部左侍郎協理戎政余瑊。其中許弘綱、余瑊由協理京營戎政任上改任參贊機務南京兵部尚書。

擔任參贊機務南京兵部尚書後，出任協理京營戎政的有：兵部尚書協理京營戎政江東，兵部尚書協理京營戎政楊兆，兵部尚書協理京營戎政凌雲翼，兵部尚書協理京營戎政傅希摯，兵部尚書協理京營戎政舒應龍，兵部尚書協理京營戎政黃克纘。其中楊兆、傅希摯、黃克纘由參贊機務南京兵部尚書改任協理京營戎政兵部尚書。

（4）南京守備官員任職地方三堂情況

南京內守備曾經擔任地方鎮守內臣：鎮守薊州永平山海等處楊慶，鎮守山西懷忠，鎮守河南劉琅、廖堂、呂憲，鎮守兩廣劉璟、王堂，鎮守陝西王敏、劉雲、廖鑾、劉琅、晏宏，鎮守湖南潘眞，鎮守大同陳公、劉雲，鎮守湖廣唐愼，鎮守雲南錢能、崔安，鎮守山東李榮，鎮守四川石巖、蕭通，守備鳳陽金忠、丘得，鎮守甘肅劉琅。

南京外守備曾經擔任總兵：鎮守山海關，襄城伯李隆。大同總兵，豐城侯李賢。甘肅總兵，寧遠伯任禮。漕運總兵，平江侯陳豫，臨淮侯李庭竹。兩廣總兵，撫寧侯朱麒，恭順侯吳繼爵。提督操江，豐城侯李環，成山伯王允忠。

協同守備曾經擔任總兵：廣西總兵，鎮遠侯顧興祖，泰寧侯陳涇。甘肅總兵，定西侯蔣琬。寧夏總兵，修武伯沈煜。永平山海等處總兵，伏羌伯毛銳。貴州總兵，豐城侯李旻。湖廣總兵，南和伯方壽祥。提督操江，定西侯蔣琬，南寧伯毛文，武靖伯趙承慶，南和伯方壽祥，臨淮侯李庭竹，西寧侯宋天馴，豐潤伯曹文炳。

　　參贊機務曾經擔任地方督撫：參贊機務中大部分官員曾任地方督撫，這些官員都有提督軍務的經驗，不少人更是久經戰陣，軍功卓著，如王守仁、王驥等。

　　雲南：總督雲南軍務兵部尚書王驥，巡撫雲南右都御史王恕，巡撫雲南右副都御史胡訓。

　　貴州：提督貴州軍務南京戶部尚書兼右副都御史王軾，巡撫貴州右副都御史韓士英，巡撫貴州右副都御史吳岳。

　　四川：提督四川軍務兵部尚書程信，巡撫四川右僉都御史胡世寧，巡撫四川右副都御史王廷相，巡撫四川右副都御史王軏，巡撫四川右副都御史劉自強。

　　浙江：巡撫浙江右僉都御史王永光。

　　應天：巡撫南直隸左副都御史崔恭，巡撫南直隸兵部尚書兼左副都御史王恕（二任），巡撫應天工部尚書兼左副都御史李充嗣。

　　鳳陽：總督漕運巡撫鳳陽右都御史馬文升，總督漕運兼巡撫鳳陽右都御史陶琰，巡撫鳳陽都察院右僉都御史李遂，總督漕運兼巡撫鳳陽右副都御史胡松，總督漕運巡撫鳳陽戶部右侍郎兼右僉都御史傅希摯，總督漕運兼巡撫鳳陽右副都御史李世達，總督漕運巡撫鳳陽戶部右侍郎兼右僉都御史舒應龍，總督漕運巡撫鳳陽戶部右侍郎兼右僉都御史史可法。

　　總理河道：工部尚書兼左副都御史潘季馴。

　　江西：巡撫江西兵部右侍郎兼右僉都御史張時徹，巡撫江西右副都御史劉光濟，巡撫江西右副都御史楊成。

　　南贛：提督南贛汀漳軍務右副都御史王守仁，右副都御史巡撫南贛汀韶等處傅振商。

　　河南：巡撫河南右副都御史韓文，巡撫河南右副都御史衷貞吉，巡撫河南右僉都御史周世選，巡撫河南右僉都御史范景文。

　　山東：巡撫山東右副都御史何鑒，巡撫山東右副都御史劉采，巡撫山東兼理營田右副都御史翁大立，巡撫山東兵部尚書兼右副都御史黃克纘。

　　兩廣：提督兩廣兵部尚書張經，提督兩廣軍務兼理巡撫兵部右侍郎兼右僉都御史周延，總督兩廣軍務巡撫廣東地方右都御史兼兵部左侍郎凌雲翼，總督兩廣兵部左侍郎劉堯誨，總督兩廣右都御史兼兵部右侍郎郭應聘，總督兩廣兼巡撫廣東右都御史兼兵部右侍郎吳文華，總督兩廣軍務巡撫廣東地方

右都御史兼兵部右侍郎許弘綱，總督兩廣兵部右侍郎兼右僉都御史商周祚，總督兩廣兵部右侍郎胡應臺。

湖廣：巡撫湖廣右副都御史秦金。

荊襄：撫治荊襄右都御史原傑。

鄖陽：提督撫治鄖陽右副都御史王學夔，撫治鄖陽等處右僉都御史衛一鳳。

三邊：提督三邊兵部尙書王憲，總督三邊右都御史郭乾，總督陝西三邊軍務右都御史兼兵部左侍郎王之誥，總督陝西三邊兵部尙書戴才。

宣大：總督宣大兵部右侍郎江東，總督宣大兵部右侍郎郭宗皋。

宣府：巡撫宣府右副都御史王遴。

大同：巡撫大同右副都御史張鑾。

甘肅：巡撫甘肅右副都御史王繼。

山西：巡撫山西右副都御史韓邦奇，巡撫山西右副都御史魏養蒙。

陝西：巡撫陝西右副都御史柴昇，巡撫陝西右副都御史王堯封。

薊遼保定：總督薊遼保定右都御史楊兆，總督薊遼保定兵部右侍郎郝傑，總督薊遼保定兵部尙書邢玠（首任），總督薊遼保定右都御史兼兵部右侍郎孫鑛。

遼東：經略遼東兵部尙書兼右副都御史王在晉。

順天：巡撫順天右副都御史秦民悅。

保定：巡撫保定右副都御史陰武卿。

天津：巡撫天津右副都御史李邦華。

永平：提督永平等處右副都御史李賓。

通州：鎮守通州兵部右侍郎仇維楨。

提督操江：提督操江南京都察院右副都御史陳道亨，提督操江南京都察院右副都御史余珹，提督操江南京都察院右僉都御史熊明遇。

2. 南京守備制度的特點

南京守備制度與北京京營制度、地方三堂制度相比，具有自己的獨特之處。可視爲明代職務等級最高，官員設置最完備，制度最爲穩定的軍事安全制度。

與京營相比，南京守備官員職務級別、人員數量稍有不同，其中內臣與武臣都是最高職務官員，內臣數量較多，武臣多設協同守備一職。文臣職務

級別略高，北京協理戎政常常由兵部侍郎擔任，南京參贊機務則除早期徐琦首任爲侍郎外，俱爲尙書（王恕首任爲都御史）。

南京守備職責範圍更廣，除軍事安全外，幾乎所有重要事務俱有責任參與，如救濟災民，成化二十二年九月癸卯朔，南京兵部左侍郎馬顯乞致仕，上許之，仍就顯奏疏批曰：「今南京米貴民饑，尙書王恕參贊機務，胡爲坐視無一策拯濟，可見年老無爲，革太子少保，亦令致仕。」王恕免職的眞正原因是屢有諫疏，惹怒憲宗及在朝權貴。而南京饑荒救濟不力，參贊機務亦需負責。〔註31〕

南京守備還需監管上供物資船運，修復皇城，參與司法審判，北京京營官員則無此類職責。負責任的守備官員甚至連寺廟也要求管控，如萬曆十一年三月，南京兵部尙書潘季馴言：「南京寺觀庵院實避仇亡命之窟，盜所孳生，宜令住持每月朔望赴本部投遞結狀，以憑查考。如訪捕有獲，具結者連坐。禮部覆如議。」〔註32〕

北京京營戎政則只有京營日常訓練、後勤供應、兵源補充，以及戰時出征等純粹軍事任務。

南京守備管轄的政府機構也不同於北京京營，南京內守備掌管南京內府各監局。北京京營提督內臣則無此權力。南京外守備掌管南京中軍都督府，協同守備也常領一府，二人爲南京五府、南京衛所的最高領導。北京總督戎政則只管理京營，不參與北京府衛的管理。南京參贊機務掌管南京兵部，北京協理戎政則不管兵部事務，專一管理京營。

南京守備負責防禦地域小於北京京營戎政。北京軍營職責除守衛京城外，京城周圍也是其責任區域，防禦地域範圍遠非南京守備守衛南京內外城郭相比。嘉靖三十一年二月壬申　總督京營戎政仇鸞奏上京城內外分軍戰守之數，「京城九門九千，城外八營二萬四千，城上巡者四千，出戰一萬二千五百，轉弱爲強軍一萬八千，昌平州截殺六千，護糧二千，西山防守三千，聽調一萬二千，推拽火車備兵三萬，城上坐鋪外衛官軍五千七百二十五人。」〔註33〕北京軍營防守昌平、西山等區域，遠大於南京防守區域。正德八年五月丁亥，「命發京營官軍九千人守倒馬、紫荊、居庸、龍泉、黃花鎮、古北

〔註31〕《憲宗實錄》卷二百八十二，《明實錄》27冊，4753頁。
〔註32〕《神宗實錄》卷一百三十五，《明實錄》54冊，2516～2517頁。
〔註33〕《世宗實錄》卷三百八十二，《明實錄》46冊，6763頁。

口諸關隘。」〔註34〕倒馬關、紫荊關等爲北京軍營京城駐防區域，遠離北京。

南京軍營防衛地域則只限於南京內外城郭，嘉靖間朝廷以南京營兵不宜出戌，悉令挈還，後江南北俱被倭，自京口以西至南京各關隘戌守，盡仰外兵，不敢發京營一卒。於是應天常鎮守臣又各稱不便，嘉靖三十五年兵部乃復爲請於近京龍潭、觀音港、秣陵，淳化四處，量發營兵與在城民兵戌之。〔註35〕龍潭、觀音港、秣陵、淳化爲南京軍營駐紮最遠的區域，也只在南京近郊。

北京京營戎政還需征討各地戰亂，其防衛任務也遠遠重於南京守備。尤其是北部邊關，北寇經常入侵的陝西、山西、寧夏、延綏、遼東等地，頻繁徵發京營將士前往討伐，西南內地四川、荊襄等內亂，也需京營前往鎮壓。

南京軍營任務只爲守衛南京，至萬曆末期始有零星外援，「京軍重根本，故不以外援，外援自萬曆壬辰援朝鮮始，蓋是時京有兵矣。南京水陸三營以三千人往，黃克纘遣坐營都指揮姚國輔將之，盡兩營之選士矣。國輔死之，士無歸者。崇禎己巳喜峰破，徵天下兵勤王，傅振商命提督水陸都督陳洪範往，會解圍，命旋師以重根本。丙子破昌平，范景文遣龍江陸營兵二千餘人屬游擊將軍薛邦楨，會虜解罷。」〔註36〕《南樞志》所舉只有三例外援，爲萬曆後期至崇禎間事。

與地方三堂相比，南京守備官員職務級別更高，由太監、勳臣、尚書擔任，俱爲最高職務官員，而地方三堂，除鎮守內臣多爲太監以外，總兵官有由勳臣擔任，亦常由都督等官出任，巡撫則通常由副都御史、僉都御史及侍郎擔任，級別略低。

南京守備職責範圍不同於地方三堂，南京守備負責南京重要的軍國大事，以及各自系統日常事務的管理。地方三堂則除重要事務外，職責還包括具體事務，如巡撫掌管的財政、民政事務包括糧稅徵收，興修水利，刑獄訴訟，地方教育等。

南京守備管轄的政府機構也不同於地方三堂，南京守備下屬只有各自系統下級單位，如內府各監局，五軍都督府和南京衛所，南京兵部。地方三堂則爲一地最高機構，掌管地方布政司、按察司、都指揮司，直至各府縣。

〔註34〕《武宗實錄》卷一百，《明實錄》35 冊，2083 頁。
〔註35〕《世宗實錄》卷四百三十二，《明實錄》47 冊，7454～7455 頁。
〔註36〕〔明〕范景文《南樞志》卷一百八，3016～3017 頁。

　　南京守備負責防禦地域小於地方三堂，南京守備負責南京內外城郭安
全，地方三堂則對一省或一地的安全負責，防守區域遠大於南京守備。

　　具體而言，南京內守備與京營提督內臣、地方鎮守內臣相比，權責更為
重大。京營提督內臣的職責只限於軍營事務，其設置也是廢時復，名稱也幾
變。南京內守備則統領南京內府各監局，負有監督南京文武官員之責，又有
權參與管理民政事務等。各地鎮守內臣職責與南京內守備較相似，除本地軍
事安全大事以外，又負監察官員之責，亦有權管轄民事，監督修造工程，為
皇室進貢、採辦更是其重要工作。南京內守備與各地鎮守內臣相比，管轄範
圍較寬，南京內守備可統領南京內府各監局及孝陵神宮監，這種權力只有北
京司禮監太監可比。南京內守備可主持南京五年大審，參與南京三法司每年
熱審，這也只有北京司禮監太監可比，明顯要比各布政司鎮守內臣權力更大，
地位也高，鎮守內臣改任南京內守備為擢升。

　　南京外守備、協同守備與總督京營戎政、各地總兵相比，權責更大。北
京總督京營戎政等擔負管理京營，守衛首都之責，各地總兵負責一地安全，
南京外守備、協同守備除管理南京各軍營外，又需掌管南京五軍都督府、南
京四十九衛的日常事務，以及上供船運、屯田等事務。北京總督京營戎政、
各地總兵則無此權。

　　南京外守備、協同守備的地位與北京總督京營戎政同，高於各地總兵。由
於外守備、協同守備設置時間較早，其時武臣地位還較高，加上守衛留都重任
在身，朝廷對其特加隆重，故相對於各地總兵，外守備、協同守備比同任守備
事務的參贊機務文官更顯尊貴。萬曆《大明會典》卷五十九「官員禮」載總兵、
巡撫等坐次，以左為尊，成化十五年規定，都御史為總督及提督軍務者，不分
左、右、副、僉都御史，俱坐於左，總兵官雖伯以上亦坐於右。文臣尊於武臣。
南京外守備的坐次則尊於參贊機務，萬曆間任南京兵部右侍郎、南京刑部尚書
的王世貞所撰《鳳洲筆記》中有《南京守備協同參贊坐次》，記載了從宣德十
年起至成化十五年守備、協同守備、參贊機務時的外守備廳坐次，其後也大致
相同，大抵守備居中坐，協同守備、參贊機務左右坐。〔註37〕

　　參贊機務與協理京營戎政、各地督撫相比，比北京協理京營戎政兵部尚
書或侍郎權力更大。協理京營戎政專管北京軍營，守衛北京，參贊機務則幾

〔註37〕〔明〕王世貞《鳳洲筆記》卷十九《雜編一》，《四庫全書存目叢書》集部114
　　　　冊，687頁。

乎所有關係南京安全的重要事務都有權參與，參贊機務又掌管南京兵部，並及南京五軍都督府及各衛所的日常管理。協理京營戎政雖官爲兵部尚書或侍郎，卻無管理兵部及五軍都督府的權力。與各地督撫相比，雖然參贊機務官衙品級更高，其地位權力則小於督撫。南京參贊機務地位不及外守備，其權力也集中於與南京安全相關的重大事務，而地方督撫則爲一地的最高官員，除重大安全事務外需負責外，民政事務爲其主管領域，戶口錢糧等一應事務爲其責任，下級官員考察爲其所管，司法訴訟亦需參與，其下級機關爲布政司、按察司、都指揮司，再下爲各府縣，自上而下掌管一地事務。參贊機務則爲留都南京所設大小九卿之一，即南京軍事安全爲其主管，亦需與內外文武官員共同商議而行。留都南京的日常事務由南京所設各級機構分擔，應天府主管民政事務。由此可見參贊機務權力遠不及地方督撫。

綜上所述，南京內守備、外守備、協同守備的權力高於提督京營內臣、總督京營戎政和地方鎮守內臣、總兵，參贊機務權力高於協理京營戎政，小於各地督撫。

與北京京營戎政、地方三堂相比，南京守備制度最大的特點是制度穩定，延續時間長。北京軍營制度幾經變化，各地三堂制度也設置無常，南京守備制度則自永樂二十二年起始設，景泰元年形成後，極少變動，法定地位更加牢固，如以南京內守備與提督京營內臣、各地鎮守內臣相比，提督京營內臣嘉靖間革置，至崇禎間始復置。各地鎮守內臣設立之始，就不斷有官員要求裁革此職，其設立也經歷幾朝，終於在嘉靖朝廢止，天啓朝復設，崇禎即位又罷，未幾復設。南京內守備自永樂二十二年設立以來直至明亡，地位牢不可動，成化二十三年十一月乙巳，巡按直隸監察御史司馬垔上疏：「其他各處鎮守內臣貽害不小，尤望決意取回。如南京守備，必不可已，亦惟精選廉靖老成者一二人足矣。」〔註38〕據此可見，南京所設含內守備在內的守備官員，已被明代統治者視爲定制成法，其地位牢不可破。

二、南京守備在兩起安全事件中的表現

南京守備制度設立二百餘年，在此期間雖然附近地區頻發軍事動盪，各類自然災害更是不斷發生，南京卻未發生重大動亂，政治局勢比較穩定，這與南京守備爲首的留都內外文武各級官員恪盡職守，各負其責密切相關。由

〔註38〕《孝宗實錄》卷六，《明實錄》28冊，106頁。

於南京沒有直接遭到重大的軍事威脅，南京守備制度的設立對南京軍事安全的貢獻難以準確評價。發生在南京城內外的重大安全事件有嘉靖間的倭寇逼近南京外城，以及發生在南京城內的振武營之變，在此兩起事件中，南京守備官員應對不力，受到朝廷責罰。此外，萬曆三十四年冬，南京有妖人劉天緒意圖謀反，天啓三年，齊庶人朱睿燸妄言叛亂，兩案未發作即被南京官員平息。

嘉靖三十四年七月倭寇進犯南京，逼近外城大安德門，又沿外城小安德門、夾岡門往來窺覘，南京官軍不敢出戰，「其酋衣紅乘馬，張黃蓋，整眾犯大安德門。我兵自城上以火銃擊之，賊沿外城小安德門、夾岡等門往來窺覘。會城中獲其所遣諜者，賊乃引眾由鋪崗趨秣陵關而去。」〔註39〕

事後南京給事中朱文漢、御史侯東萊各以倭犯京城狀聞，參劾內外守備等官，參贊機務南京兵部尚書張時徹亦列上失事死事諸臣始末，詞多隱護，中有「信宿之間，遂爾潛遁，城外地方無所傷」等語，於是刑科給事中丘橖疏奏其守備不力，請罷免張時徹。時任南京守備官員為南京內守備司禮監太監郭玻、何綬，南京外守備撫寧侯朱岳，協同守備安遠侯柳震，參贊機務南京兵部尚書張時徹。

吏兵二部對南京守備諸臣相關責任的追究處理原擬為從寬，如兵部尚書楊博認為：南京守備官員「均有守備之責，難逃誤事之罪」，「但廢弛之餘已嘗連章經畫，倉皇之際又能極力拒堵，情似可原。伏望皇上俯念緊急用人之際，將各官降旨切責，以責後效。」〔註40〕世宗以參贊機務責任重大不允。九月詔令張時徹及南京兵部右侍郎陳洙致仕，太監郭玻、何綬免究，撫寧侯朱岳等罰住祿俸兩個月。〔註41〕

張時徹原任兵部左侍郎，以丁憂歸。嘉靖三十四年正月起為南京兵部尚書，至解任只九個月，實際任職只一個多月，沈一貫言：「寇突至城外，遣將禦之，不克。當是時，公到官甫逾月，而治兵疏十上，鞭弭未施，而分宜父子披之，遂老。」〔註42〕余有丁言：「先生在事甫一月，非素拊循者，倭一旦

〔註39〕《世宗實錄》卷四百二十四，《明實錄》46冊，7353頁。

〔註40〕〔明〕楊博《楊襄毅公本兵疏議》卷二《覆南京兵部尚書張時徹等倭寇京城功罪疏》，《四庫全書存目叢書》史部61冊，293頁。

〔註41〕《世宗實錄》卷四百二十六，《明實錄》46冊，7375頁。

〔註42〕〔明〕沈一貫《喙鳴文集》卷十八《南京兵部尚書東沙張公行狀》，《續修四庫全書》1357冊，427頁。

薄城下，其勢誠棘，所失亡亦不甚多。即所白處奏徵繕凡十疏，天子皆報可，非不知先生。先生持大臣體，當自劾，而嵩相阨之，竟免。先生免，而倭愈熾。」〔註43〕二人俱言張時徹無過，解職為嚴嵩父子之謀。王世貞則明言張時徹得罪原因，時吏部尚書李默與嚴嵩父子交惡，張時徹為李默所薦起，亦連帶相惡，終至此咎。〔註44〕此說頗可信，李默次年亦得罪，終瘐死獄中。

　　張時徹出任參贊機務南京兵部尚書前歷任四川巡撫、江西巡撫、兵部左侍郎，熟習兵事，在任履立戰功。參贊機務上任後對南京守備也作出建議，倭寇進犯南京前數日，張時徹即上奏「應天等府地廣，巡撫一人控制為難，乞添設兵備或巡撫以便責成」，部議添設兵備副使一員於句容、溧陽、廣德往來駐紮選，調建陽、宣州、新安三衛官軍並所屬民兵相兼操練，朝廷姑允行。又言倭夷侵迫畿輔，京軍遠戍，乞掣回坊守，朝廷從之。〔註45〕其文集《芝園別集》卷五所載其在參贊機務任上所作十篇奏疏：《請增調狼土等兵以安根本重地疏》，《乞嚴防剿以固根本疏》，《請急修武備以便防禦疏》，《慎防守以安重地疏》，《飭武備以固根本疏》，《急募精兵以備戰守疏》，《飛報賊情疏》，《整飭營務嚴操練以備戰守疏》，《修築墩堡以便防禦疏》。從上述奏疏來看，均為與南京守備至關緊要的合理建議，如果張時徹任期長一些，有關建議能有所落實，對南京守備當更有貢獻。

　　嘉靖三十九年南京又發生振武營兵變。南京振武營為南京兵部尚書張鏊創設，以備倭寇，卻因統轄不力，激起事變。舊制南京軍人有妻者月糧米一石，無者減其四，春秋二仲月米石折銀五錢，此前南京戶部尚書馬坤奏減米石折銀四錢。後南京戶部總督糧儲侍郎黃懋官又奏革補役軍丁妻糧，諸軍大怨。時任南京戶部尚書蔡克廉疾不任事，又逢歲饑，至糧石八錢，諸軍求復折色故額，黃懋官不可。每月常以初旬給各軍糧，當年二月已再旬，黃懋官猶未支給，故至兵變。黃懋官被殺，南京大擾。〔註46〕

　　嘉靖三十九年三月乙亥南京內守備太監何綬、外守備魏國公徐鵬舉、協同守備臨淮侯李廷竹、參贊機務南京兵部尚書張鏊、南京兵部右侍郎李遂以

〔註43〕〔明〕余有丁《余文敏公文集》卷六《張司馬先生傳》，《續修四庫全書》1352冊，484頁。
〔註44〕〔明〕王世貞《弇州續稿》卷九十四文部《資德大夫南京兵部尚書參贊機務東沙張公墓誌銘》，《景印文淵閣四庫全書》1283冊，348頁。
〔註45〕《世宗實錄》卷四百二十四，《明實錄》46冊，7351～7352頁。
〔註46〕《世宗實錄》卷四百八十一，《明實錄》47冊，8031～8032頁。

振武營兵變上奏。朝廷令南京守備官員戴罪協同李遂撫安軍民。南京科道官劉行素、趙時齊等各上疏參劾南京戶部官員及內守備何綬等。朝廷罷免南京戶部尚書蔡克廉，又令戶部尚書（原南京戶部尚書）馬坤致仕，南京守備官員等令自陳。〔註47〕

嘉靖三十九年四月，南京守備官員各以兵變奉詔自陳乞罷。御史趙時齊又疏論南京守備官員馭兵無狀，恩威不行。下吏兵二部，二部會議張鏊、李庭竹當更代，徐鵬舉當留用，何綬請上裁。朝廷令徐鵬舉策勵供職，李庭竹閒住，張鏊致仕，何綬降三級徵還。〔註48〕

張鏊嘉靖三十四年九月由刑部左侍郎升為南京兵部尚書參贊機務，任至嘉靖三十九年四月解職，是參贊機務中任期較長的一位，其先已受責罰，嘉靖三十六年九月因盜越南京城，劫上元縣獄，被奪俸三月。〔註49〕張鏊在任期間對守備南京也多有建言。

嘉靖三十四年閏十一月，張鏊上防守留都四事：暫塞鍾阜、清江二門以便關防。滁州、宣州、建陽、安慶四衛之軍直屬溧陽兵備整飭，俟警徵發，孝陵、錦衣等衛、神機等營軍餘俱宜簡練，以備戰守。進鮮船隻坐撥餘丁過多，宜量為裁省。秣陵、淳化、江事三鎮原設巡司弓兵單弱，宜增堡戍。下兵部議，除暫塞鍾阜、清江二門外，俱覆議。張鏊又會同南京府科道等官議上留都安攘實政五事。兵部覆議多同其說。詔從之。〔註50〕

嘉靖三十五年五月，張鏊與鳳陽巡撫陳儒各奏倭寇突入淮陽，焚運船民舍，漸逼南都，乞速調客兵應援。兵部議覆，從之。當月，朝廷又從張鏊所請，募南贛兵千人、兩廣水兵五百，聽其調度，守衛南京。〔註51〕

南京守備設立二百餘年間，南京城發生的重大安全事件只此兩件，南京守備官員在此兩起事變中，表現不力。倭寇只數十人，就讓南京內外城郭緊閉，全城戒嚴，南京在籍軍人有數萬之多，卻不敢出戰，使其從容撤退。振武營之變，引發事端者為南京戶部官員，而南京戶部右侍郎黃懋官被殺時，南京守備官員在場，卻無力制止，此後數日亂軍方寧，軍隊法紀已蕩然無存。

南京守備的表現亦可視作明代後期政治軍事狀況的縮影，至嘉靖間整個

〔註47〕《世宗實錄》卷四百八十二，《明實錄》47冊，8046～8047頁。
〔註48〕《世宗實錄》卷四百八十三，《明實錄》47冊，8063頁。
〔註49〕《世宗實錄》卷四百五十一，《明實錄》47冊，7663頁。
〔註50〕《世宗實錄》卷四百二十九，《明實錄》47冊，7409～7411頁。
〔註51〕《世宗實錄》卷四百三十五，《明實錄》47冊，7490、7495頁。

明代國家機器應對突發危機，已力不從心。嘉靖後期的倭寇侵襲，東南沿海各地俱受其害，朝廷設立總督軍務專門討倭，其首任張經就得罪死，其繼任周珫、楊宜俱以不職遭罷免。此間負責江南各府安全的應天巡撫亦多以失職去官，得罪的就有彭黯、屠大山、曹邦輔、趙忻。比較起來張時徹以致仕去職亦不爲過。明代中後期軍事薄弱亦是全面現象，亦非只南京一地，仍以逼近南京的倭寇爲例，「此賊自紹興高埠奔竄，不過六七十人，流劫杭、嚴、徽、寧、太平至犯留都，經行數千里，殺戮及戰傷無慮四五千人，凡殺一御史、一縣丞、二指揮、二把總，入二縣，歷八十餘日始滅。」面對小股倭寇，浙江和南直隸數府無力堵截，造成重大傷亡，而南京守備官員的首要任務是護衛留都重地，負責孝陵、皇城的安全，在不明敵軍虛實的情況下，自然不敢輕易出擊。

嘉靖間兵變亦不只南京發生，振武營之前較爲嚴重的兵變就有數起，嘉靖元年正月，甘州等五衛軍亂，殺甘肅巡撫許銘。〔註 52〕此亂由總兵李隆嗾使，事後得罪伏誅。鎮守太監董文忠未受責罰，副總兵李義降二級用。〔註 53〕

嘉靖三年八月，大同巡撫張文錦待軍嚴刻，激起事變，被殺，總兵江桓、鎮守太監王觀走免，事後朝廷歸罪於張文錦撫馭失宜，總兵、鎮守太監解職。〔註 54〕

嘉靖十二年十月，大同總兵李瑾馭眾苛刻，兵變被殺，大同巡撫潘仿亦被解職。〔註 55〕

南直隸地區亦有兵變發生，嘉靖三十七年，金山軍亂，直抵松江城下，久之方解。崇明戍軍亦以索餉不獲，縛海防同知周魯、署印判官薛仕，囚之教場數日。給事中蘇景和參劾應天巡撫趙忻等貪墨吝賞激變。朝廷命械係應天巡撫趙忻、松江府同知劉敏政、吳江縣知縣曹一麟至京訊鞫。後命降趙忻、劉敏政各二級，趙忻調外任，曹一麟罷爲民。〔註 56〕

振武營兵變之後的嘉靖四十年，南直隸地區又發生池河營兵變，參贊機務南京兵部尚書江東又遭解職。池河營設在江北鳳陽府定遠縣，其兵員來自南京飛熊、英武、廣武三衛，故由南京兵部管轄。池河營由三衛軍餘三千人

〔註 52〕　《世宗實錄》卷十，《明實錄》38 冊，383 頁。
〔註 53〕　《世宗實錄》卷三十四，《明實錄》39 冊，864 頁。
〔註 54〕　《世宗實錄》卷四十二，《明實錄》39 冊，1088～1089 頁。
〔註 55〕　《世宗實錄》卷一百五十五，《明實錄》42 冊，3506～3507 頁。
〔註 56〕　《世宗實錄》卷四百六十六，《明實錄》47 冊，7856 頁。

組成，每歲春秋分番操守，在營凡四月，月給糧三斗，又給幫丁銀六錢，時英武衛千戶吳欽以幫丁銀非制，請於南京兵部革之。軍人遂縛吳欽於營臺群毆。江東聞知，亟遣官撫諭各軍，許幫丁銀如故，吳欽始得釋，尋捕其首事者九人治罪。南京科道官楊銓、劉行素等劾江東「治兵無犯，舉措乖張，昏庸謬妄」，宜罷職，下兵部覆議，兵部議江東別用，朝廷命罷江東職。〔註57〕

　　嘉靖三十四年至四十年，實際主持南京守備事務的三位參贊機務南京兵部尚書張時徹、張鏊、江東接連因失職被免。造成南京安全事件頻發，官員接連受處分的原因與明代國家機器的老化和整個南直隸地區的安全形勢有關，也有制度設置問題。南京兵部雖說職掌軍政，而其後勤保障卻分屬於南京戶部、南京工部等。以振武營之變為例，主要責任方為南京戶部官員。南京軍人的糧餉掌於南京戶部，南京戶部放糧不時，斤兩不足，糧食變質等等，常常引起軍人爭執，而南京兵部卻無權干預。振武營之變發生後，朝廷也確認南京戶部應負主要責任，主要責任人南京戶部總督糧儲右侍郎黃懋官被殺後，朝廷即議其罪，南京戶部尚書蔡克廉最先受處分，被撤職，另一責任人戶部尚書馬坤（原任南京戶部尚書）致仕，南京戶部中下級官員員外郎方攸躋、主事安謙等罷職為民。而南京兵部尚書在內的守備官員對南京安全負總責，掌管軍隊而統馭無力，亦需受罰。結果除外守備繼續任職，內守備、協同守備、參贊機務俱罷任。

　　南京守備官員的個人能力也是造成南京安全事故頻發的原因。振武營之變後，御史趙時齊疏論守備官員等「馭兵無狀，恩威不行」頗為確切，南京振武營兵變明代史籍多有記載，《湧幢小品》言黃懋官被殺時，外守備魏國公徐鵬舉、參贊機務南京兵部尚書張鏊在場，「懋官牽鵬舉衣，呼諸卒為爺，曰：發廩，發廩。鵬舉稍諭止之，罵曰：『草包何為。』張鏊呼曰：『幸為我貰懋官。』不聽。數卒翻屋上木，飛瓦及鵬舉冠，乃各棄去，曰：『力不能保公矣。』然猶抱鵬舉足不肯捨，一侍者手撥之乃脫。」〔註58〕《四友齋叢說》亦記此事，「南京大小九卿集議於中府。大眾擁至中府。諸公惶遽無措，踰垣而出，去冠服，僦蹇驢，奔迸逸去。」〔註59〕「親望見軍士以槍桿擊魏

〔註57〕《世宗實錄》卷四百九十六，《明實錄》47冊，8226～8227頁。

〔註58〕〔明〕朱國禎《湧幢小品》卷三十二《振武兵變》，《明代筆記小說大觀》3861頁。

〔註59〕〔明〕何良俊《四友齋叢說》卷十二，《明代筆記小說大觀》951頁。

國紗帽。」堂堂魏國公被面斥爲草包，又被軍人以槍桿擊紗帽，可謂威風掃
地。

　　兵部尙書楊博與吏部尙書吳鵬等會議南京守備官員處分時，認爲「尙書
張鏊素稱清謹，本無顯過，只緣地方之事起自倉卒，應變才略，委非所長，
根本重地，以難復任。魏國公徐鵬舉年雖近暮，精力尙強，且久守留都，人
心頗服，以應勉留。臨淮侯李庭竹本以常流，冒功重寄，既已傷重損威，更
難展布，似應罷斥。」最後奏請「張鏊行令回籍，聽候調用。李庭竹革任閒
住。」「徐鵬舉仍令策勵供職，以俟後效。」「太監何綬查係內臣，去留出自
朝廷，臣等不敢定擬。」〔註 60〕據楊博所言可以認定，張鏊缺乏擔任南京兵
部尙書的能力，李庭竹也能力平常，卻承擔重任，何綬亦同二人，只爲內臣，
由皇帝本人決定去留。徐鵬舉沒有解職，並非其能勝任此職，而是魏國公家
族已三世守備南京，徐鵬舉也三任南京外守備，任職近四十年，在當地頗有
影響，又爲門第最高的武臣，憑此可以顯示朝廷對此職務的重視。

三、南京守備在南直隸地區的地位和作用

　　南京守備設立以來的二百餘年裏，南京城內外並未發生重大軍事威脅，
只有嘉靖間發生兩起重大安全事件，儘管南京守備官員表現不力，此事件對
南京安全穩定也並未造成嚴重影響，南京守備對南京的安全所起的作用難以
得到全面的考察。而南京所在的南直隸其他地區，在明中後期卻受到嚴重的
軍事威脅和重大損失，南京守備亦需與南直隸其他官員共同協力，保護本地
區安全，以免危及南京城。考察南京守備與南直隸地區其他官員的關係，以
及應對南直隸地區軍事威脅所起的作用，也可以更好地對南京守備作出評
價。

　　歷來學者對留都南京中央政府以及南京守備的作用缺乏深入考察，許多
有關著作在此問題上的認識或含糊不清，或理解有誤，如吳晗《明史簡述》
對南京政府的作用概括爲：「第一，以南京爲中心來保護運河交通線；第二，
以南京爲中心，加強對南方人民的統治。南方各個地區發生了人民的反抗鬥
爭，就可以就近處理、鎮壓。」〔註 61〕兩個表述都有誤，運河交通線負主要

〔註60〕〔明〕楊博《楊襄毅公本兵疏議》卷四《會議監察御史趙時齊等參南京內外
　　　　守備等官分別去留疏》，《四庫全書存目叢書》史部 61 冊，340～341 頁。
〔註61〕吳晗《明史簡述》37 頁，中華書局 1980 年。

責任的為漕運總督兼鳳陽巡撫，南方各地區包括南直隸在內的軍事安全由朝廷委派的各地督撫專管，都不由南京政府負責。

明代行政區劃主要分為北直隸、南直隸以及十三布政司，南直隸分為十四府：應天、鳳陽、蘇州、松江、常州、鎮江、揚州、淮安、廬州、安慶、太平、寧國、池州、徽州，四直隸州：廣德、滁州、徐州、和州。與地方不同，南北直隸不設省級機構布政司、按察司、都指揮司，明初南直隸直屬中央政府各部管理，宣德後設立應天巡撫和鳳陽巡撫管理各府縣，大致以長江為界，應天巡撫轄應天、蘇州、松江、常州、鎮江、安慶、太平、寧國、池州、徽州十府，一直隸州廣德。鳳陽巡撫轄鳳陽、揚州、淮安、廬州四府，三直隸州滁州、徐州、和州。其中安慶府在江北，應天府六合縣、江浦縣亦在江北。崇禎十年又割應天巡撫所轄安慶、池州、太平三府和鳳陽巡撫所轄廬州府，設安廬巡撫。

南直隸境內又有長江貫穿其中，為南北來往的重要交通要道，糧食等物資運輸的重要樞紐，自然具有重要的軍事價值，明朝廷設立操江都御史負責長江防務，上起江西九江、下至蘇松，亦即整個南直隸沿江地區為其責任區域。

南京守備所守衛的留都城郭，民政事務由應天巡撫所轄應天府尹掌管，自宣德至嘉靖間，應天巡撫以南京為駐地。南京為長江沿岸最重要的城市，南京水域安全也是操江都御史首要任務，操江都御史始終駐紮南京。鳳陽巡撫雖然長駐淮安，亦與南京守衛緊密相關，歷來軍事家即言守城不如守江，守江不如守淮，江北安全與南京至關重要。南京衛所有大量軍隊駐紮鳳陽巡撫所轄地域從事屯田、守備等事務。

南京守備負責守衛留都，為完成這一使命，必須與南京附近各機構通力合作，其中就包括南京所在南直隸地區的三類官員：操江官員、應天巡撫、鳳陽巡撫，南京守備因而與之成為共同維護南直隸地區安全的四股力量。

1. 南直隸安全官員的設置

南直隸地區除在留都設南京守備官員外，還有操江官員、應天巡撫、鳳陽巡撫三類官員分別負責各自轄區的安全事務。考察南直隸所設安全機構及其官員設置情況，有助於瞭解南京守備對南直隸地區安全所起的作用。明代文獻中《明實錄》對南直隸官員的記載較為詳細，萬曆《大明會典》、天啟《南京都察院志》、崇禎《南樞志》也記載南直隸所設督撫、總兵、兵備等制度，

三書所記爲萬曆初年、天啓初年、崇禎中期機構官職設置情況，明代其他時期略有更置。

（1）操江官員

操江官員由文武官員出任，常稱爲文操江和武操江。文操江爲南京都察院副、僉都御史，通稱操江都御史。武操江爲南京勳臣，常兼掌南京前後左右都督府之一。操江都御史負主要責任。

《南京都察院志》卷三《永樂七年以來南京都察院堂官年表》「永樂七年聖駕巡狩北京，因於北京置行在都察院，南京止設右都御史一人領院事，副僉都御史亦不並設，止一人，不妨院事兼領操江，護守留都。」〔註62〕以下操江年表自永樂七年虞謙爲始，考《太宗實錄》虞謙永樂七年任都察院副都御史，實際並未擔任操江之職，此前提督操江爲武職官員，宣德十年六月，南京守備內承運庫大使袁誠奏請以各衛風快船四百艘作戰船，令都督陳政總督操江。朝廷敕內守備太監王景弘及外守備李隆、參贊機務黃福等計議行之。〔註63〕

管理操江事務最早爲南京所設的江淮衛和濟川衛，二衛爲水軍，專管操江，景泰三年于謙所上奏疏言「先年設置江淮濟川二衛官軍駕使馬快船隻，蓋欲操習水戰，以爲防奸禦侮之計」，又奏請「行移南京兵部會同守備寧遠伯任禮、都御史張純等從長計議」操江之策，〔註64〕可見其時並未設操江都御史。

操江都御史見於記載較早的爲成化八年二月丙戌，「敕南京右副都御史羅篪督操江官軍巡視江道，起九江迄鎭江、蘇松等處，凡鹽徒之爲患者，令會操江成山伯王琮等捕之，所司有誤事者俱聽隨宜處治。」〔註65〕

操江都御史職務全稱爲提督操江兼管巡江南京都察院副（僉）都御史，提督操江指與南京總督操江勳臣一同專管南京所設的新江營水軍，南京後又設太平營。又指揮長江流域各地所設的水軍，有遊兵營、圖山營、三江營、瓜洲水陸營、儀眞水陸營、荻港營、安慶營、南湖嘴營。〔註66〕

〔註62〕〔明〕施沛《南京都察院志》卷三，《四庫全書存目叢書補編》73 冊，85 頁。
〔註63〕《英宗實錄》卷六，《明實錄》13 冊，122 頁。
〔註64〕〔明〕于謙《忠肅集》卷九《兵部爲建言事》，《景印文淵閣四庫全書》1244 冊，298 頁。
〔註65〕《憲宗實錄》卷一百一，《明實錄》24 冊，1969～1970 頁。
〔註66〕〔明〕施沛《南京都察院志》卷十，《四庫全書存目叢書補編》73 冊，261～279 頁。

　　兼管巡江是指領導南京都察院所設的巡視上江監察御史和巡視下江監察
御史，巡視上江監察御史巡視地域，自南京龍江關上至九江，常駐安慶。巡
視下江監察御史巡視地域，自南京龍江關下至蘇松，常駐鎮江。操江都御史
掌管長江流域的安全，各地府縣有關官員亦受其管轄，沿江地方府州縣同知、
縣丞聽其節制，沿江巡檢司弓兵亦由其掌管。

　　成化九年提督操江兼督巡江南京右副都御史胡拱辰奏請專督巡江，不管
操江，朝廷從之，「事緣操江官軍既有守備、參贊內外重臣兼理其事，若復參
預則事無統一，況獨總院事，尤難兼理。兵部議，宜令拱辰專督巡江。從之。」
〔註67〕

　　至弘治八年，又命南京都察院右僉都御史楊守隨提督巡江兼管操江。此
後為定制。〔註68〕

　　操江官員職掌長江防護，其重點防衛區域為南京附近江面，故操江官員
常託言護衛留都，不去其他地域巡視，對其地防護也較為鬆懈，嘉靖十一年
七月壬子兵部覆南京兵部尚書王廷相條陳江防事宜，其一為責督捕：「操江大
臣宜以時巡歷江道，不得藉言護衛京城，以弛職掌。其新江口宜設官軍如京
城巡捕例，聽操江官調遣捕賊。」朝廷下旨：「蘇松常鎮盜賊恣行，皆坐操江
巡江官不行親歷所致，自今須常駐要地，加意督捕。」〔註69〕

　　崇禎十六年，操江都御史為總督操江勳臣所攻訐，操江都御史一職革置。
崇禎十六年八月辛未，「裁南京操江都御史。時罷鎮遠侯顧肇跡，以誠意伯劉
孔昭代之。孔昭因召對，泣陳文臣掣肘，事權不一，故有是命。」〔註70〕

　　操江公署在太平門外南京都察院附近，「在太平營後，廣八丈一尺，深一
十七丈五尺。」〔註71〕

　　操江都御史職掌見於皇帝敕諭，天啟元年十一月，皇帝敕諭南京都察院
右僉都御史徐必達：「今特命爾不妨院事，提督操江兼管巡江，會同內外守
備，嚴督江防備禦把總等官，整理戰船，操練水兵。上自九江下至江南圖山、
江北三江會口，督同上下巡江御史，緝捕盜賊鹽徒，操習民兵水戰，以嚴江
關，防護留都。近者倭報緊急，該轄地方尤宜加謹設備，其圖山三江會口以

〔註67〕　《憲宗實錄》卷一百一十九，《明實錄》24冊，2292頁。
〔註68〕　《孝宗實錄》卷一百二，《明實錄》30冊，1864頁。
〔註69〕　《世宗實錄》卷一百四十，《明實錄》42冊，3267頁。
〔註70〕　《崇禎實錄》卷十，《明實錄》88冊，485～486頁。
〔註71〕　〔明〕施沛《南京都察院志》卷二，《四庫全書存目叢書補編》73冊，62頁。

下聽各巡撫司逕自防守。圖山以上逼近留都，爾仍與南北巡撫官互相應援，不許自分彼此，圖山把總專聽爾節制。一應事情，有應與內外守備、參贊官員並操江武職及各巡撫官計議者，照舊公同議處施行。」〔註72〕

從敕諭可知，操江都御史的責任為長江流域內上自九江下至江南圖山、江北三江會口的安全防衛，需與南京內外守備、參贊機務、操江武職官員以及南北的應天巡撫、鳳陽巡撫共同負責沿江地區防護，重點為南京附近江面。

操江官員的所轄信地，嘉靖二十九年定沿江信地，責令將領防守。南湖嘴守備。南岸自城子鎮至馬當，北岸自龍坪至小孤山，二百六十餘里，領原設兵船，而以九江一衛屬之。安慶守備。南岸自香口至池口，北岸自小孤山至六百丈，二百九十里，領水兵五百名，而以安慶一衛屬之。荻港把總。南岸自池口至大信，北岸自六百丈至西梁山，三百二十里，領水兵六百名，而以建陽一衛屬之。遊兵把總。南岸自大信至高資，北岸自西梁山至黃天蕩，三百三十里，領水兵一千二百餘名，而以遊巡軍兵相兼分佈。圖山把總。自高資至安港，一百五十里，領水兵民壯八百名，而以鎮江一衛屬之。儀眞守備。自黃天蕩至新港，一百四十里，領水兵三百名，而以儀眞一衛屬之。瓜洲鎮巡江衛總，操江水兵亦屬焉，仍與揚州府江防同知協同防守，本鎮民事則同知理之，守備不與。三江會口把總。自新港至廟港，一百五十里，領水兵八百名。南湖嘴守備，駐紮湖口。安慶守備，駐紮雷港。荻港把總，駐紮荻港。遊兵把總，駐紮上新河。儀眞守備，駐紮儀眞江口。圖山、三江會口把總，各駐紮本處。〔註73〕

嘉靖間由於盜賊頻發，其後又倭寇來襲，操江官員所管沿江地區安全守衛制度發生較大變化，操江官員轄區減小，責任減輕。

嘉靖八年，升都指揮使崔文署都督僉事，充鎮守江淮總兵官，提督上下江防巡捕盜賊。而原設南京操江武臣仍舊管理南京操江軍。〔註74〕此後盜賊平定，江淮總兵官又革置。嘉靖十九年海寇又起，復設鎮守江淮總兵官，給以旗牌敕符，駐紮鎮江，提督沿江上下兵防，西自九江安慶，東及淮揚蘇常諸郡，凡備倭守備衛所及有司巡捕官悉節制。〔註75〕此後又革置。

〔註72〕〔明〕施沛《南京都察院志》卷九，《四庫全書存目叢書補編》73冊，232頁。
〔註73〕《〔萬曆〕大明會典》卷一百三十一，《續修四庫全書》791冊，332頁。
〔註74〕《世宗實錄》卷一百四，《明實錄》41冊，2442～2443頁。
〔註75〕《世宗實錄》卷二百三十八，《明實錄》43冊，4838～4840頁。

嘉靖三十二年倭寇來襲，又設副總兵一員，專督海防，提督金山等處。
〔註76〕

守衛信地亦有變化，嘉靖十九年分江南北備倭信地，江南專屬金山都司，江北盡屬儀眞守備，復於東海大河口周家橋設把總，掘港改守備，鹽城增參將。嘉靖三十七年改定儀眞守備，以新港至瓜儀、六合隸之江防，以天長南及江都、高郵隸之陸防，仍聽狼山副總兵節制。〔註77〕

操江官員防區原來上自九江，下至蘇松，嘉靖四十二年爲備倭，重新劃分，「以圖山、三江會口爲界，其上屬之操江，其下屬之南北二巡撫，萬一留都有急，則二巡撫與操江仍並力應援，不得自分彼此。」〔註78〕即九江至鎮江、揚州以東圖山、三江會口沿江地區歸操江官員，江北三江會口以東歸鳳陽巡撫，江南圖山以東歸應天巡撫。

嘉靖四十三年，更定鎮守江南、分守江北信地，以江南屬之總兵劉顯，專駐吳松，以江北屬之副總兵王應麟，專駐狼山。〔註79〕

（2）應天巡撫

應天巡撫全稱爲總理糧儲、提督軍務兼巡撫應天等府地方。又稱蘇松巡撫、南畿巡撫、江南巡撫等。明代蘇松等府糧稅居全國之半，故總理糧儲之任居首。巡撫由北京都察院副、僉都御史擔任，亦有由尚書擔任的，如成化間王恕以兵部尚書兼副都御史擔任此職。應天巡撫轄應天蘇州、松江、常州、鎮江、安慶、太平、寧國、池州、徽州十府，一直隸廣德州。

應天巡撫始設於宣德間周忱，五年九月，命周忱爲工部右侍郎總督南直隸蘇松等府縣稅糧。〔註80〕後又命巡撫直隸，又兼督蘇松常鎮並浙江嘉湖各府軍衛。

正德四年六月，宦官劉瑾亂政，以應天巡撫羅鑒招權妄議、紊亂事體爲由，革總督糧儲巡撫應天之職，〔註81〕正德五年五月又命都察院右僉都御史魏訥巡撫蘇松等處專管糧儲。〔註82〕八月劉瑾敗，吏部奏請復設應天巡撫，

〔註76〕《世宗實錄》卷三百九十八，《明實錄》46冊，6995頁。
〔註77〕《世宗實錄》卷四百六十五，《明實錄》47冊，7851頁。
〔註78〕《世宗實錄》卷五百二十四，《明實錄》48冊，8557頁。
〔註79〕《世宗實錄》卷五百三十，《明實錄》48冊，8643頁。
〔註80〕《宣宗實錄》卷七十，《明實錄》11冊，1639～1640頁。
〔註81〕《武宗實錄》卷五十一，《明實錄》34冊，1177頁。
〔註82〕《武宗實錄》卷六十三，《明實錄》34冊，1381頁。

逐爲定制。〔註83〕

　　應天巡撫原無提督軍務之權，嘉靖間倭寇東南，嘉靖三十三年三月改南京兵部右侍郎屠大山爲兵部右侍郎兼都察院右僉都御史，總理糧儲、提督軍務兼巡撫應天，應天巡撫兼提督軍務自屠大山始。〔註84〕

　　崇禎十年又割應天巡撫所轄安慶、池州、太平三府和鳳陽巡撫所轄廬州府，設安廬巡撫。

　　南明弘光政權建立後，原應天巡撫分爲蘇松巡撫、應安巡撫，蘇松巡撫轄蘇州、松江、常州、鎮江府，應安巡撫應天、安慶、徽州、寧德、池州、太平府和廣德州。王鐸《擬山園選集》載二官所領敕諭，據此可推考原應天巡撫職掌：

　　《敕諭蘇松巡撫祁彪佳》：「今特命爾巡撫蘇松等處地方，並各該衛所。總理糧儲，提督屯田，督償兌運，安撫百姓，勸課農桑，蓄泄水利，修理城池，並豫備倉糧，賑濟饑荒。所屬官員獎薦廉能，懲戒貪酷，舉劾從公。有奸徒倡亂形跡已著者，即當擒戮，紳衿不法，指名題參。凡興利除害，便於軍民，悉聽爾便宜處置。今寇氛方惡，綢繆防禦，大非昔日。爾必整頓自強，練兵選將，備戰船，利器械，遇警隨宜調兵截殺。上江有警，亦發兵策應。」

　　《敕諭應安巡撫程世昌》：「今命爾巡撫應、安、徽、寧、池、太、廣德等處地方兼總理糧儲提督軍務，陸路自高資港以上，水路自龍江關以上，至馬當，爲爾信地。與九江總督、蘇松巡撫互爲犄角，聯絡聲援。國家建都金陵，所恃長江屹爲天塹，宜於江干一帶訓練水師，密佈兵船，多置銃炮，務令燔火相接，聲息相通。一遇警急，頃刻千里可達。仍於要害處所精繕器械，整飭卒伍。」〔註85〕

　　應天巡撫駐地最初在南京，最初設於會同館、朝房或貢院等處，後於會同館之北（今解放南路南端附近），新建公署。〔註86〕嘉靖三十八年至三十九年翁大立任應天巡撫，在任期間改駐蘇州，「巡撫舊治南都，今命移治姑

〔註83〕《武宗實錄》卷六十六，《明實錄》35 冊，1463 頁。
〔註84〕《世宗實錄》卷四百八，《明實錄》46 冊，7117～7118 頁。
〔註85〕〔清〕王鐸《擬山園選集》卷二，《四庫禁燬書叢刊》集部 87 冊，149 頁。
〔註86〕〔明〕王恕《王端毅公文集》卷一《修巡撫廳事記》，《四庫全書存目叢書》集部 36 冊，170～171 頁。

蘇。」〔註87〕萬曆二年宋儀望任應天巡撫，奏請駐紮於句容，萬曆二年六月壬戌，「兵部覆巡撫應天都御史宋儀望題修理句容縣舊設巡撫衙門，爲巡撫駐紮，春夏巡歷蘇松等府以防海汛，秋冬巡歷徽寧等府以肅地方。從之。」〔註88〕萬曆三十一年，「偶因蘇州士變，奉旨移鎮蘇州。」〔註89〕遂爲定制。巡撫公署由原鶴山書院改建。〔註90〕

應天巡撫所轄文職官員爲兵備等，所節制武職官員爲副總兵、參將等，兵備官員級別同各地按察司副使或僉事，副總兵、參將多由都督、都指揮等出任，兵備與參將等掌管一地安全。

萬曆初年，應天巡撫所轄文職官員爲徽寧兵備和蘇松兵備。

徽寧池太安慶廣德兵備，駐紮池州。管轄徽州、寧國、池州、太平、安慶五府，廣德州、句容等六縣，及新安、建陽、宣州、安慶各衛所，隄防江賊礦徒。

蘇松常鎮兵備，整飭蘇州、松江、常州、鎮江四府兵備。駐紮太倉州。〔註91〕

應天巡撫所節制武職官員爲江南副總兵，其下爲金山參將，再下爲守備、把總等各類官員。

鎮守一員，江南副總兵。駐紮福山港。復移駐鎮江。後復駐鎮江、儀眞兩處。嘉靖三十二年、又設爲副總兵官，駐金山衛。四十三年改駐吳淞。專管江南水陸兵務。

金山參將，舊以蘇松參將駐金山，防禦沿海柘林、青村、南匯、川沙一帶。後改游擊。萬曆二年改設，以劉家河參將移駐。〔註92〕

（3）鳳陽巡撫

鳳陽巡撫的全稱是總督漕運兼提督軍務、巡撫鳳陽等處。又稱淮揚巡撫、江北巡撫等。鳳陽巡撫多以副、僉都御史出任，亦有都御史擔任者，如

〔註87〕〔明〕歸有光《震川集》卷二十九《巡撫都御史翁公壽頌》，《景印文淵閣四庫全書》1289 冊，405 頁。

〔註88〕《神宗實錄》卷二十六，《明實錄》51 冊，654 頁。

〔註89〕〔明〕周孔教《周中丞疏稿・江南疏稿》卷一《妖逆就擒疏》，《四庫全書存目叢書》史部 64 冊，232 頁。

〔註90〕〔明〕朱國禎《湧幢小品》卷四，《明代筆記小說大觀》3209 頁。

〔註91〕《〔萬曆〕大明會典》卷一百二十八，《續修四庫全書》791 冊，301 頁。

〔註92〕《〔萬曆〕大明會典》卷一百二十七，《續修四庫全書》791 冊，292～293 頁。

嘉靖間陶琰以右都御史任。鳳陽巡撫的首要任務是總督漕運，明代首都北京物資供應全賴漕河運輸，故設漕運總督文臣、漕運總兵武臣，組織漕糧運輸，維護上自通州下至揚州的漕河安全。又管轄鳳陽、淮安、揚州、廬州四府，滁、徐、和三直隸州。

鳳陽巡撫始設於景泰元年冬十月，刑部右侍郎耿九疇為首任巡撫，巡治鹽法，兼巡撫鳳陽、淮安、揚州、廬州四府，滁、徐、和三州。〔註93〕其後設總督漕運兼巡撫淮安等府，景泰二年冬十月，敕諭右僉都御史王竑曰：「特命爾仍依前敕，總督漕運兼巡撫淮安、揚州、廬州三府並徐、和二州，撫安兵民，禁防盜賊，督令所司，」〔註94〕景泰三年九月，又命其兼巡撫直隸鳳陽府並滁州，仍兼理兩淮鹽課。〔註95〕

成化八年十一月，總督與巡撫分設二職。命總督漕運右僉都御史張鵬專巡視淮揚等府，命巡撫北直隸右副都御史陳濂總督漕運。〔註96〕後合併二職。

正德初年，劉瑾亂政，裁革鳳陽巡撫，正德五年八月，「復設雲南、貴州、山東、河南、山西、江西、鄖陽、薊州、保定、蘇松、鳳陽巡撫都御史各一員，先是巡撫為劉瑾所革，吏部以請。得旨：此累朝定制，其復之。」〔註97〕

正德十三年五月，又分為二職。命總督漕運兼巡撫鳳陽等處右都御史叢蘭專理巡撫，以巡撫順天等府右都御史臧鳳總督漕運。〔註98〕

正德十六年四月世宗即位，五月工科右給事中田賦請依舊制，提督漕運都御史兼巡撫鳳陽。〔註99〕六月丙戌以陶琰總督漕運兼巡撫鳳陽等處地方。〔註100〕

嘉靖三十六年，總督漕運巡撫鳳陽又分為二職，當年命南京都察院右僉都御史李遂提督軍務兼巡撫鳳陽，不任總督漕運。「專在鳳陽駐紮，無警則以時循行各府州縣。操練兵馬，儲蓄糧儲，繕茸城池，修造戰船，整辦器

〔註93〕《英宗實錄》卷一百九十七，《明實錄》18 冊，4180 頁。
〔註94〕《英宗實錄》卷二百九，《明實錄》18 冊，4508 頁。
〔註95〕《英宗實錄》卷二百二十，《明實錄》19 冊，4765 頁。
〔註96〕《憲宗實錄》卷一百一十，《明實錄》24 冊，2141、3153 頁。
〔註97〕《武宗實錄》卷六十六，《明實錄》35 冊，1463 頁。
〔註98〕《武宗實錄》卷一百六十二，《明實錄》37 冊，3121 頁。
〔註99〕《世宗實錄》卷二，《明實錄》38 冊，112 頁。
〔註100〕《世宗實錄》卷三，《明實錄》38 冊，120 頁。

械，撫恤軍民，督察官吏將領，禁革奸弊，清理鹽課，賑濟饑荒。有警移住揚州，相機調度防守。若江海無事仍回鳳陽，彈壓宿亳豐沛等處鹽徒盜賊。」〔註101〕

嘉靖四十年五月御史陳志奏請裁革鳳陽巡撫，以總督漕運兼任，吏兵二部覆奏，命以總督漕運都御史胡植兼提督軍務巡撫鳳陽等處。〔註102〕

明代又設總理河道一職，由副都御史、侍郎等出任，管理漕河、黃河河道安全。萬曆六年正月，升總督漕運兼提督軍務、巡撫鳳陽等處兵部左侍郎吳桂芳為工部尚書兼都察院右副都御史，總理河漕提督軍務。〔註103〕即漕運總督兼鳳陽巡撫一職又兼總理河道，此後潘季馴任此職。

萬曆二十九年十一月河南道御史高舉疏請，分設漕運總督鳳陽巡撫和總理河道二官。〔註104〕萬曆三十年三月吏部尚書李戴覆巡按御史吳崇禮所奏，「請復舊制，將總河道衙門專管河務，仍駐劄濟寧往來督理。其總督漕運衙仍兼管鳳陽巡撫防海軍務，駐劄淮安。」朝廷批准，二官分設，遂為定制。〔註105〕

《漕運通志》卷三載鳳陽巡撫領敕一道：「今特命爾總督漕運，與總兵官某、參將某同理其事務，在用心規畫，禁革奸弊。運糧官軍有犯，自指揮以下輕則量情懲治，重則拿送巡按、巡河御史及原差問刑官處問理，照例發落。都指揮有犯具奏拿問，若刁潑軍旗乘機誣告、對證涉虛者，治以重罪。自通州至揚州一帶水利有當蓄泄者，嚴督該管官司並巡河御史、管河管洪郎中等官，設法用工築塞疏濬，以便糧運。仍兼巡撫鳳陽、淮安、揚州、廬州四府，徐、滁、和三州地方。撫安軍民，禁防盜賊，清理鹽課，賑濟饑荒。城垣坍塌，隨時修理，守城官軍，以時操練。或有盜賊生發，鹽徒強橫，即便相機設法撫捕。衛所府州縣官員有廉能公正者，量加獎勸，貪酷不才者，從公黜罰。」〔註106〕

鳳陽巡撫常駐淮安，公署在府治東南。〔註107〕

〔註101〕〔明〕李遂《李襄敏公奏議》卷六《懇乞專官督練兵馬拱衛陵寢保固重地疏》，《四庫全書存目叢書》史部61冊，94頁。

〔註102〕《世宗實錄》卷四百九十六，《明實錄》47冊，8222頁。

〔註103〕《神宗實錄》卷七十一，《明實錄》53冊，1528頁。

〔註104〕《神宗實錄》卷三百六十五，《明實錄》59冊，6833頁。

〔註105〕《神宗實錄》卷三百七十，《明實錄》59冊，6938～6939頁。

〔註106〕〔明〕楊宏《漕運通志》卷三，《四庫全書存目叢書》史部275冊，50頁。

〔註107〕〔明〕陳沂《南畿志》卷九，《四庫全書存目叢書》史部190冊，241頁。

鳳陽巡撫下轄文職官員爲兵備道副使等：

穎州兵備，管理廬州鳳陽滁州地方衛所，兼管江防事宜。

淮揚海防，駐紮泰州，整飭淮揚海防江洋。仍分管揚州、儀眞、高郵等衛，泰州、鹽城、通州等所京操官軍。

徐州兵備，整飭徐宿州等處兵備，兼管淮安府、徐州及淮北衛所及淮安、邳州、大河、徐州、沂州等衛，莒州、東海、西海等所京操官軍。〔註108〕

鳳陽巡撫節制武職官員，有副總兵、參將等：

狼山副總兵，嘉靖三十七年添設，駐紮通州。水路自瓜儀周家橋掘港、直抵廟溪雲梯關。陸路自通太淮揚天長，直抵鳳泗。各參將守備把總等官悉聽節制。

其下爲徐州參將，隆慶四年自睢陳參將改。所轄徐州武平曹濮睢陳等處地方。〔註109〕

以上所述爲南直隸地區主管安全事務的三類官職，此外還有一類特殊官職亦需提及，即設於鳳陽的守備太監、中都留守司以及鳳陽知府，這又是一個三堂體制，儘管級別較低。中都留守司設於洪武十四年九月，統鳳陽、長淮等八衛，留守一人正二品，左右副留守各一人正三品。〔註110〕守衛鳳陽的八衛爲皇陵衛、留守左衛、留守中衛、鳳陽中衛、鳳陽右衛、懷遠衛、鳳陽衛、長淮衛。宣德間設鳳陽守備太監。〔註111〕

成化二十二江北變亂頻頻，兵部尚書馬文升等請降敕三道：一令總督備倭署指揮同知郭鋐，暫居通泰鹽城，以爲海道防禦。一與總督漕運兼巡撫鳳陽等處左副都御史李敏，一與鳳陽守備太監李棠，「嚴督所屬，整飭兵餉，賑恤軍民，凡弭盜備荒之策，許得便宜舉行。」朝廷從之。於此可見，鳳陽守備太監不僅爲鳳陽一府的最高官員，對整個江北地區安全亦負有責任。

鳳陽守備太監之權位凌駕於文武同僚之上，正德間更甚，正德元年十一月，守備鳳陽太監倪文奏請管轄鳳陽、廬州等府衛州縣軍民。朝廷從之。〔註112〕

〔註108〕《〔萬曆〕大明會典》卷一百二十八，《續修四庫全書》791 冊，301 頁。
〔註109〕《〔萬曆〕大明會典》卷一百二十七，《續修四庫全書》791 冊，292～293 頁。
〔註110〕《太祖實錄》卷一百三十九，《明實錄》4 冊，2189 頁。
〔註111〕〔明〕柳瑛《〔成化〕中都志》卷四，《四庫全書存目叢書》史部 176 冊，189 頁。
〔註112〕《武宗實錄》卷十九，《明實錄》33 冊，562 頁。

正德十三年二月，守備鳳揚等處太監丘得請以廬鳳淮三府、徐滁和三州及軍衛等衙門，大小政務，悉聽統理。兵部議不可。詔許之。〔註113〕

正德年間鳳陽守備太監權力極大，遠超鳳陽府轄區，「廬鳳淮三府，徐滁和三州及軍衛等衙門，大小政務，悉聽統理」，則其職掌除不管漕運外，管理地方事務與鳳陽巡撫相同，則短期內又與鳳陽巡撫、漕運總兵構成一個江北的三堂體制。

嘉靖四年，鳳陽守備太監王德又請管鳳、廬、淮、陽、徐、滁、和地方事，詔已許之。兵部執奏，方收回成命。〔註114〕

嘉靖十九年，守備鳳陽太監張信奏請統攝鳳、廬、淮、揚四府，徐、滁、和三州。兵科、兵部俱反對，世宗聽其請，但不許干預民事。〔註115〕

2. 南京守備與南直隸其他安全官員的關係

南京守備官員、操江官員、應天巡撫、鳳陽巡撫為南直隸地區四類安全官員，分管各轄區事務。其中南京守備官員因為留都南京的特殊地位，因而職務最高，人員最複雜，人數最多，為內臣、武臣、文臣最高官員構成，最少由五人組成。操江官員由武職勳臣一人，文職副、僉都御史一人組成。應天巡撫、鳳陽巡撫各文職副、僉都御史一人。南京守備官員雖職務最高，管轄區域卻最小，只限於南京內外城郭，南京周圍的長江即歸屬操江官員。四類官員中，操江官員任務最簡單，負責長江安全，南京守備則主管與南京安全相關的所有軍國大事。應天巡撫、鳳陽巡撫任務最重，應天巡撫總理糧儲，占全國一半。鳳陽巡撫主管漕糧運輸，漕河安全。二官為各自轄區的最高官員，負責民政事務，嘉靖後又掌軍政事務，轄區面積廣大。

南京守備官員雖職務最高，與其他三類官員卻無統轄關係。在涉及南直隸地區重要事務時，上述官員俱有責任，需會商解決，共同維護南直隸地區安全。

李遂嘉靖二十八年至二十九年任操江都御史，在任期間會同鳳陽巡撫龔輝、應天巡撫周延等商議江淮總兵周于德駐紮地點。〔註116〕

嘉靖三十四年，南京兵部尚書張鏊會同南京府科道等官議上留都安攘實

〔註113〕《武宗實錄》卷一百五十九，《明實錄》37冊，3048頁。
〔註114〕《世宗實錄》卷五十二，《明實錄》39冊，1297頁。
〔註115〕《世宗實錄》卷二百四十四，《明實錄》44冊，4918頁。
〔註116〕〔明〕李遂《李襄敏公奏議》卷三《覆議江淮總兵駐紮體統疏》，《四庫全書存目叢書》史部61冊，57頁。

政五事。其中言京師之於輔郡，猶堂奧之於藩籬，在外則視撫臣，在內則視兵部，自今凡遇警報巡撫在京，兵部即會同計議行事。如巡撫在外，則近境兵備參將等官及府州縣一切機宜悉聽本兵調度。詔從之。〔註117〕

嘉靖四十年閏五月，兵科左給事中張益等奏請重參贊機務之權，兵部覆議，應天、淮揚撫臣事有關涉者悉與參贊機務諮議，副參遊守兵備管官悉聽參贊機務委用。朝廷採納。〔註118〕

嘉靖四十五年正月，敕南京兵部尚書會同操江及應天、淮揚兩巡撫從宜調度兵食，以備倭患。〔註119〕

隆慶六年安慶軍亂，南京兵部尚書王之誥、應天巡撫張佳胤、操江都御史張鹵分別奏上，兵部尚書楊博奏請由南京兵部尚書、南京內守備、應天巡撫、操江都御史共同查處。〔註120〕

萬曆二十二年南京兵部尚書周世選上《倭警告急摘陳吃緊預防事宜疏》請求防守江口的操江都御史、江南的應天巡撫、江北的鳳陽巡撫與防守南京都城的南京守備官員協同防守，「留都猶堂奧也，江口門戶也，江南北沿海一帶藩籬也。」「若賊由江南入犯，江南官兵不即截剿，則江南文武封疆之臣任其罪，其在江北、在江口亦如之。或倭奴流至都城之外不即擒滅，則臣等任其罪。」〔註121〕

七月，兵部覆南京兵部尚書周世選所奏：「大江南北兩鎮官兵固宜同心共濟，而鄰近郡邑亦相與為援。」得旨，如議行。〔註122〕

萬曆二十六年七月，朝廷從鳳陽巡撫李志奏請，命操江、應天、浙江、江西、湖廣各巡撫，如遇淮揚有倭警，咨到馳援。浙直有警，亦如之。〔註123〕

崇禎八年農民軍自山西犯河南，命南直沿江加強防範，諭范景文會同內外守備嚴行整飭，命操江都御史馬鳴世準備兵數器械炮藥。又命鳳陽巡撫朱大典、應天巡撫張國維訓練捍禦，保境安民。〔註124〕

〔註117〕《世宗實錄》卷四百二十九，《明實錄》47 冊，7409 頁。

〔註118〕《世宗實錄》卷四百九十七，《明實錄》48 冊，8338 頁。

〔註119〕《世宗實錄》卷五百五十四，《明實錄》48 冊，8911 頁。

〔註120〕〔明〕楊博《楊襄毅公本兵疏議》卷二十四《覆南京兵部尚書王之誥等參安慶衛官作亂疏》，《四庫全書存目叢書》史部 61 冊，814～815 頁。

〔註121〕〔明〕周世選《衛陽先生集》卷八《倭警告急摘陳吃緊預防事宜疏》，《四庫全書存目叢書》集部 136 冊，625 頁。

〔註122〕《神宗實錄》卷二百七十五，《明實錄》57 冊，5092 頁。

〔註123〕《神宗實錄》卷三百二十四，《明實錄》58 冊，6015 頁。

〔註124〕〔明〕范景文《南樞志》卷一百五十七《欽奉聖諭恭陳布置機宜疏》，4058 頁。

上述四類官職，身份不同，以文官爲例，參贊機務與操江都御史爲南京政府官員，參贊機務多爲南京兵部尚書，操江都御史爲南京都察院副、僉都御史。應天巡撫、鳳陽巡撫爲北京政府官員，爲北京都察院副、僉都御史，亦或北京部院尚書、侍郎、都御史。南京官員任應天、鳳陽巡撫需改任北京官御，正德六年二月，命南京右僉都御史張鳳巡撫蘇松等處地方總督糧儲。〔註125〕三月，「改南京都察院右僉都御史張鳳於都察院，仍令巡撫蘇，以吏部言：舊制蘇松巡撫無南京銜也。」〔註126〕

明代官員分京官和外官，外官有任職迴避制度，不能擔任原籍所在地方官，京官則無此限制。其考察制度又不同，京官六年考察，外官三年考察。參贊機務與操江都御史爲京官，應天巡撫、鳳陽巡撫爲外官。嘉靖四十五年九月，御史李廷龍奏新升南京操江都御史盛汝謙本南直隸人，以鄉官監臨本籍，例當迴避。吏部覆：「操江乃南京坐院，非在外巡撫比。」〔註127〕

官員選任後請領敕書，參贊機務南京兵部尚書與南京操江都御史由兵部請敕。應天巡撫、鳳陽巡撫由戶部與兵部請敕。〔註128〕

應天巡撫與鳳陽巡撫任職前推舉又不同，《菽園雜記》卷九《巡撫官》：「凡推舉各邊及腹裏干涉軍務者，吏兵二部會同，干涉錢糧流民者吏戶二部會同，惟總督漕運者吏戶兵三部會同。」〔註129〕應天巡撫嘉靖前原不提督軍務，由吏戶二部推舉，後提督軍務，由吏戶兵三部會同推舉。而鳳陽巡撫設立之初就由吏戶兵三部會同推舉。

3. 南直隸地區發生的戰亂

自明初至明中葉，南直隸地區一直比較穩定，沒有發生重大的軍事動盪，自正德間開始有兩起短暫的軍事威脅，即正德七年劉七農民軍沿江襲擾，正德十四年寧王宸濠叛亂，圍攻安慶。此兩起事件未造成重大損失。嘉靖中後期，倭寇侵襲南直隸沿海，造成嚴重的損失。崇禎八年以後農民軍來襲，南直隸地區亦與其他地區一樣，戰亂頻發，生靈塗炭，直至明亡。

〔註125〕《武宗實錄》卷七十二，《明實錄》35 冊，1593 頁。
〔註126〕《武宗實錄》卷七十三，《明實錄》35 冊，1620 頁。
〔註127〕《世宗實錄》卷五百六十二，《明實錄》48 冊，9006 頁。
〔註128〕〔明〕李默《吏部職掌·文選四》，《四庫全書存目叢書》史部 258 冊，79～80 頁。
〔註129〕〔明〕陸容《菽園雜記》卷九，《明代筆記小說大觀》456 頁。

（1）正德間劉七農民軍三過南京江面

正德七年農民軍劉七、齊彥名率部三過南京江面，南京操江官軍不敢迎戰，最後爲北京都御史陸完、彭澤等率領官軍剿滅於通州狼山。南京操江官員因失職遭罷免，南京守備官員受斥責，應天巡撫、鳳陽巡撫受嘉獎。

劉七等農民軍原活躍於北直隸、山東等地，正德七年閏五月入湖廣。朝廷敕都御史彭澤、咸寧伯仇鉞率兵往剿之，湖廣、江西、南直隸各鎮巡操江以下官員悉聽節制。

六月劉七等船十三艘，自黃州下九江，經安慶、太平、儀眞以達鎮江，所過殘掠。南京守臣奏乞增兵防禦。兵部議，宜令彭澤、陸完等率兵進入南直隸境內追剿。

當月劉七等船泊於和尙港，去南京僅六十里，張帆上下，官軍無禦之者。兵部議以操江官員武靖伯趙弘澤、都御史陳世良以及南京內外守備官不能遏截，俱宜究治。得旨，弘澤、世良降敕切責停俸，內外守備官姑宥之，令協謀防禦。

此後南京御史周朝佐等又奏，農民軍舟不過十三艘，眾不過五百人，操江都御史陳世良、武靖伯趙弘澤不能擒剿，請械繫赴京，別簡才能者代之。守備太監黃偉、魏國公徐俌等及應天巡撫都御史王縝、鳳陽巡撫張縉等亦有罪。兵部覆議世良、弘澤宜繫治，內外守備、應天巡撫、鳳陽巡撫宜切責。得旨世良、弘澤仍令戴罪自效，餘如議。〔註130〕

七月，南京十三道御史汪正等劾奏參贊機務南京兵部尙書劉機及世良、弘澤才非統馭，南京協同守備西寧侯宋愷等宜罷黜，南京守備太監崔安宜取回。得旨崔安召還，弘澤閒住，世良致仕。以都御史俞諫、懷寧侯孫應爵代之。〔註131〕

八月，劉七等自安慶而下復躪南京，抵瓜洲，殺傷官軍，兵部以聞。命南京科道官各一人按諸失事者。

當月都御史陸完等尾隨農民軍至通州，其夜颶風大作，農民軍舟壞，乃奔保狼山，終被圍殲。朝廷嘉獎官軍，應天巡撫王縝、鳳陽巡撫張縉俱得獎，南京守備官員、操江官員不予獎勵。〔註132〕

〔註130〕《武宗實錄》卷八十九，《明實錄》35 冊，1906～1908、1912～1913 頁。
〔註131〕《武宗實錄》卷九十，《明實錄》35 冊，1924 頁。
〔註132〕《武宗實錄》卷九十一，《明實錄》35 冊，1935、1947～1948 頁。

正德八年五月，南京給事中葉溥等奉旨查核守備操江及沿江巡守等官功罪，奏請操江武靖伯趙弘澤、都御史陳世良，內守備黃偉、芮景賢、廖堂，外守備魏國公徐俌，協同守備西寧侯宋愷，參贊機務南京兵部尚書劉機，應天巡撫王縝，鳳陽巡撫張縉等俱宜究治。兵部覆奏。得旨，趙弘澤、陳世良已去任，南京守備官員俱宥之。〔註133〕

（2）寧王宸濠反叛

正德十四年寧王宸濠反叛，發兵攻佔南康、九江，順江而下，欲取南京，旋即被鎮壓。寧王反叛期間，南京守備官員齊心協力，保證南京的政治穩定，受到朝廷嘉獎。

寧王反叛始於正德十四年六月，至七月即被平定。六月丙子反，先後陷南康、九江等，圍攻安慶。南贛巡撫王守仁、吉安知府伍文定起兵討伐。七月甲辰南京守備參贊等官以宸濠反聞，下兵部，廷臣集議，請命將討之，並請敕南京總督操江南和伯方壽祥、操江都御史劉玉，南贛巡撫王守仁、湖廣巡撫秦金、應天巡撫李充嗣、鳳陽巡撫叢蘭各督兵分駐江西、湖廣、鎮江、瓜洲儀真等處防遏。武宗下旨親征，先遣安邊伯朱泰領兵為前哨趨南京，太監張忠、左都督朱暉領兵趨江西搗其巢穴，又命南京內外守備參贊等官晝夜關防，練兵固守，各地方官嚴守其地。〔註134〕

安慶被圍十八日，安慶守備楊銳、知府張文錦等固守，七月丙午，宸濠圍安慶府不克，引兵還。辛亥，王守仁等率兵赴南昌。丁巳，王守仁、伍文定等敗宸濠兵於樵舍，生獲宸濠。〔註135〕

平定宸濠之亂，南贛巡撫王守仁功最大，封新建伯。南京守備官員以及操江官員、應天巡撫、鳳陽巡撫亦得獎勵。其中參贊機務南京兵部尚書喬宇與應天巡撫李充嗣功不可沒。寧王反叛後南京守備與應天巡撫最先上報北京，其後又積極應對，喬宇率九卿臺諫等官誓以死守，城門設文武臣各二員率軍以守，城中暗設軍二營以防不虞。宸濠預遣死士二三百人潛入留都，於鼓樓街攬頭某人家為內應，如期而發，守備太監劉琅共謀之。喬宇偵知，先縛攬頭一審而知，間諜以次而擒，梟首江岸，都城獲安，宸濠少沮。〔註136〕

〔註133〕《武宗實錄》卷一百，《明實錄》35冊，2084～2086頁。

〔註134〕《武宗實錄》卷一百七十六，《明實錄》37冊，3415～3417頁。

〔註135〕〔明〕王守仁《王文成全書》卷三十三《年譜二》，《景印文淵閣四庫全書》1266冊，38～39頁。

〔註136〕〔明〕焦竑《國朝獻徵錄》卷二十五《光祿大夫柱國少保兼太子太保吏部尚書白巖喬公宇行狀》，《續修四庫全書》526冊，275頁。

　　《四友齋叢說》載喬宇大敵當前，臨危不亂，人心以定：「時方寧藩謀逆，聲言取南京，兵已至安慶，而白巖日領一老儒與一醫士，所至遊燕，兼以校弈，實以觀形勢之險要，而外若不以為意者。人以為一時矯情鎮物，有費褘、謝安之風。」〔註137〕

　　正德十四年八月，宸濠叛亂平定次月，賜敕獎勵南京內外守備參贊官。「初南京兵部尚書喬宇上安慶守城之功，並言分佈官軍防守沿江要塞，趣操江都御史劉玉率兵抵安慶會剿。上以宇等屢陳宸濠反狀，又嚴兵備禦有功，故獎之。」〔註138〕

　　比起喬宇，應天巡撫李充嗣功勞更大，南京上游門戶安慶為其所轄，楊銳、張文錦死守十八日，終敗宸濠，與李充嗣的調度配合，密切相關，李充嗣之子李松為其父撰《行狀》云，「時白巖喬公任南畿本兵，父相與誓曰：都城之內公身任之，畿輔之地某敢任之。」李充嗣自將精兵萬人屯於采石以塞上流之路，飛檄皖城，諭以忠義，楊銳感激思奮，嬰城固守，相機應敵，無不克捷。李充嗣又數潛遣間諜順流而下，詒云王師十萬四面而至，叛軍益加驚駭，由是而散亡者十之四五。繼而整發銳卒善水戰者千人，乘飛艦百餘艘，鼓譟而進，聲為安慶應援，城中望見士氣百倍，歡聲動地。楊銳即開門出敵，水陸夾攻，叛軍大潰。李充嗣分兵守采石為江防，自將兵收復九江。其後由於其不願攀結執政大臣，故其功不顯。〔註139〕

　　而對平叛之功，明人也有不同看法，徐樹丕《識小錄》卷三《王陽明》，認為王守仁之功不及李充嗣與喬宇，「李公勝之於方張，王公乘之於既敗，其難易固已迥別。李公之勝又賴南大司馬喬白巖為公後繼，盛卒時糧於采石，敵人因而破膽。其後論功不及喬李，蓋二公皆持重不自功，而陽明門人將佐皆善於誇飾，露布飛揚，遂為首功。其時公議亦為之不平。」〔註140〕

　　陳繼儒《見聞錄》卷七，亦認為宸濠之敗李充嗣功勞較大，「宸濠之敗寔由梧山李公而世無知者」，「人皆知逆敗之敗由於江西，而不知其寔由於安慶之挫。人皆知逆賊之潰由於安慶，而不知其寔由於間諜之功。」〔註141〕

〔註137〕〔明〕何良俊《四友齋叢說》卷六，《明代筆記小說大觀》910頁。
〔註138〕《武宗實錄》卷一百七十七，《明實錄》37冊，3456～3457頁。
〔註139〕〔明〕焦竑《國朝獻徵錄》卷四十二《太子少保南京兵部尚書贈太子太保謚康和李公充嗣行狀》，《續修四庫全書》527冊，238～239頁。
〔註140〕〔明〕徐樹丕《識小錄》卷三，《叢書集成續編》89冊，998頁。
〔註141〕〔明〕陳繼儒《見聞錄》卷七，《四庫全書存目叢書》子部244冊，222頁、224頁。

　　二人都認爲固守安慶，對最後戰勝宸濠最爲重要，此爲宸濠勢力最盛之時，安慶固守最爲艱巨。由於安慶守城成功，其後王守仁才能乘寧王安慶之敗收復南昌，又於其自安慶敗歸，黨羽逃散之時，乘機擒滅。二人所言確實有理，安慶之守共十八天，叛軍數萬，安慶守軍百餘，老少上城，安慶之功艱苦卓絕。而南昌城防空虛，故王守仁、伍文定等收復南昌只用數天。鄱陽湖之戰亦只用數天，時叛軍逃亡大半，王守仁趁虛而入，最終獲勝。

（3）嘉靖間備倭

　　嘉靖中葉後，南直隸、浙江等地頻遭倭寇，在此期間南京守備及南直隸其他安全官員亦參與本地區防務，南京守備與操江官員貢獻不大，應天巡撫與鳳陽巡撫則功績較著。

　　明朝廷在此期間設立總督南直隸等處軍務一職主持備倭事務，首任總督由參贊機務南京兵部尚書張經擔任，嘉靖三十三年五月，「經不妨原務兼都察院右副都御史總督南直隸、浙江、山東、兩廣、福建等處軍務，一應兵食俱聽其便宜處分，臨陣之際不用命者武官都指揮以下、文官五品以下許以軍法從事。」〔註142〕張經也爲歷任南京守備官員中權力最大的一位，張經任此職只五個月，即被免參贊機務南京兵部尚書，專門辦理剿倭軍務。嘉靖三十四年二月，遣工部右侍郎趙文華祭告海神並察視江南賊情，專門督理禦倭事務。〔註143〕三十四年五月張經由於趙文華彈劾，得罪罷職。升巡撫應天右僉都御史周珫爲兵部右侍郎仍兼原職，代經總督。〔註144〕趙文華實際爲南直隸等地禦倭最高官員。六月周珫因疾甚被免職，改南京戶部右侍郎楊宜爲兵部右侍郎兼右僉都御史代周珫。〔註145〕趙文華與浙江巡撫胡宗憲私厚，欲以胡宗憲代楊宜，上言督撫非人不能調度，請罷楊宜，以胡宗憲代之。世宗聽信此言，嘉靖三十五年二月御史邵惟中言楊宜與都御史曹邦輔經略失宜等，將楊宜革任。胡宗憲升兵部左侍郎兼都察院左僉都御史總督軍務。〔註146〕此後胡宗憲一直擔任總督南直隸、浙江、福建等處禦倭軍務一職。三十五年五月又命太子太保工部尚書趙文華兼都察院右副都御史提督浙直軍務，爲南直隸等地禦倭最高官員，位在胡宗憲之上。〔註147〕嘉靖三十五年九月梁莊平倭勝利之後，

〔註142〕《世宗實錄》卷四百十，《明實錄》46冊，7152頁。
〔註143〕《世宗實錄》卷四百十九，《明實錄》46冊，7278頁。
〔註144〕《世宗實錄》卷四百二十二，《明實錄》46冊，7322頁。
〔註145〕《世宗實錄》卷四百二十三，《明實錄》46冊，7338頁。
〔註146〕《世宗實錄》卷四百三十二，《明實錄》47冊，7452～7453頁。
〔註147〕《世宗實錄》卷四百三十五，《明實錄》47冊，7492頁。

浙直倭寇漸平，趙文華令還京，胡宗憲成爲南直隸等地最高官員。〔註148〕嘉靖三十九年五月胡宗憲任兵部尚書兼右都御史，南直隸等地巡撫、操江官員悉聽節制。〔註149〕至嘉靖四十一年三月，南京戶科給事中陸鳳儀劾胡宗憲，朝廷命錦衣衛械繫宗憲至京審問，於是浙直總督缺遂罷不補。〔註150〕

　　嘉靖三十三年至四十一年間，南直隸由於備倭，原來設立的南京守備、操江、應天、鳳陽巡撫共管一地的體制被打亂，總督南直隸等處軍務一職成爲最高官職，可以節制操江都御史、應天巡撫、鳳陽巡撫。嘉靖三十九年五月總督浙直福建都察院右都御史胡宗憲奏：「臣受命總督得節省三省」，「夫各邊巡撫之與總督相見原有定規，今俱抗衡，無遜詘意。至於操江都御史則雖文移亦不復通，臣徒擁總督虛位而無其實。」朝廷下旨胡宗憲轉兵部尚書兼右都御史，各撫操官等悉聽節制。〔註151〕

南京守備

　　自張經後南京守備官員不參與南直隸地區備倭事務，專職守備南京，但仍對本地區防務作出建議，嘉靖三十四年七月，南京兵部尚書張時徹等奏應天等府地廣，巡撫一人控制爲難，請添設兵備或巡撫以便責成。兵部議添設兵備副使一員，於句容、溧陽、廣德往來駐紮。爲朝廷採納。張時徹等又言倭夷侵迫畿輔，而京軍遠戍，乞掣回防守。朝廷從之。〔註152〕

　　嘉靖三十四年閏十一月南京兵部尚書張鰲覆兵部尚書楊博所議防守留都四事。又會同南京府科道等官議上留都安攘實政五事。多爲朝廷採納。〔註153〕

　　嘉靖三十五年五月，南京兵部尚書張鰲、鳳陽巡撫陳儒各奏倭寇突入淮陽，焚運船民舍，漸逼南都，乞速調客兵應援。兵部議覆，從之。〔註154〕

　　嘉靖三十六年六月，南京科道官劉堯誨等言倭寇攻掠揚州、高郵，勢且侵及天長、六合，去留都不數舍，請速敕諸臣刻期剿滅。朝廷命南京兵部撫操官及各督撫諸臣亟調兵驅剿。〔註155〕

〔註148〕《世宗實錄》卷四百三十九，《明實錄》47冊，7537頁。
〔註149〕《世宗實錄》卷四百八十四，《明實錄》47冊，8080頁。
〔註150〕《世宗實錄》卷五百七，《明實錄》48冊，8460頁。
〔註151〕《世宗實錄》卷四百八十四，《明實錄》47冊，8080頁。
〔註152〕《世宗實錄》卷四百二十四，《明實錄》46冊，7351～7352頁。
〔註153〕《世宗實錄》卷四百二十九，《明實錄》47冊，7409～7411頁。
〔註154〕《世宗實錄》卷四百三十五，《明實錄》47冊，7490頁。
〔註155〕《世宗實錄》卷四百四十八，《明實錄》47冊，7627頁。

操江官員

南京操江官員防守沿江區域，責任較輕，倭寇自海上犯境登陸，主要在應天、鳳陽巡撫境內，長江南京以下亦往往爲應天、鳳陽巡撫責任區域。嘉靖三十五年十一月癸卯，南直隸禦倭最高官員，提督直浙軍務尚書趙文華條陳防海事宜，「請以江海之防分爲三節，自南京至儀眞爲上節，責之操江衙門，而會哨於儀眞。自儀眞至狼福二山爲中節，責之常鎮儀揚參將把總，會哨於狼福，而巡江御史駐紮鎮江參轄之。自狼福至金山衛江海相界爲下節，責之通州蘇松參將把總，而金山副總兵常川會哨，巡江御史兼轄之。」下所司覆議。俱從之。〔註156〕操江責任區域只至儀眞，儀眞以下倭患最重的地區歸應天、鳳陽巡撫。

史褒善嘉靖三十一年七月至三十五年六月任南京都察院提督操江右僉都御史，此時南直隸倭情嚴重，嘉靖三十三年十一月巡撫直隸御史孫愼勘上蘇松禦倭文武官功罪，見任操江都御史史褒善等調度有功，各賞銀幣有差。〔註157〕

三十四年七月倭寇趨太平府，此時史褒善駐太平，遣鄉兵義勇等禦之於馬廠，大敗。〔註158〕

嘉靖三十五年二月朝廷命操江都御史史褒善量調九江安慶官軍，防守京口圖山等處。〔註159〕

至嘉靖三十五年六月，終以史褒善不能履行職責，罷免，「初褒善駐蕪湖，聞有倭自浙西突至，即以是日馳往徽寧避之。賊度江陰，過狼山，直抵瓜州，至揚州寶應城大掠，皆江防地，官軍無能御者。於是南科給事中張師載論劾褒善選懦失職，遂坐免」。〔註160〕

應天巡撫

應天巡撫由於轄地受倭害最重，深處抗倭前線，抵禦倭寇威脅，保衛南直隸地區的責任最重，貢獻較大，第二任總督周珫即由應天巡撫升任，其後任應天巡撫曹邦輔則抗擊倭寇侵略戰功顯著。

嘉靖三十四年五月升浙江按察使曹邦輔爲都察院右僉都御史提督軍務

〔註156〕《世宗實錄》卷四百四十一，《明實錄》47 冊，7563～7564 頁。
〔註157〕《世宗實錄》卷四百十六，《明實錄》46 冊，7230 頁。
〔註158〕《世宗實錄》卷四百二十四，《明實錄》46 冊，7352 頁。
〔註159〕《世宗實錄》卷四百三十二，《明實錄》47 冊，7454 頁。
〔註160〕《世宗實錄》卷四百三十六，《明實錄》47 冊，7501 頁。

巡撫應天。當年夏，一小股賊不過六七十人，而經行數千里，殺戮戰傷者幾四千人，歷八十餘日始滅。倭寇由杭州北登陸，經淳安，入徽州歙縣等地，趨南陵，遂達蕪湖。奔太平府，犯江寧鎮，徑侵南京大安德門，及夾岡，乃趨秣陵關而去，又由溧水流劫溧陽、宜興，越武進，抵無錫慧山寺，一晝夜奔一百八十餘里。明軍追及急擊之，倭寇疲走望亭，次日至滸墅關。八月甲戌，都御史曹邦輔督各官兵圍之。壬辰，蘇松巡撫曹邦檄僉事董邦政、把總婁宇以沙兵擊滸墅關倭寇，倭潰敗，追及於楊林橋，盡殲其眾。「此賊自紹興高埠，奔竄不過六七十人，流劫杭嚴徽寧太平至犯留都，經行數千里，殺戮及戰傷無慮四五千人，凡殺一御史、一縣丞、二指揮、二把總，入二縣，歷八十餘日始滅。」〔註161〕

鳳陽巡撫

應天巡撫轄區最先遭倭害，其後鳳陽巡撫轄地亦頻遭襲，嘉靖三十六年十月南京都察院右僉都御史李遂任提督軍務兼巡撫鳳陽，此後李遂抗擊倭寇，屢建戰功，其功勳不次於總督胡宗憲。嘉靖三十八年四月，倭寇來攻淮安，巡撫李遂親督參將曹克新等禦之，大戰於姚家蕩，斬首四百七十八級，賊遁入姚莊，明軍縱火焚莊，倭寇死者二百七十餘，餘賊奔陳莊，明軍復追斬七十四級。〔註162〕

五月，李遂以四月以來禦倭功次來報，謂首戰於白蒲繼，截於姜堰，策其必奔廟灣，遂令諸將星馳淮上，適山東兵至，乃分佈犄角，屢致克捷。先後斬獲真從倭賊首級八百一十八顆，生擒一十六名，「自倭患以來未有若此之大捷也」。〔註163〕

八月己未，江北倭奔入劉家莊就食，明軍四面圍之。李遂與江南副總兵劉顯率部縱火急衝擊，自辰至酉，賊巢始破，共斬首三百一十四級。倭寇奔白駒場，明軍追擊，又敗之於七灶及茅花墩，共斬首四百餘級，賊眾盡殄。癸亥升鳳陽巡撫李遂為南京兵部右侍郎。〔註164〕

（4）崇禎間農民軍戰爭

崇禎間南直隸地區屢遭兵火，南京守備官員與南直隸其他安全官員參與南直隸地區的守衛，為本地的安全作出了貢獻。

〔註161〕《世宗實錄》卷四百二十五，《明實錄》46 冊，7363～7364 頁。
〔註162〕《世宗實錄》卷四百七十一，《明實錄》47 冊，7919～7920 頁。
〔註163〕《世宗實錄》卷四百七十二，《明實錄》47 冊，7927～7928 頁。
〔註164〕《世宗實錄》卷四百七十五，《明實錄》47 冊，7964～7966 頁。

南直隸遭受農民軍來襲主要在崇禎八年至十年間，交戰主要地區爲應天巡撫所轄安慶府，鳳陽巡撫所轄鳳陽府、廬州府。爲應對農民軍進攻，明朝廷於崇禎八年設立總理直隸等處軍務一職，專門督辦剿滅農民軍。崇禎十年又割應天巡撫所轄安慶、池州、太平三府，鳳陽巡撫所轄廬州府，設立安廬巡撫。加上原設南京守備、操江官員、應天巡撫、鳳陽巡撫，南直隸地區共有六類官員，共同維護本地區安全。

戰事最激烈的崇禎八年至十年前後任職的南直隸地區安全官員有參贊機務南京兵部尚書呂維祺，崇禎六年至八年任，范景文，崇禎八年至十一年任。南京操江都御史馬鳴世，崇禎六年至八年任，王道直，崇禎八年至十一年任。應天巡張國維，崇禎七年至十三年任。鳳陽巡撫朱大典，崇禎八年至十四年任。總理直隸等處軍務盧象昇，崇禎八年至九年任，王家禎，崇禎九年至十年任，熊文燦，崇禎十年至十二年任。安廬巡撫史可法，崇禎十年至十二年任。

南京守備

崇禎初農民軍起，西北、中原等地最先受襲，南直隸地區起初沒有受到影響，而最早警告南直隸地區加強防備，即爲參贊機務南京兵部尚書呂維祺，呂維祺目擊家鄉河南各地所遭兵火的慘狀，崇禎六年十二月上《中原生靈疏》，言其對南京及南直隸防務的看法，他認爲宿州、壽州、鳳陽靠近河南，應先預防變局，鳳陽巡撫應注意防守戰略要地，抓緊各處戰備，河南農民軍東進，應赴鳳陽駐守。同時派遣提督趙世臣渡江，督守禦袁瑞徵等整練池河、浦口兵馬。撫寧侯朱國弼等，督坐營朱啓明等訓練水陸及各營官兵並偵探防訊等事。〔註165〕此疏頗有遠見。崇禎八年正月，農民軍果攻陷中都鳳陽，殺傷官民甚眾。八年正月十七日呂維祺召南京公卿雜議，決定發兵堵截。農民軍至池河，呂維祺發提督趙世臣率浦口選鋒禦之，又發都司薛邦楨壁於全椒。趙世臣不即至，池河守將戰死，農民軍至全椒知有備，撤兵。〔註166〕

八年二月呂維祺罷，四月范景文接任。范景文是崇禎間抗擊農民軍進攻貢獻最大的南京守備官員，自八年任至十二年初，范景文疏奏言及自己的戰略部署，要點是拒敵於江北，而非固守城池。《狡賊窺江計沮乞敕合圍盡殲

〔註165〕〔明〕呂維祺《明德先生文集》卷五，《四庫全書存目叢書》集部185冊，78頁。
〔註166〕〔明〕范景文《南樞志》卷一百八，3020頁。

疏》：守城不如守江，守於江以內不如江以外。設大帥以護浦口之粟，分兩軍以衛江浦之城。既護陵又扼江，即乘城又備浦。〔註167〕《流寇遁遠宜防議留重兵屯要地疏》：「臣部所統原屬禁旅，內護陵京是其專責，江北郡邑非關信地。然臣私以廬乃江南第一重門戶，江浦則第二重門戶也。與其禦之江南不如江北。」〔註168〕

　　錢謙益崇禎十四年所作《范司馬參機奏疏序》概括范景文在任功績：「定營制，簡家丁，治樓船，練火器。將知兵，兵習將，部曲壁壘煥然一新。於是乎有援池、援滁、援廬之師，江浦之役賊烽夜照江水，不能以片羽飛渡，誰之力也？」又概括范景文的戰略思想，「非戰無以爲守，非守江無以守陵、守京，非守江北無以守江南，此守江南之大局也。以池河衛關山，以關山衛滁浦，此守江外之大局也。宿重兵於廬，遊兵出英六之間，東據鳳泗，西應皖楚，南控江，北扼淮，此守江北之大局也。」〔註169〕

　　崇禎八年三月南京兵部發軍卒二千三百名，由坐營徐元亨統帥駐紮滁州，內捍浦口，外援池河。十二月農民軍屯六安，十八日范景文命提督杜弘域等爲中軍渡江次浦口，農民軍頓廬州不進。二十一日命提督游擊朱國璽援廬，廬州農民軍戰敗退至和州，范景文先遣新江營坐營薛有年守和州，新江營軍爲操江勳臣所轄，檄下不時遣，農民軍先至和州，二十八日和州破。南畿門戶失守，南京民眾震恐，公卿大臣皆分守城門。范景文遣將汪之斌率標防營七百餘人渡江守禦，二十九日至浦口，江浦告急，汪之斌往戰於西南門外。應天巡撫張國維遣將蔣若蘭與縣令李維樾死守，范景文遣將蔡忠，烏江都司諸廷柱統兵三千搗農民軍營，神機營參將徐元亨統兵來援。

　　九年正月初四農民軍捨和州攻江浦，汪之斌、徐元亨等與之激戰，徐元亨等陣亡，農民軍退，攻滁州，分攻浦口。又敗退，轉攻池河，池河守禦劉光輝等戰死。多末戰事激烈，范景文言江北諸戍池河爲大，令關熊將新募邊丁戍之。

　　十年正月二十四日，農民軍從定遠縣突至朱龍橋，知有備退去。范景文又令關熊等守江浦，農民軍至全椒聞而退。正月十九日范景文遣茅守憲入裕溪，農民軍攻無爲，聞有守備撤兵。〔註170〕

〔註167〕〔明〕范景文《南樞志》卷一百五十八，4100～4101頁。
〔註168〕〔明〕范景文《南樞志》卷一百五十八，4103～4104頁。
〔註169〕〔清〕錢謙益《牧齋初學集》卷三十，《續修四庫全書》1389冊，530～531頁。
〔註170〕〔明〕范景文《南樞志》卷一百八，3021～3032頁。

南京守備官員管轄地域在江南，江北遭受農民軍攻擊的地域非其責任區域，自始至終農民軍並未越過長江進攻南京城池，而時任參贊機務南京兵部尚書的范景文卻認爲守京不如守江，守江南不如守江北，主動發兵往援，對維護南直隸安全作出了較大的貢獻。

操江官員

崇禎八年至十年，南京操江都御史先後爲馬鳴世和王道直。崇禎八年九月命王道直爲南京右副都御史提督操江。給其敕諭曰：「南都武備廢弛已久，戰船朽壞，器械鏽鈍，兵多虛冒，沿江上下遼闊，奸宄易生。爾到彼，會同操臣李弘濟及內外守備、戶兵二部，互相商確，各期振作。」〔註171〕

八年十二月，含山農民軍攻和州，南京兵部尚書范景文遣新江口坐營游擊薛有年往和州設守，而操江勳臣不時遣，農民軍至，城破。〔註172〕

九年十二月，江北淮南戰事激烈，兵部請敕，江防責之文武操江王道直、李弘濟。〔註173〕

十年五月，農民軍圍攻望江縣城，操江都御史王道直撥發水兵協防，城終保全。〔註174〕

十年七月，農民軍由來安攻六合，六合兵少，不戰而潰，城破，知縣鄭同玄逃去。農民軍攻天長，操江都御史王道直兵至，發火炮擊農民軍，解圍去。〔註175〕

操江都御史所轄以沿江區域爲主，農民軍來襲主要來自南直隸以西河南、湖廣境內陸路，操江官員所轄水軍員額、戰船數量本就單薄，因而戰爭中操江官員所轄武裝力量的支持不多，史籍記載也較少，在與農民軍的作戰中作用最小。

應天巡撫

農民軍與明軍交戰最激烈的崇禎八年至十年，張國維任應天巡撫，所轄十府東西綿延千里，其中安慶一府與應天府所轄江浦、六合二縣孤處江北，屢遭來襲，安慶府爲禍最烈，張國維與時任安池兵備副使的史可法恪盡職守，

〔註171〕〔清〕談遷《國榷》卷九十四，5714頁。
〔註172〕〔清〕戴笠《懷陵流寇始終錄》卷八，《續修四庫全書》441冊，386～387頁。
〔註173〕〔清〕戴笠《懷陵流寇始終錄》卷九，《續修四庫全書》441冊，452頁。
〔註174〕〔明〕張國維《撫吳疏草・太望城全賊退疏》，《四庫禁燬書叢刊》史部39冊，351頁。
〔註175〕〔清〕戴笠《懷陵流寇始終錄》卷十，《續修四庫全書》441冊，492頁。

與農民軍屢次血戰，爲南直隸的安全作出重要貢獻。崇禎十年七月應張國維的請求，設立安廬巡撫，由史可法出任，管轄原屬應天巡撫的安慶、池州、太平三府和鳳陽巡撫所屬廬州一府。其後安慶、廬州仍爲南直隸地區與農民軍作戰的主要戰場。

崇禎九年農民軍圍廬州，陷和州，張國維遣陳于王守六合，張若來守江浦，六合無城，若來與于王犄角捍之，二邑以完。十年正月農民軍分犯江浦、六合及安慶，張國維遣部將張載虞等援安慶，而以新募兵二千，令副將程龍及陳于王、張若來分戍二邑，已而農民軍不至，張國維擬赴安慶城太湖，乃提程龍等三將兵西上。三月農民軍犯太湖，副將潘可大將安慶兵九百，程龍等三將將吳中兵三千六百禦之酆家店，農民軍先犯潘可大營，程龍等至夾擊之，農民軍多死傷，夜復至，中伏擊，亦敗去。張獻忠攻桐城，襲陷廬江、屠巢、無爲、潛山、太湖、宿松諸城，張國維禦之，張獻忠從英霍遁。〔註176〕

應天巡撫所轄地域分處長江南北，東西綿延千里，又兵力單薄，巡撫駐紮蘇州，其西屬安慶，北屬應天府江浦、六合屢遭襲擊。應天巡撫先駐安慶，後又駐紮鎭江京口，策應大江南北的軍事行動，對維護南直隸安全貢獻較大。

鳳陽巡撫

崇禎八年至十年間，朱大典任鳳陽巡撫，崇禎八年正月，農民軍攻陷鳳陽，中都留守朱國相戰死，知府顏容暄被殺。鳳陽爲明朝中都，地位僅次於兩京，崇禎皇帝素服避殿，親祭告太廟，誅殺鳳陽巡撫楊一鵬。鳳陽被攻陷是南直隸安全局勢的轉折點，此後江北地區頻繁遭受農民軍襲擊。當年二月朱大典繼任，其轄區與河南相接，鳳陽、廬州二府最易遭中原農民軍侵襲，其在任期間，頻繁與農民軍交戰。

崇禎八年七月，朝廷命朱大典以兵二千三百，總兵楊御蕃以兵一千五百扼南畿要害，護祖陵，農民軍由上蔡入江北之太和，朱大典與御史張任學居守，而遣列將朱子鳳援太和，楊振宗援蒙城，劉良佐援懷遠。楊振宗、劉良佐竟卻農民軍，而朱子鳳戰死殺傷相當。崇禎九年正月總理盧象昇大敗農民軍於滁州，朱大典以其兵會之，農民軍破走趨壽州，又命劉良佐等戰於蒙城卻之。是年多農民軍大舉入江，陪京戒嚴，詔令朱大典與總理王家楨合擊。十年正月朱大典遣劉良佐一戰於大安集，再戰於廬州，三戰於六安之茅墩，

〔註176〕〔明〕張國維《張忠敏公遺集》附錄卷三《北南略》，《四庫未收書輯刊》6輯29冊，754～755頁。

又遣楊正芯等一戰於陶城華鎮，再戰於沙河。四月農民軍窺桐城，桐城非朱大典分地，以事急，遣劉良佐協守，總兵牟文綬救之，農民軍敗走。又移兵援舒城，而分兵戍桐。〔註177〕

鳳陽巡撫所轄鳳陽府，在南直隸地區中最先遭受兵燹，其後廬州又頻遭襲，其轄地緊鄰河南，農民軍輕易犯境，鳳陽巡撫自始至終責任重大，其對維護南直隸安全的貢獻不下於應天巡撫。

總理直隸等處軍務

總理直隸等處軍務一官設於崇禎八年，崇禎八年八月，命盧象昇任總理直隸、河南、山東、四川、湖廣等處軍務。〔註178〕九年王家楨任，十年至十二年熊文燦任。與其他官員不同，總理直隸等處軍務專為剿滅農民軍而設，其時又設總督陝西三邊軍務，總理主東南，總督主西北。其他官員劃地而守，總理直隸等處軍務則需主動進擊，或尾隨堵截。南直隸兵禍最烈的崇禎八年至十年期間，總理直隸等處軍務剿滅農民軍最大的勝利即為崇禎九年的滁州之捷。九年正月，總理盧象昇集結牟文綬、祖寬諸將率薊遼關鎮之兵駐紮鳳陽泗州。農民軍疾攻滁州，知州劉大鞏、南京太僕寺卿李覺斯率士民固守。盧象昇遣總兵祖寬以關遼勁兵為前鋒，自以兵分道進，戰於城東之五里橋，農民軍敗，盧象昇自定遠以楊世恩等繼至，盧象昇援枹大呼，追五十里，至朱龍橋，殺農民軍精騎二千。〔註179〕

安廬巡撫

安廬巡撫設於崇禎十年。崇禎十年七月己巳，以史可法為右僉都御史，協理剿寇軍務，巡撫安、廬、池、太兼轄光、蘄、固始、廣濟、黃梅、德化、湖口等縣。〔註180〕史可法原為負責安慶守衛的安池兵備道副使，安廬巡撫轄區為安慶、廬州、池州、太平四府，及鄰近河南、湖廣、江西的光、蘄、固始、廣濟、黃梅、德化、湖口等縣。史可法任至十二年。史可法任安池兵備道副使期間與巡撫張國維、總兵許自強等齊心合力，屢次擊敗農民軍進攻，是南直隸地區功績最著的官員。安廬巡撫設立後，兵部尚書楊嗣昌上平定農

〔註177〕〔清〕全祖望《鮚埼亭集外編》卷九《明文華殿大學士兵部尚書督師金華朱公事狀》，《續修四庫全書》1429冊，542頁

〔註178〕《崇禎實錄》卷八，《明實錄》88冊，260頁。

〔註179〕〔清〕戴笠《懷陵流寇始終錄》卷九，《續修四庫全書》441冊，391～392頁。

〔註180〕《崇禎實錄》卷十，《明實錄》88冊，309頁。

民軍方略，規定各巡撫責任區域，安廬巡撫的職責爲阻斷英山、六安。十年十一月，史可法駐宿松，招集流亡。〔註181〕十一年三月農民軍破桐城關箱，史可法遣劉邦域擊走之。〔註182〕

六類官員中總理直隸等處軍務是專門爲剿滅農民軍所設，任務最單純，職掌只限於軍事，對南直隸安全負有最大責任，但因農民軍經常活動的區域主要在河南、陝西等南直隸以北地區，總理直隸等處軍務官員主要在南直隸以外地區開展軍事行動，其對南直隸地區的安全貢獻不大，重大的軍事勝利寥寥可數，只有崇禎九年的滁州朱龍橋之捷。

安廬巡撫最後設立，其所轄地區割自應天巡撫的安慶府、鳳陽巡撫的廬州府，卻爲雙方交戰最激烈的地區，安廬巡撫對守衛南直隸安全貢獻較大。

4. 南京守備對南直隸地區安全的作用

南京守備爲南直隸地區職務最高的官員，管轄地域卻最小，集中於南京內外城郭，自古以來兵家即言金陵防禦必須守江守淮，南京守備多持此說，故南京守備需與南京周邊各安全官員通力協作，才能保證南京的安全。南京周邊有警，南京守備也積極應援，進而成爲守衛整個南直隸地區的重要力量。南直隸地區一旦發生戰事，朝廷進行軍事部署時，亦需通盤考慮對此地所設各類官員的分工協調，從此可考南直隸各類安全官員的地位和作用。

正德七年農民軍來往於南京及其附近江面，長江由操江官員守把，爲其責任區域，朝廷沒有委派操江官員專剿，亦未派南京守備官員往剿，仍以原委北京都御史等官統領京軍及各地官軍追剿，南直隸地區南京守備、操江官員、應天巡撫、鳳陽巡撫對剿滅農民軍只起協助作用。但上述官員仍需對南直隸地區安全負責，農民軍輕易往來於南京附近江面，官軍無力抵禦，亦爲失職，均爲科道官參劾。其中操江官員爲長江區域主管官員，卻表現低下，負主要責任，終爲罷職。南京守備官員遭嚴責，仍留任。可見朝廷仍以南京城池的安全爲南京守備的主要責任。農民軍剿滅後，因爲狼山位於鳳陽巡撫轄區，又近鄰應天巡撫轄區，二位巡撫亦對北京官員提供支持，故二位官員亦受嘉獎。

上述四類官員各自轄區大小類型不同，但固守一地爲其職責，一旦發生重大事變，由朝廷發兵平定，這是明朝廷的一貫做法。農民軍三過南京江面，

〔註181〕〔清〕戴笠《懷陵流寇始終錄》卷十，《續修四庫全書》441 冊，516 頁。
〔註182〕〔清〕戴笠《懷陵流寇始終錄》卷十，《續修四庫全書》441 冊，452 頁。

操江官軍不敢出戰，操江官員被罷職，但未治罪，而原委剿滅農民軍的北京都御史馬中錫卻得罪，瘐死獄中，亦此可見，朝廷對南直隸各官員仍以固守責任區域為首要責任。

正德十四年寧王宸濠叛亂，明朝廷對南京乃至南直隸及附近各省均作出軍事部署，兵部集廷臣會議時，主張南贛、湖廣、應天、鳳陽各巡撫合剿，但未言及南京守備，武宗不同意廷臣安排，欲御駕親征，剿滅軍隊由北京派出，一路往南京、一路往江西。南京守備官員只命固守，各鄰近巡撫協同分守。可見無論北京廷臣或武宗本人，都將南京守備官員的職責定為留都防衛，即使宸濠欲兵發南京，圍攻安慶，亦是派遣南京操江官軍前往。

其時南贛巡撫王守仁咨文南京兵部，請求策應：「為此合咨貴部，煩為通行在京及大小衙門，會謀集議，作急繕完城守，簡練舟師，設伏沿江，以防不虞之襲，傳檄傍郡，以張必討之威。先發操江之兵聲義而西，約會湖湘，互為掎角。本職亦砥鈍策駑，牽躡其後。」〔註183〕從身處前線的王守仁來看，他對南京守備官員的指望也只是固守南京城池，只希望操江官員發兵往援，

事發後應天巡撫李充嗣與參贊機務南京兵部尚書喬宇分工部署，各保一方，亦可看出各自責任區域，「時白嚴喬公任南畿本兵，父相與誓曰：都城之內公身任之，畿輔之地某敢任之。」〔註184〕喬宇守南京，李充嗣守南京以外地區。

從鎮壓寧王反叛時，南京守備及應天巡撫等官員的表現看，對整個南直隸地區的安全防範，南京守備的責任最小，其任務也最簡單，只需確保南京城池安全。其附近區域發生戰亂，由北京政府發兵往剿，南京周圍所設應天巡撫、鳳陽巡撫、操江官員則分守責任區域。

嘉靖後期，南直隸設立總督軍務以應對倭寇。朝廷初意，原本以參贊機務南京兵部尚書為首，負責南直隸地區備倭事務。設立總督軍務以前，嘉靖三十二年十二月南京兵科給事中賀涇條奏拱衛留都七事，其一言：地方有警，南京兵部會推知兵大臣一員在江南則居新江口等處，在江北則居滁、和、浦口等處居中調度相機剿捕。上從其議。〔註185〕其管轄區域不限制在南京城池。

〔註183〕〔明〕王守仁《王文成全書》卷三十一上《預行南京各衙門勤王咨》，《景印文淵閣四庫全書》1265 冊，826 頁。

〔註184〕〔明〕焦竑《國朝獻徵錄》卷四十二《太子少保南京兵部尚書贈太子太保謚康和李公充嗣行狀》，《續修四庫全書》527 冊，238 頁。

〔註185〕《世宗實錄》卷四百五，《明實錄》46 冊，7085 頁。

嘉靖三十三年五月給事中王國禎等以倭寇猖獗逼近留都，奏請推選總督大臣重其事權。下兵部集廷臣議，因薦南京兵部尚書張經首任總督，「命經不妨原務兼都察院右副都御史，總督南直隸、浙江、山東、兩廣、福建等處軍務，一應兵食俱聽其便宜處分，臨陣之際不用命者，武官都指揮以下，文官五品以下許以軍法從事。」〔註186〕張經是幾任總督中權力最大的一位，總督南直隸及五省軍務，其後權力最大的胡宗憲亦只總督南直隸、浙江、福建軍務，最多亦增轄江西，後收回。嘉靖三十三年十月，辛巳兵科都給事中李用敬論劾總督張經縱賊誤國。吏兵二部覆議，認為兵敗因非張經之失，其「以南京參贊之職節制東吳，內外掣肘，不便行事，乞量改一官，令其專以平寇為務，其參贊之任更命一人代之。則內外均有責成，非獨處經，實以重留都也。」朝廷命改張經為右都御史兼兵部右侍郎專一總督軍務，以南京吏部尚書周延代張經為南京兵部尚書參贊機務。〔註187〕此後南京兵部官員仍參與南直隸等地備倭事務，如第三任總督即為南京兵部右侍郎楊宜。

　　總督軍務設立後，南直隸原來所設的四類安全官員中，南京守備職責沒有變化，任務最簡單，即護衛留都，不受總督節制。其他三類官員則受總督節制，其中操江官員職責略有變化，相應責任區域減小，對抗倭貢獻不大。應天、鳳陽巡撫面對倭寇，首當其衝，其責任較大，貢獻也最大。

　　崇禎間農民軍戰爭，朝廷設立總理直隸等處軍務，主持與南直隸地區在內的各地農民軍作戰，而原設的四類官員以及新設立的安廬巡撫則固守一地，協助總理剿滅農民軍。九年十二月，「本兵請敕，留都防捍責之南樞范景文。江防責之文武操江王道直、李弘濟。孝陵責之南和伯方一元。鳳陵責之總兵楊御蕃，泗陵責之潁州道，淮撫朱大典分標下兵，協力各整所部，互相應援。江西巡撫守九江，浙江巡撫守獨松關，應天巡撫分兵駐京口。」〔註188〕上述即劃分各類官員的分守區域，南直隸各官員仍各守其地。

　　崇禎十年三四月間，兵部尚書楊嗣昌上疏，建「四正六隅」之說，對與農民軍的戰爭做出部署，為朝廷採納，「當以陝西、河南、湖廣、鳳陽為四正面，此四巡撫，與之計兵計餉，責之分任剿而專任防。又以延綏、山西、山東、應天、江西、四川為六隅面，此六巡撫查其見兵見餉，責之時分防而時協剿，如是而十面之網張矣。卻用總督、總理二臣為隨賊所向，專任剿殺之

〔註186〕《世宗實錄》卷四百十，《明實錄》46冊，7152頁。
〔註187〕《世宗實錄》卷四百十五，《明實錄》46冊，7217頁。
〔註188〕〔清〕戴笠《懷陵流寇始終錄》卷九，《續修四庫全書》441冊，452頁。

官。」〔註189〕其中專門進攻農民軍的爲總理直隸等地軍務，以及西北設立的總督陝西三邊等處軍務二位官員，應天巡撫與鳳陽巡撫只起輔助作用，鳳陽巡撫責任較重，轄區爲正面戰場，「分任剿而專任防」，應天巡撫責任較輕，轄區爲次要戰場，「時分防而時協剿」，如農民軍進入南直隸地區，鳳陽、應天巡撫仍然劃區防守，由總督、總理二位官員於南直隸地區會剿。「賊在江北，則鳳陽、應天、山東、河南、湖廣、江西六撫張六面，而總督、總理俱入江北會剿。」楊嗣昌的計劃中，南京守備、操江官員俱無與農民軍作戰的安排，其職責仍爲守衛留都及沿江地區。

十年七月，南京六合被農民軍攻破，楊嗣昌商議集中各地兵馬合圍農民軍，被朝廷採納，朝廷命鳳陽巡撫在北，應天巡撫在南，總理直隸軍務在西，浙齊豫楚四撫夾擊，安廬巡撫與操江官員亦要求發兵應援。〔註190〕南京守備則不參與此戰。

十年十月，楊嗣昌又立三月限期剿滅農民軍，被朝廷採納，其計劃爲「陝撫斷商雒，鄖撫斷鄖襄，楚撫斷德黃，皖撫斷英六，鳳撫斷潁亳，而應撫之兵仍堵潛太，江撫之兵急堵梅濟，東撫之兵直堵徐宿，晉撫之兵橫截陝靈，保撫之兵飛渡延津一帶，然後總理提邊兵，監臣提禁旅，豫撫提左陳等兵同心並力，合剿中原。」〔註191〕其中安廬巡撫防守英山、六安，鳳陽巡撫防守潁州、亳州，而應天巡撫防守潛山、太湖。總理直隸軍務爲進攻主力，南京守備、操江仍不參與作戰。

從崇禎間明朝廷的軍事部署看，南直隸地區各類官員中，南京守備對本地區安全的責任最輕，仍限制在固守城池，主要原因爲留都南京地位特殊，對明代統治者而言非常重要，故南京軍隊輕易不得調出，崇禎九年清兵圍北京昌平，兵部咨各地督撫提兵入衛，范景文願領兵入衛，遭同官反對，「諸臣皆言敕書具在職守陵京，流孽震鄰，未可輕動。遂遣龍江坐營薛邦楨督率本營官兵二千一百二員名，於八月初六日起行。」〔註192〕

〔註189〕〔明〕楊嗣昌《楊文弱先生集》卷九《敬陳安內第一要務疏》，《續修四庫全書》1372冊，113頁。

〔註190〕〔明〕楊嗣昌《楊文弱先生集》卷十八《狡賊東下疏》，《續修四庫全書》1372冊，246頁。

〔註191〕〔明〕楊嗣昌《楊文弱先生集》卷十九《請旨責成剿賊第一事疏》，《續修四庫全書》1372冊，268頁。

〔註192〕〔明〕范景文《南樞志》卷一百五十九《恭報入衛兵馬起行日期疏》，4154頁。

崇禎十年鳳陽有警，鳳陽巡撫朱大典告急，兵部覆奏，朝廷下聖旨：「留都根本重地，本營兵豈得輕議調防。」〔註193〕

儘管南京守備對南直隸地區的安全責任最輕，仍需與本地區各官員協力合作，朝廷亦要求南京守備與其他官員會商處理重大事務，崇禎十年農民軍屢次進攻南直隸地區，參贊機務南京兵部尚書范景文與總理直隸軍務等官員協同佈防，共同應對，「自顧留樞則以居中調度爲事者也。故一聞警之始，即時移咨理臣王家楨隨賊來剿，淮撫朱大典、應撫張國維、操撫王道直各以堵兼剿。」〔註194〕

范景文頗爲勤勉，敢於任事，在任期間屢次發兵救援江北，期在爲南京安全建立屏障。范景文所發兵往援的爲鳳陽巡撫所轄鳳陽府池河、廬州府、滁州、和州等地，此爲南京西北陸上門戶，又爲南京兵部所轄屯糧軍衛駐紮之地，故有責任救援。以江浦浦口爲江北最後一道防線，下令死守。而浦口又爲應天巡撫屬地，南京兵部的救援也極大緩解了應天巡撫的壓力。

江浦等地由於位置非常重要，事關留都安全，爲各方官員重視，因而亦能同心協力，如崇禎十年一二月間江浦遭襲，應天巡撫張國維積極應對，南京兵部尚書、鳳陽巡撫亦協力佈防，終保江浦安全：「臣發都司李一鳳等統標兵四營於江浦，與知縣李維樾晝夜堤備，而南樞臣復增兵一千二百員名紮營城外，軍聲益振。又發副將程龍統各營兵二千餘於六合，與知縣鄭同玄協力扼守，而總漕臣復督兵剿防定遠，聲勢遙連，以故全椒之斗山一枝始不敢東下。」三月朝廷下旨要求南直隸所有官員：「會同南樞、操、鳳、理、撫，恪遵屢旨，速集銳師，合力殲擊。」〔註195〕

縱觀上述明代中後期的軍事動亂與戰爭，從明朝廷的軍事部署來看，一旦有警，南京守備的責任最爲單純，即固守南京城池，而剿滅敵人，由北京朝廷委派總督、總理等大臣專門辦理。南直隸地區有警，南京守備需與周邊安全官員協力合作，其責任亦較輕。比較起來，應天巡撫、鳳陽巡撫對南直隸安全的責任更重，貢獻更大。而由於南京的地理環境，又決定固守城池無

〔註193〕〔明〕張國維《撫吳疏草·請兵援剿疏》，《四庫禁燬書叢刊》史部39冊，274頁。

〔註194〕〔明〕范景文《南樞志》卷一百五十九《援師赴義甚速諸臣成勞難泯疏》，4170頁。

〔註195〕〔明〕張國維《撫吳疏草·布置防剿疏》，《四庫禁燬書叢刊》史部39冊，287～288頁。

法保證南京的安全，南京守備需擴大其防區，亦需與操江官員、應天巡撫、鳳陽巡撫通力合作，如崇禎間的范景文積極救援江北，對本地區的安全也作出了自己的貢獻。

南京守備制度始自永樂二十二年，直至明亡，是留都南京最爲重要的政治軍事制度，也是明代職務等級最高，官員設置最完備，制度最爲穩定的軍事安全制度。一種制度能延續二百餘年，自有其合理性，比起京營制度幾經變化的北京，和三堂制度革置無常的地方各省，南京守備制度保持其穩定性。南京守備制度設立的二百餘年裏，附近地區頻發軍事動盪，各類自然災害更是不斷發生，南京卻未發生重大動亂，政治局勢比較穩定，這與南京守備爲首的留都內外文武各級官員恪盡職守，各負其責密切相關，保證了留都南京政治軍事穩定。在此期間，南京沒有發生嚴重的軍事威脅，城池未受到嚴重的破壞，人民亦安居樂業。南京的安全與整個政治軍事大環境有關，與南京有利的地理因素有關，亦與南京守備這一完善的安全制度有關。儘管南京守備官員個人能力、口碑聲望等或高或低，就此項制度來說，一直保持了有序運行。

南京守備由明代職務最高的內外文武官員組成，這與南京的留都地位有關。明代統治者視南京爲根本之地，無論在心理層面上，還是實際的經濟軍事因素，都非常重視南京的安全，故派遣內臣、武臣、文臣三個系統的最高官員負責南京安全，顯示出其對祖宗發祥之地的重視。南京守備官員負責南京安全，與此相關的所有重大事務亦有權參與。南京守備對留都南京的監管是全方位的，涉及到政治、軍事、經濟、文化諸方面，不僅監督外臣文武官員，也監督內臣宦官，既管軍，又管民。設立南京守備，有利於明代北京中央政權對留都南京及南直隸的統治，加強了明代的皇權專制。南京守備官員來自不同系統，既有利於各負其責，也有利於相互監督，內外守備、參贊機務既和衷共濟又勾心鬥角，既競爭又合作，實現了明代統治者一貫力求的文臣限制武臣，內臣抗衡外臣，最終達到內外相制的政治局面。同樣的對南京內外文武官員的制衡，明代統治者也不乏清醒的認識，嘉靖間大學士張孚敬《議南京守備催革各處鎮守》論及南京內守備權重的問題：「莫若重文武大臣之選，百司分其務，科道糾其非，而事權一出於朝廷，祖訓所謂彼此頡頏，不敢相壓，所以穩當，誠至言也。」〔註196〕明代南京守備官員中唯一有不軌

〔註196〕〔明〕張孚敬《太師張文忠公集·奏議》卷五，《四庫全書存目叢書》集部77 冊，108 頁。

企圖的正德間內守備劉琅，即是在內外文武官員密切監督下被輕易鎮壓。

由於留都南京沒有直接遭受重大軍事危脅，南京守備制度對保衛南京軍事安全的作用，無法得到準確的考察。南京守備爲職務級別最高的官員，掌握大量軍隊，其責任區域卻非常有限，任務亦非常單純，只是固守南京城池，其對南直隸地區安全所起的實際作用小於應天巡撫和鳳陽巡撫。對南直隸地區的軍事威脅，南京守備儘管不負主要責任，也能盡其職守，爲維護本地區穩定發揮了重要的作用，不負朝廷重託。

附錄・南京守備年表

　　明清史籍中有南京守備官員年表的爲明王世貞《弇山堂別集》，卷五十有南京兵部尙書年表，自仁宗朝至神宗朝中期。明雷禮《國朝列卿記》，卷四十九有南京兵部尙書年表，自仁宗朝至神宗朝中期。明許重熙《國朝殿閣部院大臣年表》，自洪武元年至弘光元年，南京兵部尙書附於兵部尙書後。清談遷《國榷》，卷首之三有南京兵部尙書年表，自仁宗朝（誤作永樂元年）至南明弘光朝。諸書記載多有闕誤。2010 年出版的張德信《明代職官年表》，第二冊部院大臣年表（南京），有較詳細的南京兵部尙書年表。上述各表均爲文臣南京兵部尙書年表。王世貞的《弇山堂別集》卷六十四，有《南京守備、協同、參贊大臣年表》，除文臣參贊機務外，又有武臣外守備、協同守備年表，其中外守備年表自仁宗朝至神宗朝中期，協同守備年表自景帝朝至神宗朝中期，參贊機務年表自英宗朝至神宗朝中期。南京守備官員中內守備則從無年表。本年表材料主要來自《明實錄》，亦有來自明代史籍、文集等。

　　永樂二十二年（1424），內守備王貴通。外守備襄城伯李隆，駙馬都尉宋琥，駙馬都尉沐忻（昕）。此年爲南京守備設立之始。王貴通即後文中的王景弘。

　　八月丁未，命太監王貴通率下番官軍赴南京鎮守。（《仁宗實錄》卷一上）

　　九月戊子，命襄城伯李隆同駙馬都尉宋琥、沐忻於南京操兵守備。己亥，宋琥解任，召回北京。（《仁宗實錄》卷二下）

　　洪熙元年（1425）。內守備鄭和，王景弘。外守備李隆，沐昕。

　　二月戊申，命太監鄭和領下番官軍守南京。（《仁宗實錄》卷七上）

二月戊辰，敕沐昕專管孝陵祭祀，軍營事務不必預。(《仁宗實錄》卷七上)

宣德元年（1426）。內守備鄭和，王景弘，羅智。外守備李隆。

羅智，宣德改元命守備南京，守備二十有餘年，正統戊辰（十三年）卒。(《明清論叢》第一輯《由南京地區出土墓誌看明代宦官制度》羅智墓誌銘)

宣德二年（1427）。內守備鄭和，王景弘，羅智。外守備李隆。

宣德三年（1428）。內守備鄭和，王景弘，羅智。外守備李隆。

宣德四年（1429）。內守備鄭和，王景弘，羅智。外守備李隆。

宣德五年（1430）。內守備鄭和，王景弘，楊慶，羅智，唐觀保。外守備李隆。

六月戊寅，遣太監鄭和、王景弘等齎詔往諭諸番國。(《宣宗實錄》卷六十七)

宣德五年五月初四日，敕南京守備太監楊慶、羅志（智）、唐觀保。(錢曾《讀書敏求記》卷二《西洋番國志》)

宣德六年（1431）。內守備羅智、外守備李隆。

宣德七年（1432）。內守備羅智、外守備李隆。

宣德八年（1433）。內守備羅智、外守備李隆。

宣德九年（1434）。內守備王景弘，羅智。外守備李隆。

十二月甲戌，敕行在工部及南京守備襄城伯李隆、太監王景弘等。(《宣宗實錄》卷一百十五)

宣德十年（1435）。內守備王景弘羅智。外守備李隆。參贊機務南京戶部尚書黃福。此年為參贊機務設立之始。

春正月辛丑，命戶部尚書黃福參贊南京機務。(《英宗實錄》卷一)

正統元年（1436）。內守備王景弘羅智。外守備李隆。參贊機務黃福。

正統二年（1437）。內守備劉寧，羅智，袁誠。外守備李隆。參贊機務黃福。

十月戊辰，監察御史李在修等劾奏南京守備太監羅智、袁誠各縱奴殺人等。（《英宗實錄》卷三十五）

正統二年十一月丙午，南京守備太監劉寧等言……（黃佐《南雍志》卷三）

正統三年（1438）。內守備劉寧，羅智，袁誠。外守備李隆。參贊機務黃福。

正統四年（1439）。內守備劉寧，羅智，袁誠。外守備李隆。參贊機務黃福。

正統五年（1440）。內守備劉寧，羅智，袁誠。外守備李隆，豐城侯李賢。參贊機務黃福，南京兵部右侍郎徐琦。

正月戊申，南京守備參贊機務少保兼戶部尙書黃福卒。（《英宗實錄》卷六十三）

二月辛卯，命兵部右侍郎徐琦參贊襄城伯李隆守備南京機務。（《英宗實錄》卷六十四）

景泰二年十一月壬寅，豐城侯李賢卒，庚申（正統五年）奉命守備南京。（《英宗實錄》卷二百十）

正統六年（1441）。內守備劉寧，羅智，唐觀，袁誠。外守備李賢。參贊機務徐琦。

四月癸酉，敕南京守備太監劉寧、羅智、唐觀、袁誠。（《英宗實錄》卷七十八）

正統七年（1442）。內守備劉寧，羅智，袁誠。外守備李賢。參贊機務徐琦。

正統八年（1443）。內守備劉寧，羅智，袁誠。外守備李賢。參贊機務徐琦。

正統九年（1444）。內守備劉寧，羅智，袁誠。外守備李賢。參贊機務徐琦。

正統十年（1445）。內守備劉寧，羅智，袁誠。外守備李賢。參贊機務徐琦。

正統十一年（1446）。內守備劉寧，羅智，袁誠。外守備李賢。參贊機務徐琦。

正統十二年（1447）。內守備劉寧，羅智，袁誠。外守備李賢。參贊機務徐琦。

正統十三年（1448）。內守備劉寧，羅智，袁誠。外守備李賢。參贊機務徐琦。

正統十四年（1449）。內守備袁誠。外守備李賢。參贊機務南京兵部尚書徐琦。

十月甲寅，升南京兵部侍郎徐琦為本部尚書仍參贊機務。（《英宗實錄》卷一百八十四）

景泰元年（1450）。內守備袁誠。外守備李賢。協同守備都督僉事趙倫。參贊機務徐琦，總督機務兵部尚書靖遠伯王驥。此年為協同守備設立之始，自此南京守備官員全部設立。本年參贊機務改稱總督機務，原參贊機務南京兵部尚書徐琦專管南京兵部事，不與南京守備事務。

五月庚申，敕都督僉事趙倫協同豐城侯李賢守備南京，同掌中軍都督府事。（《英宗實錄》卷一百九十二）

九月癸丑，敕諭兵部尚書靖遠伯王驥往南京總督機務。（《英宗實錄》卷一百九十六）

景泰二年（1451）。內守備袁誠。外守備李賢，寧遠伯任禮。協同守備趙倫。總督機務王驥。

十一月壬寅，豐城侯李賢卒。

丁巳，命寧遠伯任禮往南京守備兼掌南京中軍都督府事。（《英宗實錄》卷二百十）

景泰三年（1452）。內守備袁誠。外守備任禮。協同守備趙倫。總督機務王驥，參贊機務南京兵部尚書徐琦。

四月甲申，敕南京總督機務兵部尚書靖遠伯王驥食祿就閒，娛老南京。命南京兵部尚書徐琦參贊守備機務。（《英宗實錄》卷二百十五）

景泰四年（1453）。內守備袁誠。外守備任禮。協同守備趙倫。參贊機務徐琦，張鳳。

三月戊寅，調南京戶部尚書張鳳於南京兵部兼參贊軍務。

己卯，南京兵部尚書徐琦卒。（《英宗實錄》卷二百二十七）

景泰五年（1454）。內守備袁誠，陳公，周禮，保安。外守備任禮，平江侯陳豫。協同守備趙倫。參贊機務張鳳，張純。此年三月後協同守備革置。

二月甲辰，召南京兵部尚書張鳳詣京。

己酉，調南京都察院右都御史張純爲南京兵部尚書參贊機務。（《英宗實錄》卷二百三十八）

三月乙亥，降趙倫爲都指揮同知，調廣西柳州衛帶俸隨操。（《英宗實錄》卷二百三十九）

五月戊午，敕南京守備太監袁誠、陳公、周禮、保安。（《英宗實錄》卷二百四十一）

十一月甲子，罷南京守備寧遠伯任禮，以平江侯陳豫往代之。（《英宗實錄》卷二百四十七）

景泰六年（1455）。內守備袁誠，陳公，周禮，保安。外守備陳豫。協同守備，革置。參贊機務張純。

景泰七年（1456）。內守備陳公，周禮，保安。協同守備，革置。外守備陳豫。參贊機務張純。

天順元年（1457）。內守備陳公，周禮，馬琳，保安，侯忠。外守備陳豫，魏國公徐承宗。協同守備鎮遠侯顧興祖。參贊機務張純。此年二月後參贊機務革置。此年協同守備復置。

二月庚子，命南京兵部尚書張純等致仕。

甲辰，命魏國公徐承宗守備南京。召平江侯陳豫還京。

丙辰，總兵官忠國公石亨奏南京守備太監陳公召回，乞賜所遺房屋。（《英宗實錄》卷二百七十五）

七月癸未，敕諭太監周禮、馬琳、保安及魏國公徐承宗等專守備。（《英宗實錄》卷二百八十）

十二月庚戌，敕南京守備太監周禮、侯忠等。（《英宗實錄》卷二百八十五）

天順元年九月丙戌，命復鎮遠侯顧興祖歲祿。天順元年八月復侯爵。

（《英宗實錄》卷二百八十二）

天順七年閏七月甲子，鎮遠侯顧興祖卒。天順初復侯爵，命往南京協同守備。（《英宗實錄》卷三百五十五）

天順二年（1458）。內守備周禮，保安。外守備徐承宗。協同守備顧興祖。參贊機務，革置。

天順三年（1459）。內守備周禮，懷忠。外守備徐承宗。協同守備顧興祖。參贊機務，革置。

懷忠，天順三年冬奉敕南京守備，天順七年三月十七日卒於蒞政之官署。（《明清論叢》第一輯《由南京地區出土墓誌看明代宦官制度》懷忠墓誌銘）

天順四年（1460）。內守備懷忠。外守備徐承宗。協同守備顧興祖。參贊機務，革置。

天順五年（1461）。內守備懷忠。外守備徐承宗。協同守備顧興祖。參贊機務，革置。

天順六年（1462）。內守備懷忠。外守備徐承宗。協同守備顧興祖。參贊機務蕭維禎。此年參贊機務復置。

十二月乙亥，調南京刑部尚書蕭維禎為南京兵部尚書參贊機務。（《英宗實錄》卷三百四十七）

天順七年（1463）。內守備懷忠。外守備徐承宗，成國公朱儀。協同守備顧興祖。參贊機務蕭維禎。

閏七月甲子，鎮遠侯顧興祖卒。（《英宗實錄》卷三百五十五）

十二月庚寅，魏國公徐承宗卒。

癸卯，命成國公朱儀往南京守備。（《英宗實錄》卷三百六十）

天順八年（1464）。內守備，不詳。外守備朱儀。協同守備，缺任。參贊機務蕭維禎。

成化元年（1465）。內守備王敏。外守備朱儀。協同守備，缺任。參贊機務蕭維禎，李賓。

四月庚子，南京守備太監王敏上奏。（《憲宗實錄》卷十六）

八月壬午，命南京參贊機務兵部尚書蕭維禎還家養疾，從其請也。

甲申，以都察院右都御史李賓爲南京兵部尚書參贊機務。（《憲宗實錄》卷二十）

成化二年（1466）。內守備王敏。外守備朱儀。協同守備都督同知馬良。參贊機務李賓。

八月壬子，命都督同知馬良協同守備南京。（《憲宗實錄》卷三十三）

成化三年（1467）。內守備，不詳。外守備朱儀。協同守備馬良，泰寧侯陳涇。參贊機務李賓。

四月乙卯，設十二營坐營官，都督同知馬良鼓勇營。（《憲宗實錄》卷四十一）

八月辛亥，命成國公朱儀仍舊守備南京，泰寧侯陳涇協同守備。（《憲宗實錄》卷四十五）

成化四年（1468）。內守備安寧。外守備朱儀。協同守備陳涇。參贊機務李賓。

五月丙寅，命南京守備太監安寧、成國公朱儀、尚書李賓會同三法司審錄獄囚。（《憲宗實錄》卷五十四）

成化五年（1469）。內守備安寧。外守備朱儀。協同守備陳涇。參贊機務李賓。

成化六年（1470）。內守備安寧，李秉，唐慎。外守備朱儀。協同守備陳涇。參贊機務李賓，程信。

九月乙酉，以南京參贊機務兵部尚書李賓爲都察院左都御史。

戊子，改兵部尚書兼大理寺卿程信爲南京兵部尚書參贊機務，兼職如故。（《憲宗實錄》卷八十三）

臣已於成化六年十一月二十八日至南京，會同守備太監安寧、李秉、唐慎，成國公朱儀等到任管事。（程敏政《新安文獻志》卷四十二程信《南京參贊機務謝恩奏》）

成化七年（1471）。內守備安寧。外守備朱儀。協同守備陳涇。參贊機務程信。

九月戊子，命南京協同守備泰寧侯陳涇佩漕運印，充總兵官總督漕運鎮守淮安等處。（《憲宗實錄》卷九十五）

　　成化八年（1472）。內守備安寧。外守備朱儀。協同守備定西侯蔣琬。參贊機務程信。

　　正月乙卯，敕定西侯蔣琬往南京協同守備。（《憲宗實錄》卷一百）

　　成化九年（1473）。內守備安寧。外守備朱儀。協同守備蔣琬。參贊機務程信。

　　成化十年（1474）。內守備安寧。外守備朱儀。協同守備蔣琬，武安侯鄭宏。參贊機務程信。

　　閏六月乙未，敕定西侯蔣琬同撫寧侯朱永管團營。

　　庚子，命南京管操武安侯鄭宏代蔣琬兼總操江。（《憲宗實錄》卷一百三十）

　　成化十一年（1475）。內守備安寧。外守備朱儀。協同守備鄭宏。參贊機務程信，南京吏部尚書崔恭。

　　二月庚辰朔，南京參贊機務兵部尚書兼大理寺卿程信自陳久病不能任事。上命還鄉調治。（《憲宗實錄》卷一百三十八）

　　三月甲寅，敕南京吏部尚書崔恭參贊機務仍理部事。（《憲宗實錄》卷一百三十九）

　　成化十二年（1476）。內守備安寧。外守備朱儀。協同守備鄭宏。參贊機務崔恭。

　　成化十三年（1477）。內守備安寧，覃包。外守備朱儀。協同守備鄭宏。參贊機務崔恭，原傑，南京都察院右都御史王恕。

　　二月癸未，武安侯鄭宏卒。（《憲宗實錄》卷一百六十二）

　　四月戊申，命都察院右都御史原傑改南京兵部尚書。（《憲宗實錄》卷一百六十五）

　　六月丙申朔，南京兵部尚書原傑卒。（《憲宗實錄》卷一百六十七）

　　七月庚寅，南京吏部尚書崔恭奏乞致仕，賜敕以歸。（《憲宗實錄》卷一百六十八）

　　八月癸亥，改巡撫雲南右都御史王恕於南京參贊機務，仍掌院事。（《憲宗實錄》卷一百六十九）

　　十月壬戌，調南京守備太監覃包於神宮監。（《憲宗實錄》卷一百七十一）

成化十四年（1478）。內守備安寧，黃賜。外守備朱儀。協同守備新寧伯譚祐。參贊機務王恕。

三月丁卯，以南京參贊機務右都御史王恕爲南京兵部尚書，仍參贊機務。

壬申，敕新寧伯譚祐往南京協同成國公朱儀守備。（《憲宗實錄》卷一百七十六）

今命太監黃賜與爾等一同守備，凡事必須與之協和，計議停當而行，欽此欽遵。本官已於成化十四年十二月十二日到任管事。（王恕《王端毅公奏議》卷四《回報守備太監黃賜到任奏狀》）

成化十五年（1479）。內守備安寧。外守備朱儀。協同守備譚祐。參贊機務王恕，薛遠，陳俊。

正月壬申，改參贊機務南京兵部尚書王恕爲兵部尚書兼都察院左副都御史巡撫蘇松等處。起致仕戶部尚書薛遠爲南京兵部尚書參贊機務。（《憲宗實錄》卷一百八十六）

閏十月乙丑，命新寧伯譚祐掌前軍都督府事。（《憲宗實錄》卷一百九十六）

十二月乙亥，南京兵部尚書薛遠令致仕。

丁丑，改南京戶部尚書陳俊於南京兵部參贊機務。（《憲宗實錄》卷一百九十八）

成化十六年（1480）。內守備安寧。外守備朱儀。協同守備豐城侯李勇，修武伯沈煜。參贊機務陳俊。

十二月戊午，協同守備南京豐城侯李勇病篤。上命修武伯沈煜往代之。（《憲宗實錄》卷二百一十）

成化十七年（1481）。內守備安寧。外守備朱儀。協同守備沈煜。參贊機務陳俊。

成化十八年（1482）。內守備安寧，錢能。外守備朱儀。協同守備沈煜，伏羌伯毛銳。參贊機務陳俊。

六月丙午，太監懷恩傳奉聖旨，南京閒住太監錢能同安寧等守備。（《憲宗實錄》卷二百二十八）

十一月乙未朔，南京協同守備修武伯沈煜卒。（《憲宗實錄》卷二百三十四）

十二月庚午，命伏羌伯毛銳往南京協同守備。(《憲宗實錄》卷二百三十五)

成化十九年（1483）。內守備安寧，錢能。外守備朱儀。協同守備毛銳。參贊機務陳俊。

成化二十年（1484）。內守備錢能，張本。外守備朱儀。協同守備毛銳。參贊機務陳俊，王恕。

四月癸未，改南京參贊機務兵部尚書陳俊爲南京吏部尚書，巡撫南直隸兵部尚書王恕於南京兵部參贊機務。(《憲宗實錄》卷二百五十一)

成化二十年五月十九日節該欽奉敕，命臣同守備太監張本嚴督內外該管官員。(王恕《王端毅公奏議》卷六《督修孝陵查算工料數目奏狀》)

成化二十一年（1485）。內守備錢能，張本，李榮。外守備朱儀。協同守備毛銳。參贊機務王恕。

閏四月辛卯，太監李榮命往南京守備。(《憲宗實錄》卷二百六十五)

六月己亥，調南京錦衣衛千戶張臻於福建永寧管事，不世襲。臻乃南京守備太監張本之弟，以恩得官。至是本歿。(《憲宗實錄》卷二百六十七)

成化二十二年（1486）。內守備錢能。外守備朱儀。協同守備毛銳。參贊機務王恕，馬文升。

九月癸卯朔，王恕令致仕。

丁巳，改兵部尚書馬文升於南京兵部參贊機務。(《憲宗實錄》卷二百八十二)

成化二十三年（1487）。內守備錢能，鄭強。外守備朱儀。協同守備毛銳。參贊機務馬文升，耿裕。

十一月乙巳，改南京兵部尚書馬文升爲都察院左都御史，南京禮部尚書耿裕爲南京兵部尚書參贊機務。(《孝宗實錄》卷六)

陵垣殿宇年久圮壞，成化丁未（二十三年）敕南京守備太監鄭強、平江侯陳銳、南京兵部左侍郎白昂提督修造。(柳瑛《〔成化〕中都志》卷四)

弘治元年（1488）。內守備錢能，陳祖生，鄭強，蔣琮。外守備朱儀。協同守備毛銳，南寧伯毛文。參贊機務耿裕，張鎣。

正月癸亥，命伏羌伯毛銳掛平蠻將軍印充總兵官鎮守湖廣。(《孝宗實錄》

卷九）

二月乙巳，命南寧伯毛文南京協同守備。(《孝宗實錄》卷十一)

三月己丑，命前南京守備太監錢能仍南京閒住。(《孝宗實錄》卷十二)

六月甲辰。南京戶科給事中方向等劾南京守備太監陳祖生、鄭強。(《孝宗實錄》卷十五)

八月丁巳，南京守備太監蔣琮上奏。(《孝宗實錄》卷十七)

十月丁巳，改南京兵部尚書耿裕爲禮部尚書。(《孝宗實錄》卷十九)

十一月辛酉，太子少保刑部尚書張鎣丁憂服闋，改南京兵部尚書參贊機務。(《孝宗實錄》卷二十)

弘治二年（1489）。內守備陳祖生，蔣琮，鄭強。外守備朱儀。協同守備毛文。參贊機務張鎣。

弘治三年（1490）。內守備陳祖生，蔣琮，鄭強。外守備朱儀。協同守備毛文。參贊機務張鎣。

十二月己巳，命毛文帶俸閒住。(《孝宗實錄》卷四十六)

弘治四年（1491）。內守備陳祖生，蔣琮，鄭強。外守備朱儀。協同守備懷柔伯施鑒。參贊機務張鎣。

二月辛酉，命懷柔伯施鑒南京協同守備。(《孝宗實錄》卷四十八)

弘治五年（1492）。內守備陳祖生，蔣琮，鄭強。外守備朱儀。協同守備施鑒。參贊機務張鎣。

弘治六年（1493）。內守備陳祖生，蔣琮，鄭強。外守備朱儀。協同守備施鑒。參贊機務張鎣，侯瓚。

七月己未，太子少保南京兵部尚書參贊機務張鎣卒。(《孝宗實錄》卷七十八)

八月戊子，改南京工部尚書侯瓚爲兵部尚書參贊機務。(《孝宗實錄》卷七十九)

弘治七年（1494）。內守備陳祖生，蔣琮。外守備朱儀。協同守備施鑒。參贊機務侯瓚。

九月己丑，蔣琮發孝陵充淨軍種菜。(《孝宗實錄》卷九十二)

弘治八年（1495）。內守備陳祖生。外守備朱儀。協同守備施鑒，

武靖伯趙承慶。參贊機務侯瓚。

正月甲寅，懷柔伯施鑒卒。（《孝宗實錄》卷九十六）

三月壬辰，命掌南京前軍都督府事武靖伯趙承慶協同守備兼管南京右軍都督府事。（《孝宗實錄》卷九十八）

弘治九年（1496）。內守備，不詳。外守備朱儀，魏國公徐俌。協同守備趙承慶。參贊機務侯瓚，張悅。

三月甲申，南京守備太子太傅成國公朱儀卒。（《孝宗實錄》卷一百十）

閏三月戊午，命魏國公徐俌南京守備。

丙子，令侯瓚改南京工部尚書。（《孝宗實錄》卷一百十一）

四月甲申，改南京吏部尚書張悅爲南京兵部尚書參贊機務。（《孝宗實錄》卷一百十二）

弘治十年（1497）。內守備，不詳。外守備徐俌。協同守備趙承慶。參贊機務張悅。

弘治十一年（1498）。內守備，不詳。外守備徐俌。協同守備趙承慶。參贊機務張悅。

弘治十二年（1499）。內守備，不詳。外守備徐俌。協同守備趙承慶。參贊機務張悅，倪岳。

八月甲午，南京兵部尚書參贊機務張悅以老病乞致仕，賜敕給驛還鄉。

己亥，改南京吏部尚書倪岳爲南京兵部尚書參贊機務。（《孝宗實錄》卷一百五十三）

弘治十三年（1500）。內守備，不詳。外守備徐俌，成國公朱輔。協同守備趙承慶。參贊機務倪岳，秦民悅。

六月甲午，改倪岳爲吏部尚書。

庚子，改南京吏部尚書秦民悅爲南京兵部尚書參贊機務。（《孝宗實錄》卷一百六十三）

七月丁卯，南京守備魏國公徐俌以災異辭任，得允。

丙子，命成國公朱輔南京守備兼掌南京中軍都督府事。（《孝宗實錄》卷一百六十四）

弘治十四年（1501）。內守備傅容。外守備朱輔。協同守備趙承慶。參贊機務秦民悅，王縝。

四月甲申，守備太監傅容上奏。（《孝宗實錄》卷一百七十三）

十月壬申，改南京刑部尚書王繼爲南京兵部尚書參贊機務。（《孝宗實錄》卷一百八十）

秦民悅，弘治十三年遷南京兵部尚書參贊機務，十四年丁憂。（雷禮《國朝列卿紀》卷五十秦民悅傳）

弘治十五年（1502）。內守備傅容。外守備朱輔。協同守備趙承慶。參贊機務王繼。

弘治十六年（1503）。內守備傅容。外守備朱輔。協同守備趙承慶。參贊機務王繼，韓文。

四月乙丑，南京兵部尚書參贊機務王繼卒。（《孝宗實錄》卷一百九十八）

五月壬辰，升吏部左侍郎韓文爲南京兵部尚書參贊機務。（《孝宗實錄》卷一百九十九）

弘治十七年（1504）。內守備傅容，余慶。外守備朱輔。協同守備趙承慶。參贊機務韓文，王軾。

三月戊寅，兵科給事中楊一淒疏劾南京守備太監余慶。（《孝宗實錄》卷二百九）

十一月癸卯，改南京參贊機務兵部尚書韓文爲戶部尚書。

壬子，改南京戶部尚書王軾爲南京兵部尚書參贊機務。（《孝宗實錄》卷二百十八）

弘治十八年（1505）。內守備傅容，余慶。外守備朱輔。協同守備趙承慶。參贊機務王軾。

正德元年（1506）。內守備傅容，余慶，黃准，黃忠，劉雲，余俊。外守備朱輔。協同守備趙承慶。參贊機務王軾，林瀚。

四月庚申，參贊機務太子少保南京兵部尚書王軾以老疾懇乞休致。特允之。

丁卯，南京吏部尚書林瀚爲南京兵部尚書參贊機務。（《武宗實錄》卷十二）

七月癸未，戶科都給事中張文等陳言：余慶、黃准、黃忠、劉雲同守南京。（《武宗實錄》卷十五）

余俊，正德丙寅（元年）冬，付之留鑰。正德丙子（十一年）十二月壬申卒於官。（《明清論叢》第一輯《由南京地區出土墓誌看明代宦官制度》余俊墓誌銘）

正德二年（1507）。**內守備鄭強，劉琅，彭恕，傅容，余俊。外守備朱輔。協同守備趙承慶，西寧侯宋愷。參贊機務林瀚，何鑒。**

閏正月庚戌，趙承慶停半祿閒住，林瀚降三級致仕。

壬子，南京守備內官監太監鄭強改司禮監太監掌印並守備關防，內官監太監劉琅、彭恕同強守備。

庚申，升刑部左侍郎何鑒爲南京兵部尚書參贊機務。

甲子，命西寧侯宋愷往南京協同守備兼管右軍都督府事。（《武宗實錄》卷二十二）

正德三年（1508）。**內守備劉琅，彭恕，傅容，余俊，石巖。外守備朱輔。協同守備宋愷。參贊機務何鑒。**

四月癸巳，錦衣衛左所正千戶石文義，南京守備太監巖之侄也。巖病。文義令弛驛往省。許之。（《武宗實錄》卷三十七）

正德四年（1509）。**內守備劉琅，彭恕，傅容，余俊。外守備朱輔。協同守備宋愷。參贊機務何鑒。**

正德五年（1510）。**內守備劉琅，彭恕，傅容，余俊，黃偉，丘得，芮景賢。外守備朱輔。協同守備宋愷。參贊機務何鑒。**

三月壬戌，南京司禮監太監丘得同太監黃偉等守備。（《武宗實錄》卷六十一）

芮景賢，正德庚午（五年）遷南京司禮監太監，充內守備。辛巳（十六年）召還京。（《新中國出土墓誌·北京〔壹〕》（下冊）芮景賢墓誌銘）

正德六年（1511）。**內守備黃偉，劉琅，彭恕，傅容，余俊，芮景賢。外守備朱輔，魏國公徐俌。協同守備宋愷。參贊機務何鑒，柴昇。**

春正月甲寅，改南京兵部尚書何鑒爲刑部尚書。（《武宗實錄》卷七十一）

七月辛酉，彭恕革職。（《武宗實錄》卷七十七）

九月丁丑，南京守備成國公朱輔以母老辭任，令弛驛回京。（《武宗實錄》卷七十九）

十月癸未，敕太子太傅魏國公徐俌南京守備掌南京中軍都督府事。（《武宗實錄》卷八十）

正德六年五月，改南京禮部尙書柴昇爲南京兵部尙書參贊機務。（范景文《南樞志》卷三十九）

正德六年正月十五日，南京守備司禮監太監傅公卒。（羅玘《圭峰集》卷十三傅容墓道碑）

正德七年（1512）。內守備黃偉，劉琅，余俊，芮景賢，崔安。外守備徐俌。協同守備宋愷。參贊機務柴昇，劉機。

四月庚辰，改致仕吏部尙書劉機爲南京兵部尙書參贊機務。

閏五月己卯，以御馬監太監崔安守備南京。（《武宗實錄》卷八十八）

七月壬午，崔安召還。（《武宗實錄》卷九十）

正德八年（1513）。內守備黃偉，芮景賢，廖堂，劉琅，余俊。外守備徐俌。協同守備宋愷。參贊機務劉機。

五月庚寅，南京給事中葉溥等劾奏守備太監黃偉、芮景賢、廖堂。（《武宗實錄》卷一百）

正德九年（1514）。內守備黃偉，芮景賢，劉琅，余俊。外守備徐俌。協同守備宋愷。參贊機務劉機，張溧。

三月庚寅，太子少保南京兵部尙書劉機乞致仕，許之。（《武宗實錄》卷一百一十）

四月丁酉，改南京吏部尙書張溧爲南京兵部尙書參贊機務。（《武宗實錄》卷一百十一）

正德十年（1515）。內守備黃偉，芮景賢，劉琅，余俊。外守備徐俌。協同守備宋愷。參贊機務張溧，喬宇。

閏四月丁卯，南京兵部尙書張溧乞罷得允。（《武宗實錄》卷一百二十四）

五月戊子，改南京禮部尙書喬宇爲南京兵部尙書參贊機務。（《武宗實錄》卷一百二十五）

正德十一年（1516）。內守備黃偉，芮景賢，劉琅，余俊。外守備徐俌。協同守備宋愷。參贊機務喬宇。

正德十二年（1517）。內守備黃偉，芮景賢，劉琅，崔安，劉璟。外守備徐俌，成國公朱輔。協同守備宋愷。參贊機務喬宇。

二月庚戌，福建鎮守太監崔安令守備南京。(《武宗實錄》卷一百四十六)

七月丙戌，南京守備太子太傅魏國公徐俌卒。(《武宗實錄》卷一百五十一)

八月甲子，命成國公朱輔南京守備仍掌南京中軍都督府事。(《武宗實錄》卷一百五十二)

十一月丁丑，以南京內官監太監劉璟守備南京。(《武宗實錄》卷一百五十五)

正德十三年（1518）。內守備黃偉，芮景賢，劉琅，劉璟。外守備朱輔。協同守備宋愷。參贊機務喬宇。

正德十四年（1519）。內守備黃偉，芮景賢，劉琅，劉璟。外守備朱輔。協同守備宋愷。參贊機務喬宇。

二月己卯，南京守備內官監太監劉璟鎮守河南。(《武宗實錄》卷一百七十一)

正德十五年（1520）。內守備黃偉，芮景賢，劉琅。外守備朱輔。協同守備宋愷，豐城侯李旻。參贊機務喬宇。

正月丙申，命執劉琅赴錦衣衛禁錮。(《武宗實錄》卷一百八十二)

十一月壬申，令宋愷回原府帶俸。(《武宗實錄》卷一百九十三)

十二月己丑，命豐城侯李旻南京協同守備。(《武宗實錄》卷一百九十四)

正德十六年（1521）。內守備芮景賢，戴義，廖鑾。外守備朱輔，魏國公徐鵬舉。協同守備李旻。參贊機務喬宇，王守仁。

六月乙未，巡按直隸御史曹軒劾奏南京守備太監廖鑾，請明正典刑。朝廷悉嘉納。(《世宗實錄》卷三)

七月丁卯，朱輔罷還京。

己巳，敕諭南京守備太監戴義。

辛未，改南京兵部尚書喬宇爲吏部尚書。

丁丑，升提督南贛汀漳軍務右副都御史王守仁爲南京兵部尚書參贊軍務。

戊寅，命魏國公徐鵬舉守備南京仍掌南京中軍都督府事。(《世宗實錄》卷四)

嘉靖元年（1522）。內守備戴義。外守備徐鵬舉。協同守備李旻，保定侯梁永福。參贊機務廖紀，陶琰。

四月甲申，命豐城侯李旻提督五軍營。

己丑，改南京吏部尚書廖紀爲南京兵部尚書參贊機務。

癸巳，命保定侯梁永福協同南京守備，管南京右軍都督府事。（《世宗實錄》卷十三）

十一月癸亥，南京兵部尚書廖紀爲南京給事中鄭慶雲所劾，引疾乞致仕，許之。

己巳，改工部尚書陶琰爲南京兵部尚書，加太子少保，參贊機務。（《世宗實錄》卷二十）

嘉靖二年（1523）。內守備戴義。外守備徐鵬舉。協同守備梁永福。參贊機務陶琰，秦金，李充嗣。

八月己亥，改南京禮部尚書秦金爲南京兵部尚書。（《世宗實錄》卷三十）

十一月丁卯朔，改南京參贊機務兵部尚書秦金爲戶部尚書。

壬午，改太子少保尚書兼都察院左副都御史巡撫應天李充嗣爲南京兵部尚書參贊機務。（《世宗實錄》卷三十三）

嘉靖二年正月南京守備戴義死，復蔭其從子戴錦、戴俊。（陳建《皇明通紀集要》卷二十八）

嘉靖三年（1524）。內守備秦文，王堂。外守備徐鵬舉。協同守備梁永福，定西侯蔣瓘，靖遠伯王瑾。參贊機務李充嗣。

二月甲寅，南京守備太監秦文等疏報災請賑。

壬子，以南京協守保定侯梁永福提督五軍營操。

辛酉，敕定西侯蔣瓘協守南京兼掌南京右軍都督府事。（《世宗實錄》卷三十六）

五月甲戌，守備南京內官監太監王堂請撥孝陵等衛軍三十名看守房屋。（《世宗實錄》卷三十九）

九月戊寅，命靖遠伯王瑾掌南京右軍都督府事協同守備。（《世宗實錄》卷四十三）

嘉靖四年（1525）。內守備秦文，王堂，卜春。外守備徐鵬舉。協同守備王瑾。參贊機務李充嗣。

閏十二月己未，添設南京守備太監卜春。（《世宗實錄》卷五十九）

嘉靖五年（1526）。內守備卜春，王堂。外守備徐鵬舉。協同守備王瑾。參贊機務李充嗣。

嘉靖六年（1527）。內守備卜春，王堂。外守備徐鵬舉。協同守備王瑾，豐城侯李旻，南和伯方壽祥。參贊機務李充嗣。

七月甲午，南京協同守備靖遠伯王瑾乞送母喪歸京，詔許之。（《世宗實錄》卷七十八）

八月壬子，命豐城侯李旻掌南京右軍都督府事協同守備。（《世宗實錄》卷七十九）

十月己未，命豐城侯李旻掛印充總兵官鎮守兩廣。（《世宗實錄》卷八十一）

十一月乙酉，命南和伯方壽祥協同南京守備。（《世宗實錄》卷八十二）

嘉靖七年（1528）。內守備卜春，王堂，高隆。外守備徐鵬舉。協同守備方壽祥。參贊機務李充嗣，王憲。

正月甲午，太子太保南京兵部尚書李充嗣復疏乞休，許之。（《世宗實錄》卷八十四）

二月丙辰，改提督三邊太子太保兵部尚書王憲爲南京兵部尚書參贊機務。（《世宗實錄》卷八十五）

八月己巳，守備太監高隆上疏。（《世宗實錄》卷九十一）

嘉靖八年（1529）。內守備卜春，王堂，賴義，呂憲，李瓚。外守備徐鵬舉。協同守備方壽祥。參贊機務王憲，胡世寧。

五月己未，詔卜春、王堂革任閒住，以太監賴義、呂憲、李瓚往代之。（《世宗實錄》卷一百一）

八月乙丑，以南京兵部尚書王憲爲都察院左都御史。

丁亥，起致仕兵部尚書胡世寧爲南京兵部尚書參贊機務。（《世宗實錄》卷一百四）

嘉靖九年（1530）。內守備賴義，呂憲，李瓚。外守備徐鵬舉。協同守備方壽祥，永康侯徐源。參贊機務胡世寧，王廷相。

正月甲寅，起用太子太保南京兵部尚書胡世寧以疾請致仕，從之。

己未，升兵部左侍郎王廷相爲南京兵部尚書。（《世宗實錄》卷一百九）

六月己未朔，命永康侯徐源南京協同守備。（《世宗實錄》卷一百十四）

十月癸酉，賴義罷。(《世宗實錄》卷一百十八)

嘉靖十年（1531）。內守備呂憲，晏宏，李瓚。外守備徐鵬舉。協同守備徐源。參贊機務王廷相。

八月丁酉，南京守備魏國公徐鵬舉、太監晏宏等言……（《世宗實錄》卷一百二十九）

嘉靖辛卯（十年）正月十日，呂憲卒。（張邦奇《張邦奇集・靡悔軒集》卷六呂憲墓誌銘）

嘉靖十一年（1532）。內守備晏宏，李瓚。外守備徐鵬舉。協同守備徐源。參贊機務王廷相。

嘉靖十二年（1533）。內守備晏宏，李瓚。外守備徐鵬舉。協同守備徐源。參贊機務王廷相，劉龍。

四月戊子，改南京兵部尚書王廷相為都察院左都御史。（《世宗實錄》一百四十九）

五月己未，改南京吏部尚書劉龍為南京兵部尚書參贊機務。（《世宗實錄》卷一百五十）

嘉靖十三年（1534）。內守備晏宏，李瓚，潘真。外守備徐鵬舉，撫寧侯朱麒。協同守備徐源。參贊機務劉龍。

閏二月癸亥，詔許徐鵬舉辭任。（《世宗實錄》卷一百六十）

三月辛未，命掌中軍都督府事太子太保撫寧侯朱麒守備南京，仍掌南京中軍都督府事。（《世宗實錄》卷一百六十一）

潘真，嘉靖甲午（十三年）命守備南京，嘉靖癸卯（二十二年）八月初十日卒於位。（《明清論叢》第一輯《由南京地區出土墓誌看明代宦官制度》潘真墓誌銘）

嘉靖甲午（十三年）六月十有二日，南京守備司禮太監晏公卒於位。（嚴嵩《鈐山堂集》卷三十晏宏墓誌銘）

嘉靖十四年（1535）。內守備潘真。外守備朱麒，鎮遠侯顧寰。協同守備徐源。參贊機務劉龍，秦金。

七月己卯，詔劉龍回京別用。（《世宗實錄》卷一百七十七）

八月甲寅，南京守備掌中軍都督府事撫寧侯朱麒以病乞休，許之。（《世宗實錄》卷一百七十八）

九月戊辰，命鎮遠侯顧寰守備南京兼掌南京中軍都督府事。（《世宗實錄》卷一百七十九）

嘉靖十四年七月，以原任南京兵部尚書秦金加太子太保，再任南京兵部尚書參贊機務。（《南樞志》卷三十九）

嘉靖十五年（1536）。內守備潘真。外守備顧寰。協同守備徐源。參贊機務秦金，王軏。

九月丁丑，太子太保南京兵部尚書秦金再疏乞休，許之。（《世宗實錄》卷一百九十一）

十月辛亥，改南京戶部尚書王軏爲南京兵部尚書參贊機務。（《世宗實錄》卷一百九十二）

嘉靖十六年（1537）。內守備潘真。外守備顧寰。協同守備徐源。參贊機務王軏。

嘉靖十七年（1538）。內守備潘真，王德，蕭通。外守備顧寰，魏國公徐鵬舉。協同守備徐源。參贊機務王軏。

四月戊午，命鎮遠侯顧寰掛印充總兵官提督漕運鎮守淮安地方。

壬戌，命魏國公徐鵬舉守備南京仍掌中軍都督府事。（《世宗實錄》二百十一）

六月壬戌，孝陵工完，詔賞鎮遠侯顧寰，永康侯徐源，太監潘鎮（真）、王德、蕭通，南京兵部尚書王軏等。（《世宗實錄》卷二百十三）

嘉靖十八年（1539）。內守備潘真，蕭通。外守備徐鵬舉。協同守備徐源。參贊機務王軏，湛若水。

五月丙申，南京兵部尚書王軏罷爲民。（《世宗實錄》卷二百二十四）

六月庚戌，改南京吏部尚書湛若水爲南京兵部尚書參贊機務。（《世宗實錄》卷二百二十五）

嘉靖十九年（1540）。內守備潘真，蕭通。外守備徐鵬舉。協同守備徐源。參贊機務湛若水，熊浹。

五月戊午，令南京兵部尚書湛若水致仕。（《世宗實錄》卷二百三十七）

六月乙亥，改南京禮部尚書熊浹爲南京兵部尚書參贊機務。（《世宗實錄》卷二百三十八）

嘉靖二十年（1541）。內守備潘真。外守備徐鵬舉。協同守備徐源。參贊機務熊浹。

嘉靖二十一年（1542）。內守備潘真。外守備徐鵬舉。協同守備徐源。參贊機務熊浹，王堯封。

十二月己卯，改南京兵部尚書熊浹爲兵部尚書兼都察院右都御史，掌院事。

丁酉，原任戶部尚書王堯封爲南京兵部尚書參贊機務。（《世宗實錄》卷二百六十九）

嘉靖二十二年（1543）。內守備潘真。外守備徐鵬舉。協同守備徐源。參贊機務王堯封，張邦奇。

三月辛酉，詔罷王堯封。

乙丑，改南京吏部尚書張邦奇爲南京兵部尚書參贊機務。（《世宗實錄》卷二百七十二）

嘉靖二十三年（1544）。內守備丘得。外守備徐鵬舉。協同守備徐源。參贊機務張邦奇。

六月己丑，初南京守備太監丘得奏請添撥軍丁九十人本監供役。（《世宗實錄》卷二百八十七）

十一月壬寅，南京兵部尚書張邦奇卒。（《世宗實錄》卷二百九十二）

嘉靖二十四年（1545）。內守備丘得。外守備徐鵬舉。協同守備徐源。參贊機務宋景。

嘉靖二十四年，改南京工部尚書宋景爲南京兵部尚書參贊機務。（《南樞志》卷三十九）

嘉靖二十五年（1546）。內守備丘得。外守備徐鵬舉。協同守備徐源。參贊機務宋景，胡訓。

七月乙亥，改南京兵部尚書宋景爲都察院左都御史。（《世宗實錄》卷三百十三）

九月丙辰，改南京工部尚書胡訓於南京兵部。（《世宗實錄》卷三百十五）

嘉靖二十六年（1547）。內守備丘得。外守備徐鵬舉。協同守備徐源。參贊機務胡訓，韓邦奇。

六月庚寅，命丘得充淨軍。(《世宗實錄》卷三百二十四）

八月甲辰，南京兵部尚書胡訓自陳求退，令致仕。(《世宗實錄》卷三百二十六）

九月丙子，升南京都察院右都御史韓邦奇爲南京兵部尚書參贊機務。(《世宗實錄》卷三百二十七）

嘉靖二十七年（1548）。內守備，不詳。外守備徐鵬舉。協同守備徐源。參贊機務韓邦奇。

嘉靖二十八年（1549）。內守備，不詳。外守備徐鵬舉。協同守備徐源。參贊機務韓邦奇，王學夔。

十二月庚戌，參贊機務南京兵部尚書韓邦奇引疾乞致仕，許之。

壬戌，改南京吏部尚書王學夔爲南京兵部尚書參贊機務。(《世宗實錄》卷三百五十五）

嘉靖二十九年（1550）。內守備，不詳。外守備徐鵬舉。協同守備徐源，安遠侯柳震。參贊機務王學夔，韓士英。

二月甲寅，南京吏部尚書王學夔以衰疾辭改南京兵部尚書參贊機務新命，因乞休致，許之。(《世宗實錄》卷三百五十七）

三月癸酉，改南京戶部尚書韓士英爲南京兵部尚書參贊機務。(《世宗實錄》卷三百五十八）

四月己未，南京協同守備兼管南京左府事永康侯徐源以疾請告回京，許之。(《世宗實錄》卷三百五十九）

五月乙丑，命掌南京右軍都督府事安遠侯柳震協同守備南京。(《世宗實錄》卷三百六十）

嘉靖三十年（1551）。內守備，不詳。外守備徐鵬舉。協同守備柳震。參贊機務韓士英。

嘉靖三十一年（1552）。內守備，不詳。外守備徐鵬舉。協同守備柳震。參贊機務韓士英，屠楷。

五月壬辰，改南京兵部尚書韓士英爲戶部尚書。

戊戌，改南京吏部尚書屠楷爲南京兵部尚書參贊機務。(《世宗實錄》卷三百八十五）

嘉靖三十二年（1553）。內守備，不詳。外守備徐鵬舉。協同守備柳震。參贊機務屠楷，潘潢，張經。

三月甲申，南京兵部尚書屠楷以疾乞致仕，許之。（《世宗實錄》卷三百九十五）

四月丁酉，改南京吏部尚書潘潢爲南京兵部尚書參贊機務。（《世宗實錄》卷三百九十七）

十月丁酉，詔潘潢致仕。改南京戶部尚書張經爲南京兵部尚書參贊機務。（《世宗實錄》卷四百三）

嘉靖三十三年（1554）。內守備，不詳。外守備徐鵬舉。協同守備柳震。參贊機務張經，周延。

五月丁巳，命張經不妨原務兼都察院右副都御史，總督南直隸、浙江、山東、兩廣、福建等處軍務。（《世宗實錄》卷四百十）

十月辛巳，改張經爲右都御史兼兵部右侍郎專一總督軍務。以南京吏部尚書周延爲兵部尚書參贊機務。（《世宗實錄》卷四百十五）

嘉靖三十四年（1555）。內守備郭琡。外守備徐鵬舉，撫寧侯朱岳。協同守備柳震。參贊機務周延，張時徹，張鏊。

正月庚戌，革守備魏國公徐鵬舉任。

癸丑，命撫寧侯朱岳守備南京，仍掌南京中軍都督府事。

庚申，改南京兵部尚書周延爲都察院左都御史。

乙丑，升原任兵部左侍郎張時徹爲（南京）兵部尚書參贊機務。（《世宗實錄》卷四百十八）

九月甲辰，詔勒南京兵部尚書張時徹、侍郎陳洙俱致仕。時南京給事中朱文漢等參內外守備等官撫寧侯朱岳、太監郭琡及張時徹等。

乙巳，升刑部左侍郎張鏊爲南京兵部尚書參贊機務。（《世宗實錄》卷四百二十六）

嘉靖三十五年（1556）。內守備郭琡。外守備朱岳。協同守備柳震，豐潤伯曹松。參贊機務張鏊。

十月己亥，命南京協同守備安遠侯柳震充總兵官鎮守湖廣。

己酉，命南京掌左軍都督府事豐潤伯曹松協同守備，仍管府事。（《世宗實錄》卷四百四十）

　　嘉靖三十六年（1557）。內守備郭玻。外守備朱岳，豐潤伯曹松。協同守備曹松，臨淮侯李庭竹。參贊機務張鏊。

　　九月丁丑，罷撫寧侯朱岳、守備太監郭玻任，回京閒住。（《世宗實錄》卷四百五十一）

　　十月癸巳，命豐潤伯曹松守備南京掌中軍都督府事。（《世宗實錄》卷四百五十二）

　　十二月甲申，命掌南京前府事臨淮侯李庭竹南京協同守備。（《世宗實錄》卷四百五十四）

　　嘉靖三十七年（1558）。內守備，不詳。外守備曹松，魏國公徐鵬舉。協同守備李庭竹。參贊機務張鏊。

　　九月丙申，命南京（中）府掌印豐潤伯曹松充總兵官鎮守兩廣。（《世宗實錄》卷四百六十四）

　　十月乙巳，命太子太保魏國公徐鵬舉守備南京兼掌中軍都督府事。（《世宗實錄》卷四百六十五）

　　嘉靖三十八年（1559）。內守備何綬。外守備徐鵬舉。協同守備李庭竹。參贊機務張鏊。

　　十月己未，詔賞魏國公徐鵬舉、臨淮侯李庭竹、守備太監何綬、南京兵部尚書張鏊。（《世宗實錄》卷四百七十七）

　　嘉靖三十九年（1560）。內守備何綬。外守備徐鵬舉。協同守備李庭竹，西寧侯宋天馴。參贊機務張鏊，江東。

　　四月丁酉，令李庭竹閒住，張鏊致仕，何綬降三級徵還。

　　己亥，戶部尚書江東爲南京兵部尚書參贊機務。命提督操江西寧侯宋廷（天）馴充南京協同守備官。（《世宗實錄》卷四百八十三）

　　嘉靖四十年（1561）。內守備張奉，李仲。外守備徐鵬舉。協同守備宋天馴。參贊機務江東，李遂。

　　五月丙戌，詔罷南京兵部尚書江東回籍聽用。

　　戊子，升兵部左侍郎李遂爲南京兵部尚書參贊機務。（《世宗實錄》卷四百九十六）

　　臣等會同內守備司禮監左監丞張奉、李仲，南京守備掌南京中軍都督府事太子太保魏國公徐鵬舉，協同守備兼管南京後軍都督府事西寧侯宋天馴。

（李遂《李襄敏公奏議》卷十二《緝獲妖人以安重地疏》）

嘉靖四十一年（1562）。內守備張奉，李仲。外守備徐鵬舉。協同守備宋天馴。參贊機務李遂。

嘉靖四十二年（1563）。內守備張奉，李仲。外守備徐鵬舉。協同守備宋天馴。參贊機務李遂。

嘉靖四十三年（1564）。內守備，不詳。外守備徐鵬舉。協同守備宋天馴。參贊機務李遂。

嘉靖四十四年（1565）。內守備，不詳。外守備徐鵬舉。協同守備宋天馴，豐城侯李儒。參贊機務李遂，胡松。

二月癸巳，命南京後軍都督府掌印西寧侯宋天馴掌中軍都督府事。（《世宗實錄》卷五百四十三）

六月丙戌，命豐城侯李儒協同守備南京。（《世宗實錄》卷五百四十七）

十二月丙子，南京兵部尚書李遂以疾乞致仕許之。

戊子，升吏部左侍郎胡松爲南京兵部尚書參贊機務。（《世宗實錄》卷五百五十三）

嘉靖四十五年（1566）。內守備，不詳。外守備徐鵬舉。協同守備李儒，南和伯方炳。參贊機務胡松，郭乾。

四月丙寅，改參贊機務南京兵部尚書胡松爲吏部尚書。

丙子，升總督三邊右都御史郭乾爲南京兵部尚書參贊機務。

辛巳，南京科道官岑用賓論劾豐城侯李儒等，兵部議覆當閒住，詔如議。（《世宗實錄》卷五百五十七）

九月壬子，命右軍都督府掌印南和伯方炳充南京協同守備官。（《世宗實錄》卷五百六十二）

隆慶元年（1567）。內守備，不詳。外守備徐鵬舉。協同守備方炳，懷寧侯孫世忠。參贊機務郭乾，趙大祐，郭宗皋，劉采。

二月癸巳，命南和伯方炳掌右軍都督府事。（《穆宗實錄》卷四）

三月癸未，命懷寧侯孫世忠協同守備南京掌後軍都督府事。（《穆宗實錄》卷六）

四月庚子，改南京兵部尚書郭乾爲兵部尚書。

庚戌，改南京刑部尙書趙大祐爲南京兵部尙書參贊機務。（《穆宗實錄》卷七）

八月丙戌，起用南京兵部尙書趙大祐以母老乞終養，許之。

己亥，戶科給事中莊國禎劾南京兵部尙書郭宗皋。（《穆宗實錄》卷十一）

隆慶元年擢南京都察院右都御史，道中升南京兵部尙書參贊機務。上疏求罷，許之。（于愼行《穀城山館文集》卷十九郭宗皋墓誌銘）

十月乙未，改南京吏部尙書劉采爲南京兵部尙書參贊機務。（《穆宗實錄》卷十三）

隆慶二年（1568）。內守備，不詳。外守備徐鵬舉。協同守備孫世忠。參贊機務劉采。

隆慶三年（1569）。內守備，不詳。外守備徐鵬舉。協同守備孫世忠。參贊機務劉采。

隆慶四年（1570）。內守備，不詳。外守備徐鵬舉，臨淮侯李庭竹，懷寧侯孫世忠。協同守備孫世忠，彰武伯楊炳。參贊機務劉采，吳岳，劉自強，王之誥。

二月辛丑，南京中軍都督府掌府事魏國公徐鵬舉卒。（《穆宗實錄》卷四十二）

三月癸酉，敕臨淮侯李庭竹守備南京，仍掌中軍都督府事。（《穆宗實錄》卷四十三）

八月辛酉，南京兵部尙書劉采懇疏乞致仕，許之。（《穆宗實錄》卷四十八）

九月己巳，改南京吏部尙書吳岳爲南京兵部尙書參贊機務，尋以病乞致仕，許之。（《穆宗實錄》卷四十九）

十月癸卯，命南京守備臨淮侯李廷竹總督京營戎政。

甲辰，改南京戶部尙書劉自強爲南京兵部尙書參贊機務。

壬子，命南京協同守備掌南京後軍都督府事懷寧侯孫世忠充南京守備，掌南京中軍都督府事。（《穆宗實錄》卷五十）

十一月辛未，命左軍都督府掌府事彰武伯楊炳協同守備南京，仍掌南京後府事。

癸巳，改南京兵部尙書參贊機務劉自強爲刑部尙書。（《穆宗實錄》卷五十一）

十二月丁酉，升總督陝西三邊軍務都察院右都御史兼兵部左侍郎王之誥爲南京兵部尚書參贊機務。（《穆宗實錄》卷五十二）

隆慶五年（1571）。內守備，不詳。外守備孫世忠。協同守備楊炳，靈璧侯湯世隆。參贊機務王之誥。

五月癸亥，命彰武伯楊炳掌後軍都督府事。（《穆宗實錄》卷五十七）

十月壬寅，命掌中軍都督府事靈璧侯湯世隆充南京協同守備兼掌南京後軍都督府事。（《穆宗實錄》卷六十二）

隆慶六年（1572）。內守備張宏。外守備孫世忠。協同守備湯世隆，豐潤伯曹文炳。參贊機務王之誥，劉體乾。

六月壬午，南京刑科給事中周守愚參守備太監張宏擅止營操。（《神宗實錄》卷二）

七月辛丑，改南京兵部尚書王之誥爲刑部尚書。

丁未，起原任戶部尚書劉體乾爲南京兵部尚書參贊機務。

戊申，敕令南京協同守備兼後軍都督府掌印靈璧侯湯世隆提督漕運鎮守淮安地方。（《神宗實錄》卷三）

八月丁巳，命左軍都督府掌印豐潤伯曹文炳協同守備南京兼掌管南京後軍都督府事。（《神宗實錄》卷四）

萬曆元年（1573）。內守備，不詳。外守備孫世忠，臨淮侯李庭竹。協同守備曹文炳。參贊機務劉體乾。

二月壬戌，以南京守備兼掌中軍都督府事懷寧侯孫世忠充總兵官鎮守湖廣地方。

丙子，以原任總督京營戎政臨淮侯李庭竹南京中軍都督府掌印管事，守備南京地方。（《神宗實錄》卷十）

萬曆二年（1574）。內守備申信，張進。外守備李庭竹，恭順侯吳繼爵。協同守備曹文炳。參贊機務劉體乾，戴才。

六月甲子，南京兵部尚書劉體乾以衰病乞休，許之。

乙丑，南吏科給事中史朝鉉劾守備太監申信。

戊辰，改南京刑部尚書戴才爲南京兵部尚書參贊機務。（《神宗實錄》卷二十六）

十月丙寅，以恭順侯吳繼爵掌南京中軍都督府事。（《神宗實錄》卷三十）

李庭竹，萬曆二年閏十二月十四日病故。（鄭汝璧《皇明功臣封爵考》卷一）

萬曆二年十二月壬寅，戶科給事中趙參魯論南京守備少監張進酗酒禁地。（談遷《國榷》卷六十九）

萬曆三年（1575）。內守備，不詳。外守備吳繼爵。協同守備曹文炳。參贊機務戴才。

萬曆四年（1576）。內守備李慶。外守備吳繼爵。協同守備曹文炳。參贊機務戴才，劉光濟。

二月己卯，改南京吏部尚書劉光濟為參贊機務兵部尚書。（《神宗實錄》卷四十七）

八月戊辰，南京守備太監李慶會同刑部等衙門審錄罪囚。（《神宗實錄》卷五十三）

萬曆五年（1577）。內守備，不詳。外守備吳繼爵。協同守備曹文炳。參贊機務劉光濟，翁大立。

十月甲辰，命南京兵部尚書劉光濟致仕。

壬子，改南京禮部尚書翁大立為南京兵部尚書參贊機務。（《神宗實錄》卷六十八）

萬曆六年（1578）。內守備，不詳。外守備吳繼爵。協同守備曹文炳。參贊機務翁大立，楊兆。

七月戊辰，准南京兵部尚書翁大立致仕。

甲戌，改南京刑部尚書楊兆為本兵部尚書參贊機務。（《神宗實錄》卷七十七）

萬曆七年（1579）。內守備，不詳。外守備吳繼爵，魏國公徐邦瑞。協同守備曹文炳。參贊機務楊兆，凌雲翼。

二月乙酉，罷恭順侯吳繼爵南京外守備。（《神宗實錄》卷八十四）

四月辛巳，改南京工部尚書凌雲翼為南京兵部尚書。改南京兵部尚書楊兆協理京營戎政。（《神宗實錄》卷八十六）

魏國公徐邦瑞，萬曆七年任。（王世貞《弇山堂別集》卷六十四）

萬曆八年（1580）。內守備，不詳。外守備徐邦瑞。協同守備曹文炳，武靖伯趙光遠。參贊機務凌雲翼，潘季馴。

六月辛酉，命凌雲翼以兵部尚書兼都察院左副都御史總督漕河。改總理河漕潘季馴爲南京兵部尚書。(《神宗實錄》卷一百一)

七月乙未，命左軍都督府僉書武靖伯趙光遠爲南京協同守備兼掌後軍都督府事。(《神宗實錄》卷一百二)

萬曆九年（1581）。內守備，不詳。外守備徐邦瑞，臨淮侯李言恭。協同守備趙光遠。參贊機務潘季馴。

二月癸卯，南京兵科給事中李國觀等論劾南京守備魏國公徐邦瑞。(《神宗實錄》卷一百九)

十月乙卯，以臨淮侯李言恭守備南京掌中軍都督府事。(《神宗實錄》卷一百一十七)

萬曆十年（1582）。內守備，不詳。外守備李言恭。協同守備趙光遠。參贊機務潘季馴。

萬曆十一年（1583）。內守備張廷，丘得用。外守備李言恭。協同守備趙光遠。參贊機務潘季馴，王遴，劉堯誨。

正月己未，改南京兵部尚書潘季馴爲刑部尚書。

丁丑，改南京工部尚書王遴爲南京兵部尚書參贊機務。(《神宗實錄》卷一百三十二)

六月辛未，南京內守備張廷於孝陵寢殿捕司香內官。令張廷革任閒住。(《神宗實錄》卷一百三十八)

七月庚子，改南京兵部尚書王遴爲戶部尚書。

甲辰，改南京戶部尚書劉堯誨爲南京兵部尚書參贊軍務。(《神宗實錄》卷一百三十九)

八月辛未，南京守備司禮監太監丘得用奏請。(《神宗實錄》卷一百四十)

十二月辛未，南京兵部尚書劉堯誨以人言乞罷，准令致仕。(《神宗實錄》卷一百四十四)

萬曆十二年（1584）。內守備，不詳。外守備李言恭。協同守備趙光遠。參贊機務郭應聘。

正月乙酉，升南京都察院右都御史郭應聘爲南京兵部尚書參贊機務。(《神宗實錄》卷一百四十五)

萬曆十三年（1585）。內守備，不詳。外守備李言恭。協同守備趙光遠。參贊機務郭應聘。

萬曆十四年（1586）。內守備田義，高祿。外守備李言恭，魏國公徐邦瑞。協同守備趙光遠，應城伯孫文棟。參贊機務郭應聘，傅希摯。

正月壬寅，命南京協同守備兼掌南京後軍都督府事武靖伯趙光遠充總兵官鎮守湖廣等處地方。

丙午，命原任南京前軍都督府僉書兼提督小教場事務應城伯孫文棟爲南京協同守備兼掌南京後軍都督府事。（《神宗實錄》卷一百七十）

二月戊寅，命南京守備掌南京中軍都督府事臨淮侯李言恭總督京營戎政。

癸未，命原任南京守備魏國公徐邦瑞南京守備，掌南京中軍都督府事。（《神宗實錄》卷一百七十一）

四月戊子，准南京兵部尚書郭應聘回籍。（《神宗實錄》卷一百七十三）

五月戊戌，改南京戶部尚書傅希摯爲南京兵部尚書參贊機務。（《神宗實錄》卷一百七十四）

七月癸卯，南京守備司禮監太監田義著掌管關防並本監印信，司禮監太監高祿調南京司禮監太監僉押管事，一同南京守備。（《神宗實錄》卷一百七十六）

萬曆十五年（1587）。內守備，不詳。外守備徐邦瑞。協同守備新建伯王承勳。參贊機務傅希摯，李世達，陰武卿。

五月丙申，改南京兵部尚書傅希摯爲兵部尚書協理京營戎政。

己亥，改南京吏部尚書李世達爲南京兵部尚書參贊機務。（《神宗實錄》卷一百八十六）

六月丙寅，改南京兵部尚書李世達爲刑部尚書。

己巳，改南京工部尚書陰武卿爲南京兵部尚書參贊機務。（《神宗實錄》卷一百八十七）

十一月丙申，以前軍都督府僉事管理紅盔將軍新建伯王承勳爲南京協同守備兼掌南京後軍都督府事。（《神宗實錄》卷一百九十二）

萬曆十六年（1588）。內守備，不詳。外守備徐邦瑞，泰寧侯陳良弼。協同守備王承勳。參贊機務陰武卿，吳文華。

八月戊申，改南京工部尚書吳文華南京兵部尚書。（《神宗實錄》卷二百二）

十月壬辰，敕泰寧侯陳良弼掌南京中軍都督府事。(《神宗實錄》卷二百四)

萬曆十六年九月壬子，南京守備署中軍都督府事魏國公徐邦瑞卒。(《國榷》卷七十四)

萬曆戊子（十六年）秋八月，參贊機務南京兵部尚書陰公卒於位。(王世貞《弇州山人四部續稿》卷一百十五陰武卿神道碑銘)

萬曆十七年（1589）。內守備，不詳。外守備陳良弼。協同守備王承勳。參贊機務吳文華，楊成。

四月丙戌，南京兵部尚書吳文華乞歸不允，後再疏許之。(《神宗實錄》卷二百一十)

五月甲戌，改南京吏部尚書楊成爲南京兵部尚書參贊機務。(《神宗實錄》卷二百一十一)

萬曆十八年（1590）。內守備，不詳。外守備陳良弼。協同守備王承勳。參贊機務楊成。

萬曆十九年（1591）。內守備，不詳。外守備陳良弼。協同守備王承勳，魏國公徐維志。參贊機務楊成，舒應龍。

二月庚辰，南京兵部尚書楊成以病累疏乞休，着加太子少保致仕。

乙酉，升南京戶部尚書舒應龍爲南京兵部尚書。(《神宗實錄》卷二百三十二)

十二月壬寅，以南京右軍都督府掌印新建伯王承勳任提督操江兼管巡江事。以南京中軍都督府僉書魏國公徐繼（維）志任南京協同守備兼掌南京後軍都督府事。(《神宗實錄》卷二百四十三)

萬曆二十年（1592）。內守備，不詳。外守備陳良弼。協同守備徐維志，定西侯蔣建元。參贊機務舒應龍，孫鑨，衷貞吉。

二月戊申，改南京兵部尚書舒應龍爲工部尚書，總督河道管理軍務。(《神宗實錄》卷二百四十五)

三月辛未，改南京吏部尚書孫鑨爲南京兵部尚書參贊機務。

戊子，改南京兵部尚書參贊機務孫鑨爲吏部尚書。(《神宗實錄》卷二百四十六)

四月丁酉，改南京工部尚書衷貞吉爲南京兵部尚書參贊機務。(《神宗實錄》卷二百四十七)

八月庚戌，南京協同守備魏國公徐維志解任。(《神宗實錄》卷二百五十一)

九月庚申，命定西侯蔣建元協同守備仍掌後軍都督府事。(《神宗實錄》卷二百五十二)

萬曆二十一年（1593）。內守備，不詳。外守備陳良弼。協同守備蔣建元。參贊機務衷貞吉，周世選。

九月癸酉，改衷貞吉工部尚書。(《神宗實錄》卷二百六十四)

十月丁亥，改南京戶部尚書周世選爲南京兵部尚書。(《神宗實錄》卷二百六十五)

萬曆二十二年（1594）。內守備，不詳。外守備陳良弼。協同守備蔣建元。參贊機務周世選。

萬曆二十三年（1595）。內守備，不詳。外守備陳良弼。協同守備蔣建元。參贊機務周世選。

十二月庚戌，革蔣建元任。(《神宗實錄》卷二百九十二)

萬曆二十四年（1596）。內守備，不詳。外守備陳良弼，豐城侯李環。協同守備，不詳。參贊機務周世選。

五月戊辰，敕陳良弼總督京營戎政。

乙亥，敕豐城侯李環爲南京守備掌中軍都督府事。(《神宗實錄》卷二百九十七)

萬曆二十五年（1597）。內守備，不詳。外守備李環。協同守備，不詳。參贊機務周世選。

十二月戊午，南京兵部尚書周世選以病累疏乞休，令回籍調理。(《神宗實錄》卷三百十七)

萬曆二十六年（1598）。內守備，不詳。外守備李環。協同守備，不詳。參贊機務周世選。

六月己卯，起周世選爲南京兵部尚書。(《神宗實錄》卷三百二十三)

萬曆二十七年（1599）。內守備邢隆，劉朝用。外守備李環。協同守備，不詳。參贊機務周世選，郝傑。

三月壬寅，起南京兵部尚書周世選引疾乞休，許之。（《神宗實錄》卷三百三十二）

五月丁巳，改南京工部尚書郝傑爲兵部尚書參贊機務。（《神宗實錄》卷三百三十五）

七月丁卯，命南京守備太監郝（邢）隆、劉朝用開礦於南直寧國池州等處。（《神宗實錄》卷三百三十七）

萬曆二十八年（1600）。內守備邢隆，劉朝用。外守備李環。協同守備，不詳。參贊機務郝傑。

李環，萬曆庚子（二十八年）卒。（郭正域《合併黃離草》卷二十四李環墓誌銘）

郝傑，萬曆庚子八月十七日薨於位。（焦竑《國朝獻徵錄》卷四十三王家屏撰郝傑神道碑銘）

萬曆二十九年（1601）。內守備邢隆，劉朝用。外守備成山伯王允忠。協同守備，不詳。參贊機務邢玠。

二月壬申，以太子太保兵部尚書總督薊遼保定等處邢玠爲南京兵部尚書參贊機務。（《神宗實錄》卷三百五十六）

五月戊戌朔，命成山伯王允忠守備南京掌中軍都督府事。（《神宗實錄》卷三百五十九）

九月乙未朔，南京兵部尚書邢玠請在籍養母，准展限三月。（《神宗實錄》卷三百六十三）

萬曆三十年（1602）。內守備邢隆，劉朝用。外守備王允忠。協同守備，不詳。參贊機務邢玠。

五月癸亥，邢玠辭任，得允。（《神宗實錄》卷三百七十二）

萬曆三十一年（1603）。內守備邢隆，劉朝用。外守備王允忠。協同守備，不詳。參贊機務，缺任。

萬曆三十二年（1604）。內守備邢隆，劉朝用。外守備王允忠。協同守備，不詳。參贊機務，缺任。

萬曆三十三年（1605）。內守備劉朝用。外守備王允忠。協同守備，不詳。參贊機務孫鑛。

十一月丙戌，升南京都察院右都御史孫鑛爲南京兵部尚書參贊機務。（《神宗實錄》卷四百一十五）

萬曆三十四年（1606）。內守備劉朝用。外守備王允忠，撫寧侯朱繼勳。協同守備撫寧侯朱繼勳。參贊機務孫鑛。

四月癸亥，命南京守備成山伯王允忠革任閒住。（《神宗實錄》卷四百二十）

七月甲戌，以南京協同守備撫寧侯朱繼勳爲南京守備，掌南京中軍都督府事。（《神宗實錄》卷四百二十三）

萬曆三十五年（1607）。內守備劉朝用。外守備朱繼勳。協同守備魏國公徐弘基。參贊機務孫鑛。

六月己亥，命魏國公徐弘基爲南京協同守備兼掌南京後軍都督府事。（《神宗實錄》卷四百三十四）

萬曆三十六年（1608）。內守備劉朝用。外守備朱繼勳。協同守備徐弘基。參贊機務孫鑛。

萬曆三十七年（1609）。內守備劉朝用。外守備朱繼勳，懷遠侯常胤緒。協同守備徐弘基，武靖伯趙祖蔭。參贊機務孫鑛，邢玠。

三月戊戌，南京守備撫寧侯朱繼勳引疾回京。（《神宗實錄》卷四百五十六）

四月癸酉，以魏國公徐弘基提督操江兼管巡江仍掌右軍都督府，懷遠侯常胤緒爲南京守備掌中軍都督府事，武靖伯趙祖蔭爲南京協同守備仍掌後軍都督府事。（《神宗實錄》卷四百五十七）

九月丁未，南京兵部尚書孫鑛乞求罷，許之。（《神宗實錄》卷四百六十二）

十二月丁巳，以原任少保邢玠復爲南京兵部尚書。（《神宗實錄》卷四百六十五）

萬曆三十八年（1610）。內守備劉朝用。外守備常胤緒。協同守備趙祖蔭。參贊機務邢玠。

萬曆三十九年（1611）。內守備劉朝用。外守備常胤緒。協同守備趙祖蔭。參贊機務邢玠。

五月戊申，邢玠准致仕。（《神宗實錄》卷四百八十三）

萬曆四十年（1612）。內守備劉朝用。外守備常胤緒。協同守備趙祖蔭。參贊機務黃克纘。

二月庚寅，改山東巡撫兵部尚書兼都察院右副都御史黃克纘爲南京兵部尚書參贊機務。（《神宗實錄》卷四百九十二）

九月戊申，予武靖伯趙祖蔭祭葬如例。（《神宗實錄》卷四百九十九）

萬曆四十一年（1613）。內守備劉朝用。外守備常胤緒。協同守備，不詳。參贊機務黃克纘。

萬曆四十二年（1614）。內守備劉朝用。外守備常胤緒。協同守備，不詳。參贊機務黃克纘。

萬曆四十三年（1615）。內守備劉朝用。外守備常胤緒。協同守備平江伯陳啟嗣。參贊機務黃克纘。

會同閱視該南京內守備司禮監太監劉朝用，南京外守備掌南京中軍都督府事懷遠侯常胤緒，協同守備掌南京後軍都督府事平江伯陳啓嗣，參贊機務南京兵部尚書黃克纘。（丁賓《丁清惠公遺集》卷三《殿房修理報完疏》）

萬曆四十四年（1616）。內守備，不詳。外守備常胤緒。協同守備陳啟嗣。參贊機務黃克纘。

萬曆四十五年（1617）。內守備高湧。外守備常胤緒。協同守備陳啟嗣。參贊機務黃克纘。

新任內守備太監高湧、外守備懷遠侯常胤緒內有地方之責。（黃克纘《數馬集》卷七《請修築浦城疏留樞》）

萬曆四十六年（1618）。內守備高湧。外守備常胤緒。協同守備陳啟嗣。參贊機務黃克纘。

萬曆四十七年（1619）。內守備高湧。外守備常胤緒。協同守備陳啟嗣。參贊機務黃克纘。

六月己卯，以黃克纘爲兵部尚書協理京營戎政。（《神宗實錄》卷五百八十三）

　　萬曆四十八年、泰昌元年（1620）。內守備高湧。外守備常胤緒。協同守備陳啟嗣。參贊機務衛一鳳。

　　乙丑，改南京戶部尚書衛一鳳爲南京兵部尚書參贊機務。（《光宗實錄》之六）

　　天啟元年（1621）。內守備高湧。外守備常胤緒。協同守備平江伯陳啟嗣，東寧伯焦夢熊。參贊機務衛一鳳。

　　三月己酉，協同守備南京後軍都督府掌府事平江伯陳啓嗣革任。（《熹宗實錄》卷八）

　　十二月庚辰，南京兵部尚書衛一鳳再疏乞歸，許之。

　　庚寅，命東寧伯焦夢熊南京協同守備。（《熹宗實錄》卷十七）

　　天啟二年（1622）。內守備，不詳。外守備常胤緒。協同守備焦夢熊。參贊機務魏養蒙，王在晉，陳道亨。

　　正月乙丑，改南京戶部尚書魏養蒙爲南京兵部尚書。（《熹宗實錄》卷十八）

　　八月甲戌，原任兵部左侍郎今升南京兵部尚書魏養蒙以疾辭不赴，許之。

　　辛巳，改兵部尚書王在晉爲南京兵部尚書。（《熹宗實錄》卷二十五）

　　九月庚申，原任經略遼東今改南京兵部尚書王在晉再疏乞歸，命暫回以需召用。（《熹宗實錄》卷二十六）

　　十月甲戌，升工部左侍郎陳道亨爲南京兵部尚書參贊機務。（《熹宗實錄》卷二十七）

　　天啟三年（1623）。內守備石光，孫進。外守備常胤緒。協同守備焦夢熊。參贊機務陳道亨。

　　臣會同南京內守備太監石光，協同守備太監孫進，南京守備掌中府事懷遠侯常胤緒，協同守備掌後府事東寧伯焦夢熊，南京兵部尚書陳道亨。（熊明遇《綠雪樓集·臺草·庶宗養盜謀亂疏》）

　　天啟四年（1624）。內守備，不詳。外守備常胤緒。協同守備焦夢熊。參贊機務陳道亨。

　　天啟五年（1625）。內守備劉敬，楊國瑞。外守備常胤緒。協同守備焦夢熊。參贊機務陳道亨，王永光，許弘綱。

正月戊寅，南京兵部尚書陳道亨四疏乞歸，允之。(《熹宗實錄》卷五十五)

三月甲寅，起南京戶部尚書王永光爲南京兵部尚書。(《熹宗實錄》卷五十七)

十月戊戌，升協理戎政尚書許弘綱爲南京兵部尚書。(《熹宗實錄》卷六十四)

十二月戊寅，調司禮監管文書內官監太監楊國瑞爲南京司禮監太監，與劉敬協同守備。(《熹宗實錄》卷六十六)

天啓五年十月甲午，王永光爲兵部尚書。(《國榷》卷八十七)

天啓六年（1626）。內守備劉敬，楊國瑞。外守備常胤緒。協同守備焦夢熊，南和伯方一元。參贊機務許弘綱，劉廷元。

二月丙申，兵科都給事中羅尚忠等糾拾南京協同守備東寧伯焦夢熊。詔令處治。(《熹宗實錄》卷六十八)

三月壬子，命南京後軍都督府掌印方一元協同守備仍兼掌府事。(《熹宗實錄》卷六十九)

十一月己卯，南京兵部尚書許弘綱引疾乞歸，許之。

庚寅，升都察院右都御史劉廷元爲南京兵部尚書參贊機務。(《熹宗實錄》卷七十八)

天啓七年（1627）。內守備楊國瑞，王應朝，梁進，金忠，王應乾。外守備常胤緒。協同守備方一元。參贊機務劉廷元。

十月丁巳，南京太監楊國瑞罷。

辛酉，南京孝陵神宮監太監王應朝爲南京司禮監太監，與梁進協同守備兼掌內官監印。(《崇禎長編》卷二)

十一月己巳，以外私家閒住太監金忠調南京司禮監太監，與王應乾協同守備。(《崇禎長編》卷三)

崇禎元年（1628）。內守備王應朝，金忠，李秀學，胡承詔。外守備常胤緒。協同守備方一元。參贊機務劉廷元，商周祚，胡應臺。

崇禎元年正月丁亥，劉廷元爲兵部尚書。(《國榷》卷八十九)

三月壬戌朔，商周祚改南兵部尚書參贊機務。(《崇禎長編》卷七)

四月辛亥，調南京守備司禮監太監金忠爲北京內官監太監。（《崇禎長編》卷八）

五月甲戌，以司禮監管文書內官監太監李秀學爲司禮監太監守備南京，掌管關防兼本印信。（《崇禎長編》卷九）

六月丁未，南京兵部尙書商周祚侍養歸。

庚戌，起胡應臺爲南京兵部尙書參贊機務。（《崇禎長編》卷十）

七月丙寅，罷南京守備太監王應期（朝）。（《崇禎長編》卷十一）

八月癸丑，司禮監太監胡承詔調南京司禮監太監協同守備。（《崇禎長編》卷十二）

崇禎二年（1629）。內守備胡承詔。外守備常胤緒。協同守備方一元。參贊機務胡應臺。

崇禎三年（1630）。內守備胡承詔。外守備常胤緒。協同守備方一元。參贊機務胡應臺，傅振商。

三月庚寅，調胡應臺爲刑部尙書。

戊戌，以傅振商爲南京兵部尙書參贊機務。（《崇禎長編》卷三十二）

崇禎四年（1631）。內守備胡承詔。外守備常胤緒，撫寧侯朱國弼。協同守備方一元。參贊機務傅振商。

正月癸巳，兵部、都察院奏南京守備懷遠侯常胤緒當革任，帶俸閒住，報可。（《崇禎長編》卷四十二）

二月己未，命保國公（撫寧侯）朱國弼爲南京守備兼掌中軍都督府印。（《崇禎長編》卷四十三）

崇禎五年（1632）。內守備胡承詔。外守備朱國弼。協同守備方一元。參贊機務傅振商。

崇禎六年（1633）。內守備胡承詔，張應朝。外守備朱國弼。協同守備方一元。參贊機務傅振商，呂維祺。

五月丙午，太監張應朝調南京與胡承詔協同守備。（《崇禎實錄》卷六）

崇禎六年四月，升南京戶部右侍郎呂維祺爲南京兵部尙書參贊機務。（《南樞志》卷三十九）

崇禎七年（1634）。內守備胡承詔，張應朝，梁洪泰，張應乾。外守備朱國弼。協同守備方一元。參贊機務呂維祺。

　　崇禎七年十二月壬寅，南京守備太監胡承詔、張應朝撤回。命內官太監梁洪泰、內官太監張應乾協同守備。(《國榷》卷九十三)

　　崇禎八年（1635）。內守備，不詳。外守備寧陽侯陳光裕。協同守備方一元。參贊機務呂維祺，范景文。

　　崇禎八年二月壬午朔，科道拾遺南京兵部尚書呂維祺，勒致仕。

　　甲申，陳光裕守備南京兼中軍都督府事。(《國榷》卷九十四)

　　崇禎八年四月，以南京都察院右都御史范景文爲南京兵部尚書參贊機務。(《南樞志》卷三十九)

　　崇禎九年（1636）。內守備孫象賢，張彝憲。外守備陳光裕。協同守備方一元。參贊機務范景文。

　　九年九月庚申，司禮監太監孫象賢調南京，同張彝憲守備。(《國榷》卷九十五)

　　崇禎十年（1637）。內守備孫象賢，張雲漢。外守備陳光裕。協同守備方一元。參贊機務范景文。

　　崇禎十年四月庚午朔，命南京守備太監張雲漢同兵部尚書范景文、□□伯陳光裕、南和伯方一元清核兵馬械杖。(《國榷》卷九十六)

　　崇禎十一年（1638）。內守備孫象賢。外守備，不詳。協同守備方一元。參贊機務范景文。

　　崇禎十二年（1639）。內守備，不詳。外守備，不詳。協同守備方一元。參贊機務范景文，李邦華。

　　崇禎十二年正月壬午，南京兵部尚書范景文削籍。

　　四月癸巳，李邦華爲南京兵部尚書。(《國榷》卷九十七)

　　崇禎十三年（1640）。內守備，不詳。外守備，不詳。協同守備方一元。參贊機務李邦華，仇維楨。

　　十一月壬寅，仇維楨改南京兵部尚書。(《國榷》卷九十七)

　　庚辰（崇禎十三年）五月，李邦華丁憂去。(《國榷》卷一百)

　　崇禎十四年（1641）。內守備，不詳。外守備魏國公徐弘基。協同守備方一元。參贊機務仇維楨，余珹。

　　辛巳（崇禎十四年）七月命公南京守備兼掌中軍督府，壬午（崇禎十五年）十二月許引退。（王鐸《擬山園選集》卷六十二徐弘基神道碑銘）

　　十一月甲戌，余珹爲南京兵部尚書。（《國榷》卷九十七）

　　崇禎十五年（1642）。內守備，不詳。外守備徐弘基。協同守備，不詳。參贊機務余珹，熊明遇。

　　崇禎十五年四月庚申，南京兵部尚書余珹免。（《國榷》卷九十八）

　　壬午（崇禎十五年）夏，起熊明遇參贊留務。（熊明遇《文直行書》卷首《文直先生傳》）

　　崇禎十六年（1643）。內守備韓贊周。外守備忻城伯趙之龍。協同守備，不詳。參贊機務熊明遇，史可法。

　　崇禎十六年七月辛亥，南京兵部尚書熊明遇罷，史可法爲南京兵部尚書。

　　八月乙亥，司禮太監韓贊周守備南京。（《國榷》卷九十九）

　　崇禎十六年十月，命忻城伯趙之龍管理南京守備，兼掌南京都督府事。（《痛史本崇禎長編》卷一）

　　崇禎十七年（1644）。內守備韓贊周。外守備忻城伯趙之龍。協同守備，不詳。參贊機務史可法。

參考文獻

古　籍

1. 《明實錄》，臺灣中央研究院歷史語言研究所影印本，1962 年。

2. 《鈔本明實錄》，線裝書局 2005 年。

3. 《諸司職掌》，《續修四庫全書》本，上海古籍出版社 2002 年。

4. 〔明〕《〔正德〕大明會典》，《景印文淵閣四庫全書》本，臺灣商務印書館 1986 年。

5. 〔明〕《〔萬曆〕大明會典》，《續修四庫全書》本。

6. 〔明〕陶承慶《大明一統文武諸司衙門官制》，《續修四庫全書》本。

7. 〔明〕施沛《南京都察院志》，《四庫全書存目叢書補編》本，齊魯書社 2001 年。

8. 〔明〕范景文《南樞志》，《中國方志叢書》本，臺北成文出版社 1983 年。

9. 〔明〕王圻《續文獻通考》，《續修四庫全書》本。

10. 〔明〕李默《吏部職掌》，《四庫全書存目叢書》本，齊魯書社，1997 年。

11. 〔明〕黃佐《南雍志》，《續修四庫全書》本。

12. 〔明〕楊宏《漕運通志》，《四庫全書存目叢書》本。

13. 〔明〕鄭汝璧《皇明功臣封爵考》，《四庫全書存目叢書》本。

14. 〔明〕祁承爜等《南京兵部車駕司職掌》，中國第一歷史檔案館、遼寧省檔案館編《中國明朝檔案總匯》，廣西師範大學出版社 2001 年。

15. 〔明〕劉若愚《酌中志》，《明代筆記小說大觀》本，上海古籍出版社 2005 年。

16. 〔明〕朱吾弼《皇明留臺奏議》，《續修四庫全書》本。

17. 〔明〕孫旬《皇明疏鈔》，《續修四庫全書》本。

18. 〔明〕張鹵《皇明嘉隆疏鈔》,《續修四庫全書》本。

19. 〔明〕焦竑《國朝獻徵錄》,《續修四庫全書》本。

20. 〔明〕雷禮《國朝列卿紀》,《續修四庫全書》本。

21. 〔明〕過庭訓《本朝分省人物考》,《續修四庫全書》本。

22. 〔明〕許重熙《國朝殿閣部院大臣年表》,《四庫禁燬書叢刊》補編本,北京出版社 2005 年。

23. 〔明〕唐鶴徵《皇明輔世編》,《續修四庫全書》本。

24. 〔明〕陳循《寰宇通志》,《玄覽堂叢書》本,廣陵書社 2010 年。

25. 〔明〕李賢《明一統志》,《景印文淵閣四庫全書》本。

26. 〔明〕柳瑛《〔成化〕中都志》,《四庫全書存目叢書》本。

27. 〔明〕陳沂《金陵古今圖考》,南京出版社 2007 年。

28. 〔明〕陳沂《南畿志》,《四庫全書存目叢書》本。

29. 〔明〕高鶴《〔嘉靖〕定遠縣志》,《四庫全書存目叢書》本。

30. 〔明〕畢恭《〔嘉靖〕遼東志》,《續修四庫全書》本。

31. 〔明〕費信《星槎勝覽》,《續修四庫全書》本。

32. 〔明〕嚴從簡《殊域周咨錄》,《續修四庫全書》本。

33. 〔明〕陳建《皇明從信錄》,《四庫禁燬書叢刊》本,北京出版社 2000 年。

34. 〔明〕塗山《明政統宗》,《四庫禁燬書叢刊》本。

35. 〔明〕尹守衡《皇明史竊》,《續修四庫全書》本。

36. 〔明〕鄭曉《今言》,中華書局 1984 年。

37. 〔明〕王世貞《弇山堂別集》,中華書局 1985 年。

38. 〔明〕黃福《黃忠宣公別集》,《四庫全書存目叢書》本。

39. 〔明〕楊士奇《東里續集》、《東里別集》,《景印文淵閣四庫全書》本。

40. 〔明〕魏驥《南齋先生魏文靖公摘稿》,《四庫全書存目叢書》本。

41. 〔明〕于謙《忠肅集》,《景印文淵閣四庫全書》本。

42. 〔明〕王直《抑庵文集》,《景印文淵閣四庫全書》本。

43. 〔明〕李賢《古穰集》,《景印文淵閣四庫全書》本。

44. 〔明〕彭時《彭文憲公集》,《四庫全書存目叢書》本。

45. 〔明〕徐溥《謙齋文錄》,《景印文淵閣四庫全書》本。

46. 〔明〕張悅《定庵集》,《四庫全書存目叢書》本。

47. 〔明〕倪岳《青谿漫稿》,《景印文淵閣四庫全書》本。

48. 〔明〕程敏政《篁墩文集》,《景印文淵閣四庫全書》本。

49. 〔明〕鄭紀《東園文集》,《景印文淵閣四庫全書》本。

50. 〔明〕王恕《王端毅公文集》,《四庫全書存目叢書》本。

51. 〔明〕王恕《王端毅奏議》,《景印文淵閣四庫全書》本。

52. 〔明〕李東陽《懷麓堂集》,《景印文淵閣四庫全書》本。

53. 〔明〕王鏊《震澤集》,《景印文淵閣四庫全書》本。

54. 〔明〕韓文《韓忠定公集》,清乾隆三年韓宗藩刻本。

55. 〔明〕羅玘《圭峰集》,《景印文淵閣四庫全書》本。

56. 〔明〕喬宇《喬莊簡公集》,明隆慶五年王世貞、孫世良刻本。

57. 〔明〕王守仁《王文成全書》,《景印文淵閣四庫全書》本。

58. 〔明〕程文德《程文恭公遺稿》,《四庫全書存目叢書》本。

59. 〔明〕楊廷和《楊文忠三錄》,《景印文淵閣四庫全書》本。

60. 〔明〕費宏《太保費文憲公摘稿》,《續修四庫全書》本。

61. 〔明〕王廷相《濬川奏議》,《四庫全書存目叢書》本。

62. 〔明〕張孚敬《太師張文忠公集》,《四庫全書存目叢書》本。

63. 〔明〕張治《張龍湖先生文集》,《四庫全書存目叢書》本。

64. 〔明〕張邦奇《張文定公靡悔軒集》,《續修四庫全書》本。

65. 〔明〕夏言《夏桂洲先生文集》,《四庫全書存目叢書》本。

66. 〔明〕嚴嵩《鈐山堂集》,《續修四庫全書》本。

67. 〔明〕林文俊《方齋存稿》,《景印文淵閣四庫全書》本。

68. 〔明〕李遂《李襄敏公奏議》,《四庫全書存目叢書》本。

69. 〔明〕張永明《張莊僖文集》,《景印文淵閣四庫全書》本。

70. 〔明〕歸有光《震川集》,《景印文淵閣四庫全書》本。

71. 〔明〕韓邦奇《苑洛集》,《景印文淵閣四庫全書》本。

72. 〔明〕李萬實《崇質堂集》,《四庫全書存目叢書》本。

73. 〔明〕瞿景淳《瞿文懿公集》,《四庫全書存目叢書》本。

74. 〔明〕楊博《楊襄毅公本兵疏議》,《四庫全書存目叢書》本。

75. 〔明〕徐階《世經堂集》,《四庫全書存目叢書》本。

76. 〔明〕張居正《張太岳先生文集》,上海古籍出版社1984年。

77. 〔明〕潘季馴《潘司空奏疏》,《景印文淵閣四庫全書》本。

78. 〔明〕王世貞《弇州續稿》,《景印文淵閣四庫全書》本。

79. 〔明〕駱問禮《萬一樓集》,《四庫禁燬書叢刊》本。

80. 〔明〕余有丁《余文敏公文集》,《續修四庫全書》本。

81. 〔明〕申時行《賜閒堂集》,《四庫全書存目叢書》本。

82. 〔明〕姜寶《姜鳳阿文集》,《四庫全書存目叢書》本。

83. 〔明〕張鹵《滸東先生文集》,《四庫全書存目叢書》本。

84. 〔明〕王樵《方麓集》,《景印文淵閣四庫全書》本。

85. 〔明〕周世選《衛陽先生集》,《四庫全書存目叢書》本。

86. 〔明〕吳文華《留都疏稿》,《四庫全書存目從書》本。

87. 〔明〕孫鑛《姚江孫月峰先生集》,清嘉慶十九年刻本。

88. 〔明〕于慎行《穀城山館文集》,《四庫全書存目叢書》本。

89. 〔明〕王樵《方麓集》,《景印文淵閣四庫全書》本。

90. 〔明〕王錫爵《王文肅公全集》,《四庫全書存目叢書》本。

91. 〔明〕周孔教《周中丞疏稿》,《四庫全書存目叢書》本。

92. 〔明〕沈一貫《喙鳴文集》,《續修四庫全書》本。

93. 〔明〕李廷機《李文節集》,《四庫禁燬書叢刊》本。

94. 〔明〕畢自嚴《石隱園藏稿》,《景印文淵閣四庫全書》本。

95. 〔明〕郭正域《合併黃離草》,《四庫禁燬書叢刊》本。

96. 〔明〕顧起元《遯園漫稿》,《四庫禁燬書叢刊》本。

97. 〔明〕丁賓《丁清惠公遺集》,《四庫禁燬書叢刊》本。

98. 〔明〕黃克纘《數馬集》,《四庫禁燬書叢刊》本。

99. 〔明〕呂維祺《明德先生文集》,《四庫全書存目叢書》本。

100. 〔明〕李邦華《文水李忠肅先生集》,《四庫禁燬書叢刊》本。

101. 〔明〕熊明遇《文直行書》,《四庫禁燬書叢刊》本。

102. 〔明〕熊明遇《綠雪樓集》,《四庫禁燬書叢刊》本。

103. 〔明〕蔣臣《無他技堂遺稿》,《四庫禁燬書叢刊》本。

104. 〔明〕楊嗣昌《楊文弱先生集》,《續修四庫全書》本。

105. 〔明〕張國維《撫吳疏草》,《四庫禁燬書叢刊》本。

106. 〔明〕張國維《張忠敏公遺集》,《四庫未收書輯刊》本。

107. 〔明〕史可法《史忠正公集》,《續修四庫全書》本。

108. 〔明〕管紹寧《賜誠堂文集》,《四庫未收書輯刊》本,北京出版社 2000年。

109. 〔明〕程敏政《新安文獻志》,《景印文淵閣四庫全書》本。

110. 〔明〕錢穀《吳都文粹續集》,《景印文淵閣四庫全書》本。

111. 〔明〕陳子龍《皇明經世文編》,《續修四庫全書》本。

112. 〔明〕李賢《天順日錄》,《續修四庫全書》本。

113. 〔明〕葉盛《水東日記》,中華書局 1980 年。

114. 〔明〕陸容《菽園雜記》,《明代筆記小説大觀》本。

115. 〔明〕徐三重《采芹錄》,《景印文淵閣四庫全書》本。

116. 〔明〕蔣一葵《堯山堂外紀》,《續修四庫全書》本。

117. 〔明〕尹直《謇齋瑣綴錄》,《四庫全書存目叢書》本。

118. 〔明〕謝肇淛《五雜組》,《明代筆記小説大觀》本。

119. 〔明〕何良俊《四友齋叢説》,《明代筆記小説大觀》本。

120. 〔明〕沈德符《萬曆野獲編》,中華書局 1959 年。

121. 〔明〕王世貞《鳳洲筆記》,《四庫全書存目叢書》本。

122. 〔明〕徐樹丕《識小錄》,《叢書集成續編》本,上海書店 1994 年。

123. 〔明〕陳繼儒《見聞錄》,《四庫全書存目叢書》本。

124. 〔明〕顧起元《客座贅語》,南京出版社 2009 年。

125. 〔明〕張萱《西園聞見錄》,《續修四庫全書》本。

126. 〔明〕史玄《舊京遺事》,《四庫禁燬書叢刊》本。

127. 〔明〕周暉《金陵瑣事》,南京出版社 2007 年。

128. 〔明〕朱國禎《湧幢小品》,《明代筆記小説大觀》本。

129. 〔明〕吳應箕《留都見聞錄》,南京出版社 2009 年。

130. (意)利瑪竇著,何高濟等譯《利瑪竇中國札記》,中華書局 1983 年。

131. 〔清〕談遷《國榷》,中華書局 1988 年。

132. 〔清〕錢謙益《牧齋初學集》,《續修四庫全書》本。

133. 〔清〕王鐸《擬山園選集》,《四庫禁燬書叢刊》本。

134. 〔清〕全祖望《鮚埼亭集外編》,《續修四庫全書》本。

135. 〔清〕孫承澤《春明夢餘錄》,《景印文淵閣四庫全書》本。

136. 〔清〕毛奇齡《西河集》,《景印文淵閣四庫全書》本。

137. 〔清〕張怡《玉光劍氣集》,中華書局 2006 年。

138. 〔清〕方以智《浮山文集前編》,《四庫禁燬書叢刊》本。

139. 〔清〕彭孫貽《明朝紀事本末補編》,《叢書集成續編》本。

140. 〔清〕戴笠《懷陵流寇始終錄》,《續修四庫全書》本。

141. 〔清〕計六奇《明季南略》,中華書局 1984 年。

142. 〔清〕孫奇逢《中州人物考》,《景印文淵閣四庫全書》本。

143. 〔清〕查繼佐《罪惟錄》,《續修四庫全書》本。

144. 〔清〕錢曾《讀書敏求記》,《續修四庫全書》本。

145. 〔清〕萬斯同《明史》,《續修四庫全書》本。

146. 〔清〕王鴻緒《明史稿》，臺北文海出版社 1985 年。

147. 〔清〕張廷玉《明史》，中華書局 1974 年。

148. 〔清〕陳鶴《明紀》，《四庫未收書輯刊》本。

149. 〔清〕任先覺《康熙吳橋縣志》，《中國地方志集成》本，上海書店 2006 年。

150. 〔清〕懷蔭布《乾隆泉州府志》，《中國地方志集成》本，上海書店 2000 年。

151. 〔清〕僧照乘《天后顯聖錄》，《臺灣文獻匯刊》本，九州出版社、廈門大學出版社 2004 年。

152. 〔清〕陳作霖、清末民初陳詒紱《金陵瑣志九種》，南京出版社 2008 年。

153. 中國文物研究所，陝西省古籍整理辦公室編《新中國出土墓誌·北京〔壹〕》（下冊），文物出版社 2003 年。

專 著

1. 孟森《明史講義》，中華書局 2009 年。

2. 黃雲眉《明史考證》，中華書局 1980 年。

3. 吳晗《明史簡述》，中華書局 1980 年。

4. 李小林、李晟文《明史研究備覽》，天津教育出版社 1988 年。

5. 王天有《明代國家機構研究》，北京大學出版社 1992 年。

6. 〔美〕牟復禮、〔英〕崔瑞德《劍橋中國明代史》，中國社會科學出版社 1992 年。

7. 關興發、顏廣文《明代政治制度研究》，中國社會科學出版社 1995 年。

8. 杜婉言、方志遠《中國政治制度通史》第九卷《明代》，人民出版社 2001 年。

9. 張顯清、林金樹《明代政治史》，廣西師範大學出版社 2003 年。

10. 錢海岳《南明史》，中華書局 2006 年。

11. 方志遠《明代國家權力結構及運行機制》，科學出版社 2008 年。

12. 張德信《明代職官年表》，黃山書社 2009 年。

論 文

1. 周裕興《明代宦官與南京》，《江蘇社會科學》1995 年第 3 期。

2. 王波《明朝江防制度初探》，《江海學刊》1996 年第 3 期。

3. 周裕興《由南京地區出土墓誌看明代宦官制度》，朱誠如、王天有《明清論叢》第一輯。

4. 張英聘《明代南京行政功能初探》，中國明史學會《明史研究》第 7 輯，

2001 年。

5. 方志遠《明代的鎮守中官制度》，歐陽琛、方志遠《明清中央集權與地域經濟》，中國社會科學出版社 2002 年。

6. 胡正寧《洪武永樂時期京師（南京）的衛軍》，中國明史學會《明史研究》第 8 輯，2003 年。

7. 李金明《王景弘與鄭和下西洋》，江蘇省鄭和研究會等《鄭和研究》2005 年第 1 期。

8. 邵磊、張正祥《鄭和在南京的官署——内守備廳與内官監》，《鄭和研究》2006 年第 4 期，

9. 陳學霖《明代宦官與鄭和下西洋的關係》，香港中文大學《中國文化研究所學報》2008 年。

後　記

　　本書是在我的博士論文基礎上修改形成的。南京在明代先爲首都，永樂
18 年定都北京後，南京爲留都，在此保留了一套完整的中央政府機構。明代
文獻中經常提及南京官或南京六部等，卻未有較爲詳細的記述，清代至今也
未見專門研究的專著。長久以來，我一直想一探究竟，完成一篇有關留都南
京政府機構的論文。2008 年南京師範大學古文獻專業碩士畢業後，我就想在
此課題上進行探求，我把自己的想法向本專業老師江慶柏先生彙報，得到熱
情的支持和鼓勵。江慶柏先生是著名明清文獻學專家，在江蘇地方文化、《四
庫》學研究等領域造詣精深，江先生認爲明代南京政府牽涉面較廣，文獻量
巨大，論文應該就南京政府某重要部門或某項重要制度作爲切入點，加以細
緻考查。南京政府機構的核心工作爲守備南京，此項任務以南京兵部牽頭，
南京戶部、工部、都察院亦參與，又涉及武職系統勳臣守備及其領導下的南
京衛所、南京軍營，內臣系統的守備太監和內府各機構，在此基礎上形成了
獨特的南京守備制度，也是留都南京最重要的政治軍事制度。在與江老師仔
細討論後，本書的選題定爲明代南京守備研究，研究內容爲梳理這一制度的
發展脈絡，歸納其人員構成，具體職責，總結其特點和作用。

　　論文 2010 年開始撰寫，2013 年初完成初稿，在這三年裏，一值得到江老
師的悉心指導和嚴格督促。此研究課題之前未有專著問世，相關論文也很少
見，在論文寫作中，我一度對論文能否完成不太自信，是江老師的鼓勵和幫
助使我打消了疑慮，最終完成論文的寫作，2013 年順利通過學位論文的審查
和答辯。南京師範大學古文獻專業博士生導師趙生群先生、方向東先生、王
鍔先生，在本文寫作過程中提出了重要的意見和建議。博士論文答辯委員會

主席南京大學程章燦先生、答辯委員南京大學徐興無先生對本文也提出了寶貴的批評和指導。衷心感謝花木蘭文化事業有限公司的善意，使得論文得以出版。

　　作爲南京人，我一直爲家鄉深厚的歷史文化傳統感到自豪和驕傲，本書的出版，會激勵我繼續對南京文化的探求，以回報父母師長的養育教導之恩。

2018 年 6 月 30 日